合规小兵／著

全面注册制下投资银行业务
尽职调查
实务解析与操作指引

总论篇・债权类融资篇

法律出版社 | LAW PRESS
北京

图书在版编目(CIP)数据

全面注册制下投资银行业务尽职调查实务解析与操作指引. 总论篇·债权类融资篇 / 合规小兵著. -- 北京 : 法律出版社, 2023
ISBN 978-7-5197-7886-6

Ⅰ. ①全… Ⅱ. ①合… Ⅲ. ①投资银行-调查研究-中国 Ⅳ. ①F832.33

中国国家版本馆 CIP 数据核字(2023)第 073771 号

全面注册制下投资银行业务尽职调查实务解析与操作指引：总论篇·债权类融资篇
QUANMIAN ZHUCEZHI XIA TOUZI YINHANG YEWU JINZHI DIAOCHA SHIWU JIEXI YU CAOZUO ZHIYIN: ZONGLUNPIAN · ZHAIQUANLEI RONGZIPIAN

合规小兵 著

策划编辑 陈 妮
责任编辑 陈 妮
装帧设计 汪奇峰 鲍龙卉

出版发行 法律出版社
编辑统筹 法治与经济出版分社
责任校对 张翼羽
责任印制 吕亚莉
经　　销 新华书店

开本 787 毫米×1092 毫米 1/16
印张 16.75 **字数** 337 千
版本 2023 年 5 月第 1 版
印次 2023 年 5 月第 1 次印刷
印刷 固安华明印业有限公司

地址：北京市丰台区莲花池西里 7 号(100073)
网址：www.lawpress.com.cn
投稿邮箱：info@lawpress.com.cn
举报盗版邮箱：jbwq@lawpress.com.cn

销售电话：010-83938349
客服电话：010-83938350
咨询电话：010-63939796

书号：ISBN 978-7-5197-7886-6
定价：108.00 元
凡购买本社图书，如有印装错误，我社负责退换。电话：010-83938349

撰稿人

周卫青	李赛男	项　宁	李结实	赵　晶
郭　耀	王融擎	邢　平	巩　敏	任楚苑
华晓妮	刘　扬	刘雨霏	刘政洁	刘娜娜
刘　莹	刘晓丹	孙　波	李赵力	李智海
杨　帆	吴　凡	吴　杨	吴悦怡	宋一宁
张鲁波	陈佩娜	郑露露	宣　蓉	贺艳峰
贾　璐	钱申婷	郭国辉	唐舟淇	黄　欣
游　冕	谢学敏	廖邦政	谭同举	凡咏齐

序

为传播合规文化、传递合规知识、传承合规经验，合规小兵主要聚焦于投资银行业务尽职调查、证券虚假陈述、金融产品适当性管理、大资管业务管理人责任、利益冲突管理、反洗钱、合规管理等热点难点问题，通过撰写一套有关实务解析与操作指引的书籍，希望对从业人员有所启发和帮助，同时也希望给潜在的从业人员提供一些指导，使其能够积累足够的专业知识，顺利进入行业。

本书为合规小兵出版系列丛书的第一本书。

遥想当年，合规小兵初创，发起之同仁本就是一群业内专业人士，创立之宗旨为“加强证券行业交流、提高从业人员素养、减少合规风险事件”。10 多年来，初心未改：一来，合规小兵始终坚持公益属性，秉承开放、分享、包容的理念，形成行业内部的自我约束，守住行业的合规底线，共谋行业发展的合理路径；二来，不断汇聚行业精英，搭建新老读者交流平台，将群聊变成问答汇编，对疑难、复杂、共性问题进行专题研究，组织线上线下交流，吸引优秀人才加入行业，促进人才内部流动。合规小兵从 QQ 群到微信群、公众号、视频号、小程序等不断完善，关注人数不断增多（目前关注人数已超 7 万人，占证券从业人员 20%），积累了海量专业知识、实操经验并持续更新，为业界交流提供帮助，系列丛书的出版亦为草创宗旨之延伸、专业知识及实操经验之积累。

近期，合规小兵若干草创成员聚会时，一眼望去大多鬓已星星也，但看到同行者更多的是“90 后”甚至“00 后”朱唇丹脸的年轻一代，遂生前浪入沙、后继有人之感叹。唏嘘之间，我们衷心希望老骥伏枥者仍志在千里、雏凤新声者可清于老凤，合规小兵们可以成长为行业的一批专业骨干、一股正能量、一泓清流。

全面实行股票发行注册制改革于 2023 年 2 月正式落地，随着全面注册制实施，证券公司投行业务面临历史性机遇。但也应看到，全面注册制对证券公司投行专业能力、执业质量提出了更高要求，中国证监会易会满主席在2022金融街论坛年会上的主题演讲中强调，“证券公司把真实的公司选出来是底线，把优秀的公司选出来是水平”，无论是选出真实的公司，还是选出优秀的公司，都要求证券公司提高执业质量和尽调水平，切实发挥好资本市场“看门人”作用。

不可否认，尽职调查是否勤勉尽责是投行执业的底线问题，是关系证券公司能不能选出真实、优秀的公司，能不能切实发挥“看门人”作用的关键，正如本书所言——“在投资银行业务领域，尽职调查是一个最基础、最重要、有难度并且贯穿项目始终的工作，尽职调查是否真正做到位，关系着投行业务项目的成败，也直接关系着企业客户战略发展目标的实现以及面临的风险敞口”。

为了给各类投行从业人员开展投行业务尽职调查提供操作指引，厘清尽调责任边界，更好识别投行业务风险，合规小兵从2019年开始对注册制下投行业务法律责任、尽职调查标准等进行全面、系统研究，积极组织证券公司投行条线相关业务、质控、内核、合规人员开展专题讨论、课题研究和撰写，并陆续在“合规小兵”微信公众号发布了一系列研究成果，引发了同业关注和积极反响。在课题研究过程中，结合部分行业机构和志愿者的意见，我们认为有必要将研究成果体系化，形成一本全面性、针对性和实战性兼顾的投行尽调核查工作指南，以使更多机构和人士能从中受益。为此，合规小兵从2022年启动了本书的撰写工作。撰写过程中恰逢全面注册制落地，我们结合全面注册制新规对书稿进一步研究、修订和完善。

作为全面注册制实施以来率先系统介绍投行尽调实务的书籍，本书的亮点和特色在于其覆盖全面系统、突出问题导向、理论实操结合。

覆盖全面系统。相较于市面上以IPO业务为主的投行类书籍，本书全面覆盖了公司债券、IPO、ABS、再融资、并购重组等主要投行业务，系统讲述了各类投行业务的概念、发行条件、程序、尽调核查及存续期管理等，读者既能掌握各类投行业务尽职调查核心要义，又能了解不同类型业务在尽调核查内容、程度上的差异，做到融会贯通。同时，紧扣尽职调查，对尽职调查目标、基本原则、阶段及方法，以及法律责任进行介绍分析；对投行业务工作底稿制作、审核及验收，工作底稿电子化管理等进行了全面总结，对包括证券公司在内的投行业务参与机构做好底稿管理有较好的借鉴意义。

突出问题导向。证券公司在从事投行业务实践中，不同程度面临尽职调查职责边界不清晰、执业标准不细化等问题，行业机构或从业人员执业能力、尽调水平存在差异，对同一或同类事项采用尽调核查程序、方法或手段不同，都可能产生不一样的尽调效果或执业后果。本书突出问题和风险导向，全面系统梳理尽调核查中应予关注的重点、难点问题，在总结提炼法律法规、监管规则及审核案例、同业有益经验等的基础上，提出尽调核查的标准及范式，为投行从业人员解决尽调疑难问题及风险提供可行方案和思路。

理论实操结合。本书的核心在于从实务的角度，对各类投行业务的尽调核查进行全面、完整、翔实的解析，进而提供具有较高可操作性的尽调实务指南。但本书又不拘泥于此，对行业内比较关注的中介机构尽职调查法律责任、合理信赖、底稿证明力等问题开展了深入浅出的理论探讨和实证分析，比如，从证券公司与其他主体法定职责配置、履职差异、责任划分等角度对尽职调查法律责任进行了全面剖析，对明晰职责边界提出了合理建议；回应了理论和实务界都关注的合理信赖问题，对合理信赖产生背景、各方职责边界、合理信赖的条件、标准及后果等问题作了分析阐述，进而多角度提出落实合理信赖制度的建议措施；对投行工作底稿的法律证据价值进行了有益探究。

本书由周卫青担任总牵头人，李赛男、项宁、李结实、赵晶、郭耀担任主要负责人，来自多家证券公司的数十名专业人士参与了本书的研究和撰写。在编写过程中，投行业务监管规则不断修订、完善，特别是2023年2月全面注册制相关配套规则发布实施，相关投行业务的审核程序、标准和理念发生较大变化，撰稿人员多次对本书内容进行校对、完善，力求内容的准确性，但由于投行业务监管规则及执业实践不断变化，加之志愿者精力、能力所限，本书个别地方难免存在纰漏。请读者朋友不吝批评指正，以便我们及时改进、持续完善。

在本书付梓之际，感谢老范、胡柚和婉婉的付出，也特别感谢合规小兵的初创者、同行者、志愿者、支持者、关注者及本书的编辑者，是大家的共同携手合规小兵才能走到现在、行稳致远。

是以为序！

合规小兵

癸卯年仲春

简　　称

全称	简称
《中华人民共和国证券法》	《证券法》
《中华人民共和国公司法》	《公司法》
《中华人民共和国民法典》	《民法典》
《中华人民共和国刑法》	《刑法》
《中华人民共和国律师法》	《律师法》
《最高人民法院关于审理证券市场虚假陈述侵权民事赔偿案件的若干规定》	《虚假陈述若干规定》
最高人民法院《〈关于审理证券市场虚假陈述侵权民事赔偿案件的若干规定〉的理解与适用》	《〈虚假陈述若干规定〉的理解与适用》
《最高人民法院关于为设立科创板并试点注册制改革提供司法保障的若干意见》	《科创板若干意见》
《最高人民法院关于为创业板改革并试点注册制提供司法保障的若干意见》	《创业板若干意见》
《最高人民法院关于适用〈中华人民共和国民法典〉有关担保制度的解释》	《担保制度的解释》
《最高人民法院关于民事诉讼证据的若干规定》	《民事诉讼的若干规定》
《全国法院审理债券纠纷案件座谈会纪要》	《债券纠纷纪要》
《全国法院民商事审判工作会议纪要》	《九民纪要》
《证券公司投资银行类业务内部控制指引》	《内控指引》
《证券发行上市保荐业务管理办法》	《保荐业务管理办法》
《证券公司保荐业务规则》	《保荐业务规则》

续表

全称	简称
《关于注册制下督促证券公司从事投行业务归位尽责的指导意见》	《投行业务归位尽责指导意见》
《中国证券监督管理委员会、国务院国有资产监督管理委员会关于规范上市公司与关联方资金往来及上市公司对外担保若干问题的通知》	《规范上市公司担保问题的通知》
《证券发行上市保荐业务工作底稿指引》	《保荐底稿指引》
《证券公司投资银行类业务工作底稿电子化管理系统建设指引》	《底稿电子化建设指引》
《公司债券发行与交易管理办法》	《发行与交易管理办法》
《公司债券承销业务规范》	《债券业务规范》
《公司债券存续期信用风险管理指引（试行）》	《公司债存续期信用风险指引》
《项目收益债券管理暂行办法》	《项目收益债暂行办法》
《公司债券承销业务尽职调查指引（修订稿）》	《债券尽调指引》
《公司债券业务工作底稿内容与目录指引》	《公司债底稿目录》
《非公开发行公司债券备案管理办法》	《非公开债券备案办法》
《非公开发行公司债券项目承接负面清单指引》	《负面清单指引》
《公司信用类债券信息披露管理办法》	《债券信披办法》
《公司债券受托管理人执业行为准则》	《公司债受托准则》
《公开发行公司债券受托管理协议必备条款》	《受托协议必备条款》
《公司债券受托管理人处置公司债券违约风险指引》	《公司债违约处置指引》
《中国人民银行、发展改革委、证监会关于公司信用类债券违约处置有关事宜的通知》	《违约处置通知》
《企业债券管理条例》	《企业债管理条例》
《中央国债登记结算有限责任公司关于发布实施企业债券簿记建档发行及招标发行业务操作规程的通知》	《企业债券簿记的通知》
《国家发展改革委关于企业债券发行实施注册制有关事项的通知》	《企业债券注册制的通知》
《非金融企业债务融资工具簿记建档发行工作规程（2020版）》	《银行间债券簿记规程》
《银行间债券市场非金融企业债务融资工具存续期信息披露表格体系（2021版）》	《银行间债券存续期表格体系》
《银行间债券市场非金融企业债务融资工具管理办法》	《银行间债券管理办法》

续表

全称	简称
《非金融企业债务融资工具发行规范指引》	《银行间债券规范指引》
《非金融企业债务融资工具募集说明书投资人保护机制示范文本（2021 版）》	《银行间债券示范文本》
《银行间债券市场非金融企业债务融资工具信息披露规则（2021 版）》	《银行间债券信披规则》
《证券公司及基金管理公司子公司资产证券化业务管理规定》	《资产证券化业务管理规定》
《公开募集基础设施证券投资基金指引（试行）》	《公募投资基金指引》
《证券公司及基金管理公司子公司资产证券化业务信息披露指引》	《证券化信披指引》
《资产证券化业务基础资产负面清单指引》	《证券化负面清单指引》
《融资担保公司监督管理条例》	《融资担保管理条例》
《融资租赁债权资产支持证券挂牌条件确认指南》	《融资租赁挂牌指南》
《融资租赁企业监督管理办法》	《融资租赁管理办法》
《融资租赁债权资产支持证券信息披露指南》	《融资租赁信披指南》
《商业银行委托贷款管理办法》	《委托贷款管理办法》
《房地产投资信托基金物业评估指引（试行）》	《信托物业评估指引》
《关于加强私募投资基金监管的若干规定》	《私募基金若干规定》
《中国人民银行、中国银行保险监督管理委员会、中国证券监督管理委员会、国家外汇管理局关于规范金融机构资产管理业务的指导意见》	《资管指导意见》
《企业国有资产交易监督管理办法》	《国有资产交易办法》
《证券市场资信评级机构评级业务实施细则（试行）》	《评级实施细则》
《企业会计准则——基本准则》、具体会计准则、《企业会计准则——应用指南》、企业会计准则解释及其他相关规定	《企业会计准则》
中国证券监督管理委员会	中国证监会
中华人民共和国国家发展和改革委员会	国家发改委
中国人民银行	人民银行
全国中小企业股份转让系统	全国股转系统
上海证券交易所	上交所
深圳证券交易所	深交所

续表

全称	简称
中国证券登记结算有限责任公司	结算公司
中国证券业协会	证券业协会
中国证券投资基金业协会	基金业协会
中央国债登记结算有限责任公司	中央结算公司
中国银行间市场交易商协会	交易商协会
北京证券交易所	北交所
中国银行保险监督管理委员会	银保监会

目　录

第一章　投资银行业务尽职调查概述

第二章　投行业务中的合理信赖

第三章 投资银行业务工作底稿

第四章 债券承销业务尽职调查注意事项

第五章 资产证券化业务尽职调查关注事项

第一章

投资银行业务尽职调查概述

第一节

投行业务尽职调查目标与基本原则

一、尽职调查的含义与目标

（一）尽职调查的含义

“尽职调查”（Due Diligence），该词最初限于股权投资中的股票公开发行，用于对证券市场上投资人的保护以及经纪人/交易商的“尽职调查”抗辩。随着时间的推移，尽职调查逐渐被移植到企业并购、重大投资、信托、担保等诸多交易项目中，主要是为了解决信息的真实性以及信息的不对称问题。

中国证监会有关文件对“尽职调查”作了相应解释，以《保荐人尽职调查工作准则》中的释义为例：

“尽职调查是指保荐人对拟推荐境内公开发行股票、可转换债券或存托凭证等公司（以下简称发行人）进行的尽职调查，通过执行合理、必要的尽职调查程序，以合理确信发行人符合《证券法》等法律法规的相关规定，符合中国证监会及证券交易所规定的发行条件、上市条件和信息披露要求，以及合理确信公开披露文件已结合发行人实际情况进行有针对性的风险提示，充分披露了投资者作出价值判断和投资决策所必需的信息，信息披露真实、准确、完整。”

综合来说，尽职调查就是中介机构在客户或尽职调查对象的配合下，采取各种必要及可能的手段、方法和途径来搜集有关信息和数据，对企业的经营情况、股权结构、管理架构、核心人员背景、面临风险、发展前景等相关资料进行全面深入的审核、分析、判断和评估，通过发现存在的问题并提出专业性的解决方案，向客户或者监管机构提交尽职调查相关书面文件，为客户提供融资、投资、并购等方面决策辅助及执行服务，以协助客户实现商业目的的一种职业行为。

在投资银行业务领域，尽职调查是一个最基础、最重要、有难度并且贯穿项目始终的工作，尽职调查是否真正做到位，关系投行业务项目的成败，也直接关系企业客户战略发展目标的实现以及面临的风险敞口。投行业务尽职调查是一个收集、搜索、分析以及加工情报资料的过程，主要包括四大方面的内容：法律尽职调查、业务尽职调查、财务尽职调查、其他尽职调查。其是中介机构为甲方客户的投资、融资、并购等事务所做的一系列事前、事中、事后调查，也是中介机构“受人之托、忠人之事”的核心体现，对投资者的投资起到增信鉴证作用。

（二）投行业务尽职调查的目标

1. 投行业务尽职调查的总体目标

作为持牌机构的证券公司（以下简称券商），所经营的投行业务种类众多，不同业务类型之间可能千差万别，但相同的一点都是要依照监管机构以及公司内部的要求进行尽职调查，尤其是在近年来监管趋严的大环境下，尽职调查更是需要做到位。从券商自身和客户需要这两方面来说，笔者认为投行业务尽职调查的总体目标有如下几点。

（1）深入了解企业，设计交易方案

投行从业人员开展尽职调查最主要的目的就是为客户设计出贴合其发展实际的包括股权融资、债券融资以及并购重组等在内的项目方案，通过拿到投行项目并执行成功来获取业务收入。因此，投行业务尽职调查的第一个总体目标就是要通过获取内外部资料来深入了解企业，在充分知悉客户需求的基础上，在监管规定允许的范围内为客户设计出一套尽可能实现客户利益最大化的交易方案。

（2）发现企业问题，提出整改意见

在投行业务实践中，不同的企业客户总会遇到各式各样的问题，比如内控或管理缺乏规范性、某些交易或事项的会计处理与企业会计准则不一致、已披露信息存在瑕疵等，这些问题在企业日常经营中可能并不会产生重大不利影响，但是企业如果要通过正规的资本市场渠道进行融资或者重组交易，就可能出现不符合监管规定要求的情况。因此，投行业务尽职调查的第二个总体目标就是在尽职调查过程中发现企业在项目执行中存在的形成障碍的重要问题，同时向客户提出合规且合理的解决方案，以便协助企业顺利推进项目。

（3）审慎编撰文件，把控项目风险

投行业务尽职调查的目的是执行项目，执行项目的过程其实也是一个尽职调查的过程。不管是哪类投行业务，基本都需要制作申请文件或者公开披露文件，投行人员在编撰各类文件时都需要以尽职调查中获得的资料为依据，也就是常说的“说话要有底稿”。所以，投行业务尽职调查的第三个总体目标就是，在充分尽职调查、关注重大问题的基础上，审慎制作项目文件，尽最大努力确保不存在虚假记载、误导性陈述以及重大遗漏，同时，还要合理评估或者判断项目尽职调查过程中或执行中遇到问题的重大性、解决方案的合法合规性，拒绝造假，充分把控项目风险。

2. 不同类型投行业务尽职调查目标的差异

由于投行业务项目类型多样，而不同的投行业务类型监管部门具有不同的监管要求，因此券商会针对不同类型投行项目的尽职调查设定不同的目标、内容和严格程度，申报文件和底稿目录的编制要求也存在较大的差异。

一般来说，股权类投行项目［首次公开发行股票（Initial Public Offerings，IPO）、再融资］的尽职调查目标内容是所有投行业务项目中最广泛的，包括全面深入地了解企业的经营情况，核查是否符合监管所要求的发行条件、上市条件，评估项目质量以及把控项目风险等。债权类投行项目（公司债券类）的尽职调查目标则偏重核查企业是否符合发行相关债券的条件，企业是否具有良好的资产质量和运转效率，是否具有良好的持续经营能力和偿债能力，项目的违约风险如何等；而债权类投行项目（资产证券化类）则从“主体信用”过渡到“资产信用”，其尽职调查目标偏重对基础资产及其现金流情况的尽职调查，包括但不限于基础资产的形成和存续的真实性和合法性，基础资产权属、涉诉、权利限制和负担等情况，基础资产的完整性及可特定化情况，现金流的来源及其持续性、稳定性等。财务顾问类投行项目（并购重组）的尽职调查目标则偏重核查并购重组标的的资产质量，交易结构的设计是否满足监管要求，并购整合后的业绩预期能否实现等。

二、投行业务尽职调查的基本原则

券商作为投行业务的承做主体，是资本市场“看门人”，在投行项目尽职调查过程中需要坚持的一个总体原则是勤勉尽责，该原则又可以细化为以下几个基本原则。

（一）独立审慎原则

根据监管部门的相关要求，券商在投行业务尽职调查中保持独立态度，并且需要对客户提供的资料以及获取的外部证据进行审慎核查。投行项目一般都需要券商、会计师、律师的参与，三家中介机构往往会在项目执行中发挥各自的专业特长，同时进行分工协作，但是需要注意的是，券商作为投行项目的主导者和总负责人，需要对项目质量做总体把控，并对搜集到的项目底稿以及其他中介机构出具的专业意见进行独立复核。

（二）合理信赖原则

2021年7月，中国证监会发布的《投行业务归位尽责指导意见》中明确“证券公司对注册申请文件和信息披露资料进行全面核查验证，对其他中介机构的专业意见以‘合理信赖’为一般原则”。2022年4月证券业协会发布的《债券业务规范》、2022年5月中国证监会发布的《保荐人尽职调查工作准则》等监管规则都再次明确提出了合理信赖原则，即在投行业务中，券商在全面审慎核查的同时，可以合理信赖发行人申请文件、证券发行募集文件中由证券服务机构出具专业意见的内容。但是，合理信赖并不是完全信赖或盲目信赖，证券公司需要有自身的独立判断，保持职业怀疑，结合尽职调查过程中获得的信息运用职业判断去评估证券服务机构及其参与人员的相关工作是否具有充分、可靠的基础，必要时需要进行反向印证，若其他中介机构出具的文件存在重大异常、前后重大矛盾或者重大差异等特殊情况的应进行调查、复核。

（三）全面深入原则

随着监管部门对投行项目监管的趋严，压严压实中介机构的责任，券商投行业务受到的行业监管、执业质量考核等各方面也越来越严格，并且执业规则也越来越细化。因此，券商项目组在投行业务尽职调查中需要贯彻全面且深入的原则，根据各项业务的相关执业要求将尽职调查的事项做扎实，切实保证执业质量。

（四）充分合理原则

券商在投行项目的尽职调查中，既要本着全面深入的原则，又要遵循充分合理的原则。在尽职调查中，我们需要按照监管要求进行充分的尽职调查，对核查事项要求企业提供充分的内外部证据支持，券商项目组取得的底稿当然是越充分越好，但是同时需要注意我们并不是为了收集底稿而收集底稿，不能为客户增加过度负担或者提出不合理要求。

（五）底稿留存原则

根据监管部门的要求，投行业务项目尽职调查中需要建立规范的底稿档案。监管部门已经对投行业务提出了明确的底稿编制要求和底稿编制目录，各家券商内部基本也都制定了比较完备的投行业务项目底稿目录。所以，项目组在日常的尽职调查工作中，应当按照底稿目录的要求将获取的内外部底稿资料进行规范整理并妥善留存。

第二节

投行业务尽职调查的阶段及方法

一、投行业务尽职调查的阶段

（一）项目洽谈与初步尽职调查

投行项目洽谈阶段，基本意味着项目还处于谈判或者磋商阶段，也就是投行业务中的承揽阶段。在这个阶段，客户往往会提供比较有限的信息资料，这就需要项目组主动去收集项目相关资料，通过初步尽职调查来判断项目是否符合国家法规或政策，是否符合监管要求，项目的可执行性以及是否存在重大风险等问题。毕竟，投行业务项目的执行都需要较高成本，如果前期不做好功课而未发现项目存在的重大问题，即使承揽到项目最终也可能难以执行，反而导致项目组人力资源的浪费，甚至会影响到券商或者项目组在客户心中专业水准的评估，进而影响后续其他项目的承揽。

（二）正式进场与全面尽职调查

项目组经过了初步尽职调查判断项目不存在重大问题或重大风险，并且与客户达成相关业务合作，即已经取得项目，就进入项目执行阶段。项目组在正式进场前，往往会先提供一份完整的资料清单，要求客户提前准备清单中所需资料，待项目组正式进驻现场后就可以高效地开展项目工作。项目组正式进场后即开始较为深入的尽职调查，查阅初步收集的底稿资料并撰写各种立项文件；在立项通过后，项目组在进行全面深入尽职调查的同时编制各种申报文件、整理各类工作底稿，履行券商内部质控、内核程序，最终完成项目材料申报、监管部门反馈意见回复、获得审核意见或者相应批文。

（三）项目完成与持续尽职调查

在审核部门审核通过投行业务项目或者取得相应批文后，券商项目组即可以相机抉择启动证券发行工作。在发行阶段，项目组仍需持续进行全面尽职调查，如果在证券发行上市过程中发生了监管规则中所规定的重大事项，就可能需要暂停发行上市，严重的情况下可能会造成项目重新上会或者因不再符合相关发行上市条件而被终止。在投行项目成功发行后，股权类项目都会有一个持续督导期（根据 IPO、再融资以及交易所各个板块的差异而有所不同），债权类项目会有存续期管理，券商在前述不同期间内都需要承担相应的督导或管理义务，根据监管要求履行持续的尽职调查责任。

二、投行业务尽职调查的方法

投行业务种类较多，总的来说可以划分为股权类业务、债权类业务以及财务顾问类业务等，基于业务类型和监管要求的不同，不同投行业务在具体项目执行中的尽职调查广度和深度也有所不同，但是我们在尽职调查过程中可以采用的方法或者方式是相通的，下面各类尽职调查方法为投行业务尽职调查的通用方法，在从事具体业务时可相机择取。

（一）询问与访谈

在投行业务尽职调查过程中，用得最多的核查程序或者方法就是“问”，但是“问”又包括非正式的询问和正式的访谈。这两种方式的主要介绍如下。

1. 询问

询问是最普遍的尽职调查方式。在投行业务项目执行过程中，很多具体问题都需要问企业的内外部有关人员。相较于访谈，询问的内容、方式和时机都显得非常灵活。

项目组可以在工作场合询问企业的相关人员，也可以在工作之余、关系比较融洽的场合（如饭后闲聊等）询问一些问题，此外还可以询问企业周边居民对企业的看法等。总之，询问的对象可以非常广泛，询问的时机可以因地制宜，询问的情况可以多种多样，并不会拘泥于非常正式的访谈（由于访谈记录需要签字，有些人可能在心理上比较排斥），可以以比较随意的聊天方式从正面或者侧面了解公司有关方面的真实情况，这样非常有利于项目组尽职调查的深入开展。

2. 访谈

关于访谈对象，除企业内部的董事、监事、高级管理人员、中层领导以及一线员工之外，还包括企业的外部利害关系人，如企业的股东或投资方、现有客户与潜在客户、产品或者服务供应商、竞争对手或合作伙伴、政府主管部门或者行业协会、企业所在领域的专家学者、资产证券化中的底层资产持有人及其他利益相关者等。需要注意的是，访谈对象应当是直接经手相关业务、事项，或者对其较为了解的人。

在访谈之前，项目组会针对核查内容或者想要了解的情况进行访谈提纲的设计。由于各家中介机构都会有常用的访谈提纲模板，笔者在此不作赘述，但需要注意的是，项目组应在对企业客户相关情况有所了解的前提下，根据企业自身经营模式、行业具体特征进行访谈问题的再设计，尽量不要直接套用模板。

关于访谈的执行，可以分为现场走访、视频访谈、电话访谈、邮件或者书面访谈等。考虑到访谈的真实性、有效性以及监管部门对相关底稿的要求，中介机构项目组更多采用的是现场走访及视频访谈，并且现场走访为首选方式。以 IPO 或再融资项目中的客户/供应商访谈为例，现场走访过程中除对访谈提纲内容进行询问或确认外，还应查看对方的生产经营状况，是否与其作为发行人主要客户或者供应商的实力相符等。

不管是采用何种访谈方式，最终都要有工作底稿呈现，包括经参与各方签字/盖章的访谈记录、参与人合影照片或者访谈视频（要显示对方公司标志）、对方公司的最新营业执照及公司章程、有无关联关系的声明函等，当然，不同的访谈对象也具有不同的具体要求，大家相机抉择即可。项目组需要做好相关材料的收集、整理、统计及复核工作，并对重要的文字、音频、影像等资料予以留存，确保核查工作可回溯可检验，核查结论真实、准确、完整。

（二）实地查看

俗话说，耳听为虚、眼见为实（尽管有时亲眼所见也不一定为真）。在投行尽职调查过程中，实地查看是获取相关信息的重要途径之一。下面以投行业务中最为普遍的制造业企业为例进行阐释。

项目组需要对企业的生产过程进行一次“人肉穿行测试”，即项目组在企业相关人员的陪同下参观生产线，对关键工艺流程与主要生产设备、投料与产出情况进行了解，同时查看生产线的新旧情况、智能化情况及日常的开工情况并与企业的产能产量情况进行比较分析，查看原材料、在产品、产成品以及残次品、废料、废物的入库、存放与领用或处置情况等。实际项目执行中，可能存在有些企业购买了大额设备但是基本未实际使用的情况，声称自身的智能化生产水平高但是车间设备与工人情况并不符合的情况，以及账上存在较大金额的研发费用但研发实验室人员稀少且试验设备很少使用的情况等，这些比较特别的情形如果只是听企业的人讲而不实地查看的话是很难发现的。

项目组日常在厂区活动时也可以留心观察一下公司情况，比如货物进出厂区的情况、员工的工作态度与工作状态情况、厂区工作与生活环境的管理情况、办公与生产区域的整洁程度等，从诸多细微处都可以了解到企业的运营情况和发展趋势。此外，在进行上游供应商走访时，应当实地查看其生产经营情况、供应给企业的货物存放情况以及是否对周边环境造成较为严重的污染等；在进行下游客户走访时，应当实地查看企业供应的货物是否存放在其仓库，生产经营情况是否正常等。

（三）函证

函证是为了获取影响财务报表或相关披露认定的项目的信息，通过直接来自第三方对有关信息和现存状况的声明，获取和评价外部证据的过程，通过函证获取的证据是一种典型的外部证据，可靠性较高。

函证是会计师审计过程中非常重要的审计程序，虽然在中国证监会发布的《保荐人尽职调查工作准则》中规定，保荐人可以合理信赖会计师的函证工作结果，但是在目前的监管环境下，券商投行项目组对主要财务数据进行函证也是一项必要工作，成为体现券商勤勉尽责的关注重点之一。

在投行业务尽职调查中，函证主要是针对往来账项（销售、采购）和银行账户进行询证。在实际执行中，券商、会计师、律师三方中介机构首先会对发行人报告期各期的销售金额与数量、采购金额与数量、各期末的应收款项与应付款项、银行账户存款余额及其他有关情况等数据进行整理并核对，在基本确定数据准确完整的情况下向客户、供应商及银行账户开户行发出询证函。在一般情况下，中介机构对函证比例要求是比较高的，比如IPO项目中销售、采购的函证回函覆盖比例要求在70%以上（按金额），考虑到有些客户不回函，发函比例可能需要达到80%左右，而对所有的银行账户（包括期末零余额账户以及报告期内销户账户）都需要进行函证并取得回函。

市场上各家机构自身的函证程序执行方法可能会有所差异，但无论如何，碰到异常的时候均应做进一步核查处理，如果未回函或者回函不符则要实施替代程序，如细节测试等。

（四）网络查询

在网络信息发达的当今时代，互联网虽然不是万能的，但确实给投行业务人员提供了一个提高核查效率的工具。除了直接使用百度等搜索引擎进行信息检索，各类主管部门官方网站和第三方网站都提供了丰富的可查询信息，我们投行尽职调查人员可以从各网站调取信息，与企业或者其他单位提供的资料进行核验。

在工商信息核查方面，除了企业提供的工商底档文件，我们可以在国家企业信用信息公示系统（国家市场监督管理总局官方查询网站 http：//gsxt. gov. cn/）、天眼查、企查查、启信宝、爱企查等网站核查企业基本信息与周边信息（如专利、诉讼），并且第三方网站还具有批量查询多家公司并导出数据的功能。

在知识产权查询方面，专利权查询可以通过中国及多国专利审查信息查询网站（http：//cpquery. cnipa. gov. cn/）以及国家知识产权局专利检索及分析网站（https：//pss-system. cponline. cnipa. gov. cn/）进行检索查询；获授的商标权可以通过国家知识产权局商标局网站（http：//wcjs. sbj. cnipa. gov. cn/）进行检索查询，某些国际商标可以在世界知识产权组织网站（https：//www3. wipo. int/）以及美国、欧盟、英国等国家或地区组织建立的网站进行查询。关于网站域名，可以在中华人民共和国工业和信息化部政务服务平台的 ICP/IP 地址/域名信息备案管理系统（https：//beian. miit. gov. cn/）以及第三方的域名信息查询网站（https：//whois. aliyun. com/）等进行查询。

在企业信用信息核查方面，可以通过信用中国网站（https：//www. creditchina. gov. cn/）、企业所在地政府部门网站或者中央政府部门及其下属单位网站、天眼查等第三方网站进行相关检索查询。

由于不同方面的信息可能从不同的网站渠道进行收集或发布，从事尽职调查工作的人员可以在平时执业过程中积累相关网站，以便不同项目尽职调查过程中的不时之需。

（五）分析与对比

针对投行业务尽职调查中获取的底稿数据资料，项目组可以采用分析对比的方法进行相关因素核查，比如可以进行横向分析（相同因素但不同主体之间的数据分析）、纵向分析（同一主体但不同时间点或时间段之间的数据分析）等。下面我们以供应商调查中采购明细表数据的分析对比为例进行说明。

在实质性操作之前，需要对报告期内的采购明细表进行加工处理。一是将网络查询结果与采购明细表进行匹配，导入地域等相关信息；二是对采购产品明细进行分类（如钢材、铝材、铜材以及各部件名称等，主要是采购金额及数量较大的产品，细小繁多的物资可以划归其他类）；三是进行其他必要处理（如标记月份、季度、年度等）。

第一，可以对供应商进行地域分布分析。一般来说大多数供应商都应该是本地市经营企业或者周边地市经营企业，如果有分布在距离发行人比较远的供应商并且数量较多，那么可以分析报告期采购明细表中的具体采购类别，考虑相关产品是否有产地制约，当地能否进行充分采购，是否存在企业舍近求远进行跨地域采购的情况，以考虑关联方采购、采购造假存在的可能性。

第二，可以对供应商进行采购类别分析。在处理后的采购明细表中（借助数据透视）可以看到采购产品类别下的供应商名称、所在地域、采购数量及金额等信息，进而分析某些重要产品的采购地域分布合理性、不同供应商供应同类产品的价格情况等。

第三，可以对重要原材料或者部件的采购规模进行分析。根据发行人各期的产销量数据及各类产品对应的材料/部件单耗比例匡算各期耗用量，结合各期的期初期末存货变动情况分析重要材料或部件的各期采购规模是否与产销规模相匹配。

第四，可以对重要原材料或者部件的采购价格等进行分析。对重要材料/部件的各期（或者明细到月度、季度）平均采购价格进行变动分析，是否存在价格大幅度波动或其他异常情况。对于具有市场公开价格的大宗商品（或者近似产品），应分析公司采购产品的价格变动趋势或者波动情况是否与市场价格变动情况相吻合，但也有可能存在购销双方签订长期供货合同进行价格锁定或微调而与市场价格变动不一致的情况。当前还可以根据核查情况对采购产品进行类别内详细价格对比分析。

（六）财务内部资料核查

投行业务尽职调查中，企业提供的内部资料包括财务、法律、业务及其他类，而财务方面的内部资料主要是销售与收款循环、采购与付款循环、生产循环、研发循环、固定资产循环等。在销售与收款循环方面，一般对客户发起的销售合同或者销售订单进行核查，通过核查具体销售订单及其审批/确认过程、发货单、出库单、运输单、客户签收单、对应的合同与发票、客户的回款（银行转账、票据及其收款等）、相关的记账凭证等资料来进行真实性测试，同时抽取期末和期初的几笔单据进行截止性测试，看是否记入恰当的会计期间。在采购与付款循环方面，一般对企业发起的采购合同或采购订单进行核查，通过核查具体的采购订单、供应商的到货单、验收单或检测报告、入库单、发票、付款单据、对应的记账凭证等资料进行真实性测试，同时也需要抽取期末和期初的几笔单据进行截止性测试，看是否记入恰当的会计期间。在生产循环方面，主要是根据企业的生产过程和环节来核查车间生产计划、相关的领料单、材料出库单、车间投料单、产成品或半成品入库单、残次品/废品入库单/出库单/处置单据等。与生产循环类似，在研发循环核查中，主要通过核查研发过程中的研发项目计划书及其审批文件、研发过程记录表单、研发成果文件，具体项目进行中的领料单、材料出库单、研发结果（废物废料、样品等）的记录台账与处置台账等来核查研发真实性。在固定资产循环方面，主要通过核查固定资产列表、购置时间与入账时间是否存在较大差异及其原因、折旧摊销相关的会计政策或估计是否合理、主要固定资产的成新率与使用频率、实地查验主要固定资产等方法来确认固定资产方面的真实性与会计处理的恰当性。

（七）公司治理核查

在尽职调查过程中，尤其是股权业务中，投行项目组对企业公司治理的核查也是非常重要的一个方面，因为监管部门对上市公司很重要的一个要求就是公司治理结构健全和运行规范。关于公司治理的核查，应特别注意针对股东大会、董事会、监事会（以下简称三会）以及对董事会下属专门委员会的运行进行核查：一是要对照公司章程、三会议事规则以及专门委员会议事规则，查看召开的时间、次数是否符合制度规定；二是要查阅三会历次会议的会议通知及其议案、会议决议及会议记录、参会人员及其表决票等是否符合相关规定；三是查阅专门委员会的相关会议文件，看是否符合相关议事规则的规定，值得注意的是，一般还要取得公司内审部（隶属于审计委员会）的相关文件，如内部审计报告等。对公司治理的核查，投行项目组可以会同律师一起进行核查，必要时可以要求企业相关人员进行补正。

（八）调取外部资料

投行项目组在尽职调查过程中，除取得企业自身生成的相关信息资料，还需要获取外部证据资料，以便进行交叉核对，确保底稿资料的真实性和所发表意见的真实性。在调取外部资料方面，可以获取发行人或者其他相关方的信用报告，最好是在企业人员的陪同下一起到银行机构进行打印，并要求其盖章，以保证获取信用报告的真实性。不管是股权类项目还是债权类项目，抑或是独立财务顾问类项目，很多情况下都需要如市场监管部门、税务部门、自然资源主管部门、生态环境部门、海关部门、社保及公积金管理部门等政府部门出具相关证明，这既是一种尽职调查方式，也是中介机构发表意见的兜底依据。当然，这里只是举例说明，在项目执行过程中，应根据发表意见、解决问题或者回复反馈意见的需要而调取外部资料。

（九）银行流水核查

在投行业务项目执行过程中，银行账户流水的核查已成为关键事项。中国证监会《监管规则适用指引——发行类第5号》第5－15条界定了需要进行银行流水核查的范围：除发行人银行账户资金流水以外，结合发行人实际情况，还可能包括控股股东、实际控制人、发行人主要关联方、董事、监事、高管、关键岗位人员等开立或控制的银行账户资金流水，以及与上述银行账户发生异常往来的发行人关联方及员工开立或控制的银行账户资金流水。同时，该第5－15条也列示出了一些具体的银行流水相关核查要求，包括在资金流水核查中结合重要性原则和支持核查结论需要重点核查报告期内发生的相关事项，以及要考虑是否需要扩大资金流水核查范围的情形等。

在保证被核查主体账户完整性的前提下，对含有交易对方信息的银行流水核查需要关注以下几点：（1）与公司客户、供应商之间的资金往来核查；（2）支付员工工资或承担公司费用的银行流水核查；（3）无交易对手银行流水核查；（4）与公司实际控制人亲友、股东、高级管理人员、出纳、关联方之间的银行流水核查；（5）大额收款资金来源核查；（6）是否通过实际控制人银行账户进行民间借贷核查；（7）与个人频繁资金往来核查等。

关于银行流水核查的具体步骤，可参考如下内容：

第一，在核查明细表Excel标题行中添加所希望核实的内容，比如资金发生日期、账面与流水金额是否一致、账面客户单位与流水中回款单位是否一致、账面供应商单位与流水中收款单位是否一致、收款异常情况备注、付款异常情况备注、其他信息等。

第二，银行流水交易的抽样核查：交易金额在拟定的项目核查标准以上（比如，法人流水根据公司交易规模定为单笔30万元或者50万元，个人流水定为单笔5万元）的全部检查，交易金额在设定金额以下的进行随机核查。

第三，按账户按月进行核查：在Excel表中按筛选流水对应的月份，按时间顺序根据银行流水中每笔设定金额以上的资金流入、流出与银行流水逐笔进行核对，对于异常往来款项要追溯原始记账凭证，并记录下需核实的内容项，同时在Excel表中记录（也可在流水中对异常资金做注释），对于设定金额以下的流水则可以随机抽查。同时，在核查中需要关注所有流水交易对方为个人或关联方的资金情况（主要是排查个人回款、业务员收款、员工或关联自然人占款、个人交易等情况）。

第四，若存在部分银行资金流水中无交易对方名称或交易内容摘要，则需要进行针对性核实；若部分银行流水与记账凭证不具有匹配性，则需要进一步核实上述资金往来的实际情况以及账务处理不匹配的原因。

第五，核对各月末余额与账面余额的一致性：在核对各月流水的时候，可顺便对银行流水中各月期末余额与该账户账面期末余额是否一致进行核对。若存在不一致，则需要继续核实银行存款余额调节表，关注是否存在大额、异常的银行未达账项，核实企业后期的收款情况，考虑企业是否粉饰经营活动现金流甚至虚构收入等情形。

第六，将上述资金流核查相关的Excel记录表格和流水应作为底稿留存。

（十）其他方法

除以上几类通用的尽职调查方法，我们在投行项目执行过程中还可以采用诸如穿行测试、重新计算、重新执行等方法。穿行测试，顾名思义就是对一个事项的程序或者流程从头到尾核查一遍，对照企业的相关规章制度，看是否真正按照制度来执行，各个环节应有的单据资料是否存在，单据资料的填写与审核是否合乎逻辑和规定等。穿行测试在审计过程中是最基本的一项活动，也是券商对一家企业进行经营规范性评估的一项重要活动，主要是为了检验企业内部控制是否存在、设计是否合理、运行是否有效。一家企业的内部控制设计、运行都是很好的，那么一般可认为企业经营比较规范，在后续尽职调查过程中可以酌情考虑减少细节测试的单据文件。

在尽职调查过程中，对于企业或者其他中介机构提供的相关数据文件，应当履行注意义务，需要先进行检查核对，因为每个人都可能犯错误，只能通过检查来避免更大或更深的错误。比如，拿到一份企业提供的Excel统计数据表，我们需要先核查下数据的完整性，是否存在计算公式设定错误的情况，明细数据的汇总数是否正确等，这种情况下我们就使用了重新计算这个方法。对于某些事项（尤其是自动化程序进行处理的数据，要查看每个步骤所生成的数据过程），我们可以通过重新执行来进行核查，即以人工方式或使用相关技术，重新独立执行企业内部控制组成部分的程序。比较类似的方式例如，审计中会计师利用被审计单位的银行存款日记账和银行对账单，重新编制银行存款余额调节表，并与被审计单位编制的银行存款余额调节表进行比较。

第三节

投行业务尽职调查的法律责任

一、证券公司与其他主体的法定职责配置

首先，信息披露义务人是第一责任人，中介机构履行核查把关责任。信息披露制度是证券市场的基石。从基本的制度构建逻辑来看，信息披露的参与方主要包括两类：第一，主动提供、公示信息的主体；第二，核查、验证信息披露的主体，为信息披露发挥增信鉴证作用。就此，信息披露的监管体系对两类主体予以区分。

以上第一类主体是信息披露的第一责任人，主要是指发行人，同时包括掌握重要信息的控股股东、实际控制人，该等主体掌握自身情况的第一手信息，须以自己名义就企业经营状况、财务数据等客观情况对外披露信息，《证券法》将有关主体统一表述为“信息披露义务人”实施监管、压实责任。《证券法》第 78 条第 1 款、第 2 款规定：“发行人及法律、行政法规和国务院证券监督管理机构规定的其他信息披露义务人，应当及时依法履行信息披露义务。信息披露义务人披露的信息，应当真实、准确、完整，简明清晰，通俗易懂，不得有虚假记载、误导性陈述或者重大遗漏。”

与之相对应的是以上第二类主体，以中介机构为典型。中介机构并非以自己的名义就有关客观情况对外披露信息，并非信息披露义务人，而是以专业的外部人身份采用多种手段核查、验证信息披露，发表专业意见，为信息披露的真实、准确、完整提供合理保证。

与信息披露的监管体系相配套，刑事责任与民事责任均区分信息披露义务人与中介

机构。刑事责任方面，2020 年修正的《刑法》第 161 条有关“违规披露、不披露重要信息罪”所指的犯罪主体为“依法负有信息披露义务的公司、企业”，以及该等公司、企业的“控股股东、实际控制人”。从犯罪主体范围来看，《刑法》第 160 条“欺诈发行证券罪”同样规制的是《证券法》所称的“信息披露义务人”。与中介机构有关的犯罪则是《刑法》第 229 条的“提供虚假证明文件罪”与“出具证明文件重大失实罪”。民事责任方面，最典型的体现为《证券法》第 85 条的规定，即信息披露义务人披露自身客观信息，承担无过错责任；中介机构毕竟以外部视角履行核查行为义务，不可能也不应当对信息披露负以绝对保证，故承担过错推定责任。司法文件同样明确区分信息披露义务人的第一责任与中介机构的核查把关责任：《科创板若干意见》第 5 条中规定，“严格落实发行人及其相关人员的第一责任……要严格落实证券服务机构保护投资者利益的核查把关责任”。《创业板若干意见》第 7 条中规定，“在证券民商事案件审理中，要严格执行证券法关于民事责任承担的规定，厘清不同责任主体对信息披露的责任边界，区分不同阶段信息披露的不同要求，严格落实发行人及其控股股东、实际控制人等相关人员信息披露的第一责任和证券中介机构保护投资者利益的核查把关责任”。

其次，履行承销保荐职责的机构牵头负责，证券服务机构对各自专业领域负责。中介机构履行核查把关责任，内部又有分工。境外投行业务的中介机构职责划分主要有两种模式，分别为“保荐人牵头责任”模式和“区分责任”模式。“保荐人牵头责任”模式之下，证券公司作为保荐人的职责涉及发行人的财务、金融、会计、管理、法律等各方面，扮演统领各中介机构的牵头角色，而“区分责任”模式之下，证券公司作为“承销商”的履职范围相对更窄，与其他中介机构之间更强调分工合作与区分责任。

我国引入并贯彻“保荐人牵头责任”模式。一方面，在 IPO 等股票业务中采用保荐人制度，保荐人总负责项目，召集、协调会计师事务所与律所等开展相关工作，处于统揽全局、组织协调的“看门人”地位。例如，证监会《首次公开发行股票注册管理办法》第 7 条规定：“保荐人应当诚实守信，勤勉尽责，按照依法制定的业务规则和行业自律规范的要求，充分了解发行人经营情况、风险和发展前景，以提高上市公司质量为导向，根据相关板块定位保荐项目，对注册申请文件和信息披露资料进行审慎核查，对发行人是否符合发行条件、上市条件独立作出专业判断，审慎作出推荐决定，并对招股说明书及其所出具的相关文件的真实性、准确性、完整性负责。”《科创板若干意见》第

5条第6句规定："准确把握保荐人对发行人上市申请文件等信息披露资料进行全面核查验证的注意义务标准，在证券服务机构履行特别注意义务的基础上，保荐人仍应对发行人的经营情况和风险进行客观中立的实质验证，否则不能满足免责的举证标准。"另一方面，我国在债券发行中亦要求承销商履行类似于保荐人的牵头作用。当然，履职范围与义务强度有所不同。

因为保荐人、承销商在投行业务中扮演的牵头角色相似，所以《证券法》第85条将保荐人、承销的证券公司置于同句规定，《虚假陈述若干规定》第17条一体规定了保荐机构与承销机构的过错抗辩，最高人民法院配套发布的《〈虚假陈述若干规定〉的理解与适用》则采用"履行承销保荐职责的机构"来描述承担牵头职责的证券公司等机构，认为履行承销保荐职责的机构"负有全面核查的义务"。同时，《〈虚假陈述若干规定〉的理解与适用》还认为资产管理产品的管理人亦属于"履行承销保荐职责的机构"，应可涵盖资产证券化（Asset-backed Securities，ABS）管理人。

《证券法》第163条规定的证券服务机构则是基于专业能力制作、出具文件的中介机构，不论是基于常识还是投行业务有关的监管规定，证券服务机构都是对各自的专业领域负责。《虚假陈述若干规定》第18条第2款第1句规定："证券服务机构的责任限于其工作范围和专业领域。"

二、证券公司不同身份的履职差异

（一）证券公司在不同投行业务中具有不同身份

依据中国证监会《内控指引》第2条第2款的规定，承销与保荐、上市公司并购重组财务顾问、公司债券受托管理、非上市公众公司推荐、资产证券化等其他具有投资银行特性的业务均为证券公司投行业务。但是，根据证券公司在各项活动中的不同职责，其注意义务标准不同，承担的也是不同的法律责任。

1. 保荐人、主承销商与ABS管理人

《虚假陈述若干规定》第17条一体规定保荐机构与承销机构的过错抗辩，最高人民法院配套发布的《〈虚假陈述若干规定〉的理解与适用》则采用"履行承销保荐职责的机构"来描述履行承销与保荐职责的证券公司等机构。该条第2款同时明确，"在全国中小企业股份转让系统从事挂牌和定向发行推荐业务的证券公司，适用前款规定"，即全国股转系统市场的主办券商同样纳入"履行承销保荐职责的机构"。《虚假陈述若干规

定》发布后，通常认为 ABS 管理人亦属于"履行承销保荐职责的机构"。

虽然有关规定将保荐机构与承销机构予以并列，并涉及全国股转系统市场的主办券商，ABS 管理人亦可能归入"履行承销保荐职责的机构"，但法律制度仅在于强调牵头机构在职责范围上较之证券服务机构的广泛性等特征，以设定统一的过错认定的框架，并不认为有关主体的履职范围甚至义务强度是完全一致的。

理论上说，股票保荐人、债券主承销商、ABS 管理人是对不同属性的产品进行尽职调查，关注的重点并不相同：股票反映企业价值，与企业价值有关的因素众多，显然股票保荐人应当履行最为全面、细致的尽职调查；债券主承销商（信用债）则更关注企业的偿债能力，ABS 则主要关注基础资产及其现金流。由于偿债能力与基础资产（现金流）一般与发行人背景（基础资产种类）、评级具有紧密关系，实践中投资者可能更为信赖审计机构与评级机构的专业意见作出投资决策，使证券公司在债券与 ABS 业务中发挥的"看门人"作用相对下降。受到企业价值影响而随时发生价格波动的股票则贯彻严格的保荐制，不仅关于保荐人职责与动作的规定繁多而细致，而且因为影响股权价值的重要事项明显多于偿债能力的有关重要事项，使保荐人对监管规定未能明确列举的事项亦负有更审慎的注意义务，并被课以高标准的义务强度，如中国证监会《保荐业务管理办法》第 23 条对于保荐人在无专业意见情形下的核查要求作出规定，"对发行人申请文件、证券发行募集文件中无证券服务机构及其签字人员专业意见支持的内容，保荐机构应当获得充分的尽职调查证据，在对各种证据进行综合分析的基础上对发行人提供的资料和披露的内容进行独立判断，并有充分理由确信所作的判断与发行人申请文件、证券发行募集文件的内容不存在实质性差异"，以"充分理由确信"一词为典型，保荐人的监管要求显著高于债券主承销商与 ABS 管理人。

新三板市场虽然是股票市场，但并非上市公众公司业务，公开性不足、流动性有限、投资者具有较高的识别能力，信息披露的价值不及上市公司股票类投行业务，故主办券商（非上市公众公司推荐）的注意义务和法律责任更低。

同为保荐人，在 IPO 与再融资业务中的注意义务亦不相同，前者高于后者。例如，中国证监会在 2023 年 2 月同期发布适用于首发业务、再融资业务的发行监管规则适用指引来看，对 IPO 保荐人的诸多要求未体现在再融资业务中。

监管实践中，IPO 保荐人所受行政处罚数量最多，再融资业务保荐人其次，债券主承销商只有极个别行政处罚案例，ABS 管理人则尚未因尽职调查而受到行政处罚。

2. 并购重组业务的独立财务顾问

并购重组业务的独立财务顾问属于“履行承销保荐职责的机构”还是《证券法》第163条所指的证券服务机构，存在一定争议。

首先，需要厘清，发行股份购买资产业务中，证券公司兼具主承销商与独立财务顾问的身份，此时证券公司需依据双重身份履行法定职责。但身份的重合并不当然意味着独立财务顾问在该业务中就属于“履行承销保荐职责的机构”，仍需单独关注独立财务顾问的职责配置与法律责任。

其次，仅从《证券法》第85条与第163条的表述来看，独立财务顾问归入证券服务机构更有依据。司法实践中，更多裁判案例认为独立财务顾问应适用《证券法》第163条的规定。

最后，虽然独立财务顾问在形式上可归入证券服务机构，但监管规定显然对独立财务顾问提出了较之其他证券服务机构更特殊的要求。例如，中国证监会《投行业务归位尽责指导意见》第3条第7项将“招股说明书、重组报告书、债券募集说明书”并列，统一规定证券公司对其他中介机构专业意见的合理信赖，独立财务顾问实际与股票保荐人、债券主承销商并列。

如将独立财务顾问归入证券服务机构，其在法律责任承担的基本逻辑上便不同于“履行承销保荐职责的机构”。独立财务顾问应适用《证券法》第163条，就制作、出具的文件承担责任；独立财务顾问应适用《虚假陈述若干规定》第18条，责任限于其工作范围和专业领域，例如“中安科案”认为独立财务顾问与审计机构各自负责不同的虚假陈述行为，相应承担赔偿责任。

（二）证券公司在同一投行业务的不同身份

第一，同一家证券公司在投行业务中可能具有不同身份，应承担不同责任。IPO业务中，证券公司可能兼为保荐人与主承销商，此时保荐人的法定职责显著高于主承销商，监管机构亦将区分双重身份给予不同强度的处罚。

更为典型的情况是债券业务中主承销商与受托管理人的差异。实践中，证券公司往往同时担任债券发行阶段的主承销商与债券存续阶段的受托管理人。虽然中国证监会《内控指引》第2条将“公司债券受托管理”列入投行业务，但受托管理人在法定义务的范围与强度上与主承销商有所不同：主承销商通过尽职调查，对债券发行的信息披露文件发挥鉴证增信作用；依据证券业协会《公司债受托准则》第3章的规定，受托管理人主要履行关注与监测义务，并无法律要求、亦无事实可能再对持续信息披露履行尽职调查义务。就此，监管实践已经予以注意，针对主承销商与受托管理人的监管措施的依据各有不同。民事责任领域，新近的司法文件亦作出区分规定：最高人民法院《债券纠纷纪要》第25条单独规定受托管理人责任为一般过错责任，有别于主承销商所涉虚假陈述责任；《虚假陈述若干规定》则未将受托管理人规定为证券虚假陈述案件的适格被告，即投资者不能依据《虚假陈述若干规定》要求受托管理人承担证券虚假陈述赔偿责任。司法实践中，尚无受托管理人承担证券虚假陈述赔偿责任的裁判案例。

第二，在多家证券公司参与的投行业务中，不同证券公司具有不同身份，承担不同责任。例如，公司债券发行可能聘请多位承销商，包括牵头主承销商、联席主承销商、副主承销商、承销商（分销商）。依据中国证监会《发行与交易管理办法》第43条与证券业协会《债券业务规范》第8条第2款的规定，公司债券发行由两家以上承销机构联合主承销的，所有担任主承销商的承销机构应当共同承担主承销责任，履行相关义务。据此，通常认为主承销商无论牵头还是联席，均应共同承担责任，不应存在差异。监管案例亦予以支持。此外，通常认为副主承销商与分销商无须承担与尽职调查有关的法律责任。不过，以上形式化的分类是否在所有场景下均具有合理性，还值得进一步研究。

（三）证券公司在同一投行业务同一身份项下的不同阶段

除发行（重组）阶段的尽职调查职责，证券公司担任保荐人和独立财务顾问制度还有持续督导的法定职责，即督导发行人规范运作、审阅信息披露文件，法定职责的范围和强度大幅降低。依据中国证监会《保荐业务管理办法》第16条，保荐人在持续督导阶段的职责为“持续督导发行人履行规范运作、信守承诺、信息披露等义务”，第28条则进一步明确履职手段包括“督导发行人履行有关上市公司规范运作、信守承诺和信息披露等义务，审阅信息披露文件及向中国证监会、证券交易所提交的其他文件”，而非审慎核查的要求。据此，我们倾向于认为法律应对履行持续督导职责的证券公司与债券受托管理人予以同等对待，不宜将发行（重组）阶段的严苛义务延续到持续督导阶段。但是，不同于《虚假陈述若干规定》未将受托管理人规定为证券虚假陈述案件的适格被告，司法解释没有明确指出保荐人和独立财务顾问在发行（重组）阶段与持续督导阶段的责任差异。

因此，当前司法实践对证券公司履行持续督导职责的责任认定仍在进一步摸索之中，持续督导的履职边界还未清晰划定。一方面，监管案例与诉讼案例表明持续督导职责仍可能引发虚假陈述责任，如证券公司可能因未勤勉尽责导致持续督导报告存在虚假陈述而承担赔偿责任，但总体案例相对较少。另一方面，对于发行人年度报告的财务数据等，典型案例则指出保荐人承担持续督导职责与公司上市过程中的财务核查与保证职责不同，并不需要在上市公司年度报告、审计报告披露过程中核查报告中的财务数据。

（四）建议

虽然同为投行业务，但证券公司在不同业务中可能具有不同身份，在同一业务中亦可能具有不同身份。不同身份存在的履职差异，带来法律责任的差异，应当予以进一步重视，建议在各类文件、监管案例、民事案例中给予审慎把握。例如，在当前有关法律责任的规定中，对保荐人、主承销商等予以更多并列规定，缺乏责任差异的提示，建议未来提出更清晰的责任区分倡导。

对于多家证券公司共同担任承销商的债券发行业务，相比单纯的形式化认定，从证券公司的实际职责来确认注意义务与责任分配可能是更为合理的选择，我们认为判断的依据包括以下三项：第一，证券公司是否在募集说明书上声明承担责任的承诺；第二，证券公司是否参与尽职调查；第三，证券公司是否参与债券项目申报。依据该三项标准，副主承销商与分销商通常不应承担虚假陈述责任。联席主承销商则应属于证券虚假陈述案件的适格被告而可能承担责任，但相比牵头主承销商的注意义务可能更低，在“比例连带责任”等场景下或可承担相对较低的责任比例。

三、证券公司与信息披露义务人及内部人之间的责任划分

（一）监管责任

如前所述，信息披露义务人是第一责任人，中介机构履行核查把关责任。中介机构在发行人所提供资料的基础上结合各种尽调方法进行尽职调查、审慎核查，虽然通过勤勉尽责可以在很大程度上改善信息不对称现象，但与发行人、董事、监事、高级管理人员等内部人相比，信息不对称无法在客观上予以全部消除。因此，在监管案例中，发行人受到行政处罚或监管措施的数量远远大于证券公司等中介机构。

不过，信息披露义务人之间、信息披露义务人与其内部人的监管责任划分亦值得关注。从沪深交易所2017～2019年对上市公司采取行政处罚或监管措施的案例统计情况

来看，证券市场出现的发行人、上市公司违法违规情况，大多数都与控股股东、实际控制人违法操控发行人有关。因此，应坚持并加强对作为自然人的实际控制人及董事、监事、高级管理人员等“首恶”的处罚力度。

还可以注意到，在证券公司的严格内控之下，故意协助发行人造假的可能性非常低。从数据统计来看，证券公司等中介机构受到处罚的原因无外乎都是勤勉尽责问题，属于“过失”而非“故意”。

总结而言，在监管责任方面，发行人等信息披露义务人及其内部人因故意造假而受到更为严厉的行政处罚或监管措施，证券公司因未勤勉尽责履行法定义务，受到的行政处罚或监管措施相对较少，且程度相对较轻。

（二）民事责任

民事责任可分为两部分：第一，对外责任承担，投资者起诉要求证券公司承担赔偿责任；第二，内部责任划分，证券公司在承担责任后要求其他主体予以分担。

1. 对外责任承担

长期以来，我国证券虚假陈述责任纠纷具有两大特征：第一，法律与司法解释要求证券公司等中介机构因过错对投资者承担连带责任，招股说明书与募集说明书更要求载明证券公司关于承担连带责任的声明，加强了对外连带责任的基础。第二，2003 年开始施行的《虚假陈述若干规定》第 6 条规定前置程序，投资者提起虚假陈述民事诉讼须提交刑事裁判文书或行政处罚，直到 2022 年才予以废止。因此，在前置程序业已确定证券公司存在过错的情况下，法院通常判决证券公司对外与发行人承担连带赔偿责任，外部责任并无争议。

但随着前置程序的放宽和取消，证券虚假陈述案件数量的增多，越来越多的投资者起诉中介机构承担责任。然而，发行人及其实际控制人故意造假，证券公司仅是未勤勉尽责，均将对投资者损失承担全额连带赔偿责任，“从而导致中介机构可能只有 1% 的过错却要承担 100% 的责任”，有所不公。此外，全额连带责任反而可能激励造假，“因为造假的收益是由发行人或其他人获得的，而造假的大部分成本则推给了中介机构”，1995 年美国《证券私人诉讼改革法案》（PSLRA）对连带责任予以限制，明确除非被告是故意违反证券法律，否则应根据错误程度承担相当比例的赔偿责任。

近年来，司法前沿与审判趋势逐步认可“比例连带责任”，尤其适用于未受到行政处罚的证券公司等中介机构。2020年9月9日，《最高人民法院对十三届全国人大三次会议第5834号建议的答复》称："严格落实债券承销机构和债券服务机构保护投资者利益的核查把关责任，将责任承担与过错程度相结合，对相关机构的相关行为区分故意、过失等不同情况，分别确定其应当承担的法律责任。"2021年3月9日，最高人民法院审判委员会副部级专职委员刘贵祥在线解读《最高人民法院工作报告》时指出："人民法院也强调责任追究的过罚相当，责任与过错相一致，而不是采取'一刀切'，不问过错程度一律让中介机构承担全部连带责任。"在股票虚假陈述案件方面，上海市高级人民法院审理的"中安科案"、广东省广州市中级人民法院审理的"康美案"（特别代表人诉讼第一案）与江苏省高级人民法院审理的"雅百特案（雅博案）"均判令证券公司承担比例连带责任；债券虚假陈述案件方面，广东省高级人民法院审理的"莒鸿润债案"判令作为主承销商的证券公司承担比例连带责任。

法院适用比例连带责任，一般将考量中介机构的过错程度，部分情形下可能考量造成损失的原因力。因此，比例连带责任可在对外责任承担方面直接划定信息披露义务人与中介机构的责任比例，避免证券公司等中介机构因刚性的连带责任而为信息披露义务人及其内部人的造假行为兜底买单。

2. 内部责任划分

根据连带责任的基础法理，信息披露义务人与中介机构对外承担连带责任以后，可进行内部追偿。

《虚假陈述若干规定》第23条第1款规定："承担连带责任的当事人之间的责任分担与追偿，按照民法典第一百七十八条的规定处理，但本规定第二十条第二款规定的情形除外。"依据《民法典》第178条的规定，连带责任人的责任份额根据各自责任大小确定，主要根据各自的过错与原因力来确定。信息披露义务人是第一责任人，信息披露义务人及其内部人经常是主动造假的主体，故证券公司等中介机构无论承担全额连带责任抑或比例连带责任，均有权向信息披露义务人及其内部人追偿，要求承担绝大部分赔偿责任。

实践中，由于发行人的偿付能力有限，证券公司等中介机构承担赔偿责任后向发行人追偿的情形较少，尚未出现公开案例。对实际控制人等内部人追偿的情形则已经出现案例，在"欣泰电气追偿案"中，兴业证券作为保荐人先行赔付以后，向实际控制人等内部人与其他中介机构追偿，北京市第二中级人民法院已经作出一审判决，强调实际控制人系主动造假的积极行为者，过错尤其严重，应承担主要赔偿责任。

此外，投行业务实践中，保荐人、承销商不乏与发行人及实际控制人签订协议，要求发行人及实际控制人在发生虚假陈述后全额补偿对外赔偿责任。但为压实中介机构责任，《虚假陈述若干规定》第23条第2款明确不再支持有关协议补偿，各方应严格按照连带责任的基本法理进行责任分担。

（三）建议

监管责任方面，正如统计数据所显示，我国资本市场的造假大多数都与控股股东、实际控制人违法操控发行人有关，故应强化对信息披露义务人及其他内部人的处罚力度。对于前述主体恶意、隐蔽造假的情况，应审慎把握对证券公司等中介机构课以责任。

民事责任方面，应坚持并强化“追首恶”。虽然《科创板若干意见》等新近规定在“追首恶”方面有所努力，但仍未改变投资者看重证券公司具有较强偿付能力与服判信用、获得胜诉判决以后优先执行证券公司财产的现状，证券公司后续追偿则徒增成本，反而令实际控制人等延缓乃至逃脱应有的赔偿责任。因此，我们建议在以下三个方面真正推进落实“追首恶”：第一，在特别代表人诉讼、示范案件选择中充分贯彻“追首恶”，将“首恶”列为被告或将“追首恶”为主的案件选定为先行审理的示范案件。第二，贯彻“比例连带责任”，在对外责任承担环节即依据过错、原因力等限缩中介机构的赔偿范围，避免实际控制人等对外赔偿责任先行转嫁至证券公司。第三，探索在判决执行中先行执行“首恶”财产的机制。

四、证券公司与其他中介机构的责任划分

（一）监管责任

证券公司与其他中介机构的监管责任划分主要与“合理信赖”有关。据统计，2021年度证券公司投行业务收到的行政处罚与监管措施共计73项，会计师事务所为87项，律师事务所为4项。由于实践中出现频率最高的是财务事项的虚假陈述，因此，会计师事务所作为财务方面的专家，收到行政处罚与监管措施最多。证券公司在投行业务中发挥牵头作用，履行相对全面的核查义务，处罚与监管的数量次之。律师事务所负责的专业范围是法律专业事务，从统计来看，处罚与监管的数量大幅低于前两者。

具体观察监管事项，证券公司承担监管责任的内容主要包括两类：第一，财务专业

意见与法律专业意见以外的其他事项，如募集资金的存放核查；第二，财务专业意见，往往与审计机构一同承担监管责任，表明监管机构认为在有关项目中证券公司对审计机构的专业财务意见不符合“合理信赖”的程序或标准，体现出在当前监管层面的认知中，“合理信赖”的门槛仍然相对较高。

（二）民事责任

1. 对外责任承担

如前所述，若坚持中介机构应承担的责任形态为全额连带责任，那么对外责任方面就是“全有全无”的责任判定，即只要确定中介机构具有故意或重大过失，就应对信息披露义务人的赔偿义务承担全额连带责任，此时无法通过过错程度与原因力来区分不同比例的责任。对证券公司和中介机构来说，无论是从专业范围角度进行抗辩，还是从“合理信赖”角度进行抗辩，只有通过证明自己并无故意或重大过失，才能避免对投资者承担责任。例如，债券虚假陈述案件领域较早取消了前置程序，当前已有中介机构之间的免责博弈发生：在山东高级人民法院审理的“莒鸿润债案”中，律师事务所抗辩已经在专业范围内履行职责，最终法院判令作为主承销商的证券公司承担责任而律师事务所免责；在北京高级人民法院审理的“康得债案”中，虚假陈述信息是财务事项，作为主承销商的证券公司提出抗辩包括合理信赖审计机构的专业意见，法院对此予以认可，仅认为审计机构因存在过错而应承担赔偿责任。

当前，司法前沿与审判趋势逐步认可“比例连带责任”，中介机构在对外责任承担层面也开始产生责任划分。在“中安科案”中，法院认为作为独立财务顾问的证券公司与审计机构依据不同的职责应对不同的虚假陈述负责，综合考虑过错程度与原因力大小，判令证券公司承担发行人赔偿义务 25% 的赔偿责任，判令审计机构承担 15% 的赔偿责任。在“雅百特案（雅博案）”中，法院认为作为独立财务顾问的证券公司对持续督导意见的虚假陈述负责，审计机构对财务报告的虚假陈述负责，分别承担发行人赔偿义务 20% 与 30% 的赔偿责任。从法院说理来看，中介机构对外承担责任的划分依据是过错程度与原因力（不实报告对投资者的影响力）。

2. 内部责任划分

不论是全额连带责任还是比例连带责任，中介机构之间的责任分担同样依据《民法典》第 178 条有关连带责任内部追偿的规定执行。既往的追偿案例较少，近年来逐步增多。北京市第二中级人民法院一审的“欣泰电气追偿案”就中介机构的内部责任分担作出了裁断，主要是基于过错程度进行考量。过错程度如何判定，则关涉中介机构的工作范围和专业领域。“欣泰电气追偿案”主要涉及财务造假，故一审法院认为基于审计机构的工作范围和专业领域，应承担较高的过错赔偿责任，相应分担保荐人先行赔付中的更多责任。

（三）建议

近年来，随着监管机构对“合理信赖”等专业分工原则的重视，金融审判水平的大幅提升，诸如“比例连带责任”等精细化的考量正不断臻于成熟，有利于更为准确地厘定各方责任。我们期望监管责任与民事责任进一步体现出“合理信赖”专业意见等职责划分机理，以合理的责任区分对证券公司等中介机构的执业工作提供履职激励与正向反馈。

第二章

投行业务中的合理信赖

第一节

合理信赖产生的背景

一、注册制改革前的状况

长期以来，我国的规则体系、监管实践、市场操作、司法裁判等共同促成了证券发行过程中中介机构各方的履职现状，即证券公司、会计师事务所、律师事务所、资产评估机构等的履职内容存在大量重叠，不同中介机构的职责边界、履职内容不清晰。特别是保荐机构需要重复执行其他中介服务机构已执行过的工作，在发生虚假陈述等问题后，上述中介机构几乎均要被监管部门问责和无差别承担连带赔偿责任。

（一）监管规则的内容

从规则体系来看，《证券发行上市保荐业务管理办法》（2017 年）[1] 第 25 条规定："对发行人申请文件、证券发行募集文件中有证券服务机构及其签字人员出具专业意见的内容，保荐机构应当结合尽职调查过程中获得的信息对其进行审慎核查，对发行人提供的资料和披露的内容进行独立判断。保荐机构所作的判断与证券服务机构的专业意见存在重大差异的，应当对有关事项进行调查、复核，并可聘请其他证券服务机构提供专业服务。"第 26 条规定："对发行人申请文件、证券发行募集文件中无证券服务机构及其签字人员专业意见支持的内容，保荐机构应当获得充分的尽职调查证据，在对各种证据进行综合分析的基础上对发行人提供的资料和披露的内容进行独立判断，并有充分理

---

〔1〕 2008 年首次发布施行，2009 年修订、2017 年修正、2020 年修订、2023 年修订。

由确信所作的判断与发行人申请文件、证券发行募集文件的内容不存在实质性差异。”上述监管规则虽然从区分是否存在其他证券服务机构出具的专业意见的角度对保荐职责进行了不同表述，但总体来看均要求保荐机构对相关内容进行审慎核查和独立判断，故较难提炼出不同情形下职责的差异。

（二）监管实践的影响

监管实践似乎进一步加深了保荐机构与证券服务机构职责重叠的印象。监管部门在列举保荐机构的违法违规行为时，常见履职瑕疵属于证券服务机构（以会计师事务所居多）的职责范畴。如《中国证监会行政处罚决定书（新时代证券股份有限公司、程某某、王某等4名责任人员）》（〔2017〕61号）列明新时代证券股份有限公司（以下简称新时代证券）未勤勉尽责的违法事实包括除2012年度外，新时代证券并未就2011年度、2013年1月至6月的交易及往来款项进行函证；《中国证监会行政处罚决定书（信达证券股份有限公司、寻某、李某某）》（〔2016〕109号）列明信达证券股份有限公司（以下简称信达证券）的违法事实包括“在振隆特产产品大量出口的情况下，信达证券对境外客户的销售收入未执行独立函证程序”“报告期内未勤勉尽责地实地抽盘大额存货，相关材料全部引用了会计师的存货盘点文件”等。

在相关主体提出保荐机构与发行人及证券服务中介机构的责任独立，对发行人和其他中介机构出具的专业意见内容的虚假陈述行为不应承担相应责任的申辩时，监管部门并未针对保荐机构及证券服务中介机构的职责履行情况分别进行阐述，而是认为“保荐”即“保证并推荐”，保荐机构在申报文件存在虚假记载的情况下担责是毋庸置疑的。[1]

（三）司法裁判的印证

关于虚假陈述的司法裁判基本支持了监管问责的说理体系。不同中介机构的职责边

---

〔1〕如《中国证监会行政处罚决定书（信达证券股份有限公司、寻某、李某某）》（〔2016〕109号）列明信达证券在为振隆特产IPO提供保荐服务时，未勤勉尽责地核查振隆特产IPO申请文件等材料，在《辽宁振隆特产股份有限公司首次公开发行股票招股说明书》中的声明“本公司（保荐机构）已对招股说明书及其摘要进行了核查，确认不存在虚假记载、误导性陈述或者重大遗漏，并对其真实性、准确性和完整性承担相应的法律责任”存在虚假记载；信达证券出具的《信达证券股份有限公司关于辽宁振隆特产股份有限公司首次公开发行股票并上市之证券发行保荐书》结论推荐意见“经核查，保荐机构认为，振隆特产首次公开发行股票申请符合……要求，本次发行申请文件不存在虚假记载、误导性陈述或者重大遗漏，特向中国证监会保荐振隆特产首次公开发行股票”存在虚假记载，对此信达证券应当担责。

界经过司法裁判的检验后进一步强化了重复履职的必要性。著名的欣泰电气虚假陈述诉讼案件中，一审和二审法院均认为应收账款收回问题，属于财务会计领域专业问题，是会计师出具审计报告需要核验的核心事项，也涉及公司经营合规性和法律风险问题，同样属于法律意见所应关注的事项，因此认定北京市东易律师事务所对发行人财务会计报告中虚构应收账款的收回这一虚假记载应承担未勤勉尽责的责任。[1]

（四）市场主体的操作

在明确的抑或含混的监管导向下，市场主体根据自身深深浅浅的理解，在实践操作中进一步加剧了上述职责重叠的积习。例如，多数保荐机构均要求IPO项目组对发行人存货执行监盘程序，与会计师事务所执行程序几无二致；对营业收入和银行存款执行的穿行测试、函证、截止性测试等也与会计师事务所程序几近一致。[2] 多数保荐机构为了统一核查标准，避免不同项目组核查尺度不一，还对不同财务科目的核查比例规定了比较明确的标准，如对IPO项目中的收入核查一般要求核查比例覆盖当期销售收入的70%～80%以上。[3] 保荐机构与其他证券服务机构重复执行了大量程序以证明同一事项。

二、近期合理信赖机制的提出

（一）合理信赖在规则体系中的演进

注册制推行以来，由于信息披露要求的进一步加强和申请首发上市的项目数量急剧增多，上述重复性工作对社会资源过度占用的压力进一步显现。同时，在越来越多的虚假陈述案件中，不同中介机构试图以职责分工不同为依据提出申诉与抗辩。为适应注册制带来的变化，充分关照市场实践的内在需求，监管规则在不断修正的过程中逐步建立了不同中介机构的合理信赖机制。

---

[1] 参见北京市高级人民法院行政判决书，（2018）京行终4657号。

[2] 如《关于深圳市骏鼎达新材料股份有限公司首次公开发行股票并在创业板上市申请文件的审核问询函之回复报告》披露：保荐机构及申报会计师对报告期内的153家客户进行了函证，发函金额占收入比例分别为69.79%、71.60%、70.78%，回函确认占发函比例分别为96.32%、96.24%、96.15%，未回函的均进行了替代测试，回函及替代性测试金额占发函金额比例均为100%。

[3] 如某券商制定的《质量控制组关于尽职调查工作指引第06号——销售模式/客户核查》规定，"通过现场走访、函证、穿行测试等方式，核查发行人报告期对主要客户（建议覆盖当期销售收入70%以上）销售业务发生的真实性"。

2020年6月12日中国证监会发布《证券发行上市保荐业务管理办法》（2020年修订）首次规定了保荐机构对其他证券服务机构专业意见的合理信赖原则。该办法第22条规定："对发行人申请文件、证券发行募集文件中有证券服务机构及其签字人员出具专业意见的内容，保荐机构可以合理信赖，对相关内容应当保持职业怀疑、运用职业判断进行分析，存在重大异常、前后重大矛盾，或者与保荐机构获得的信息存在重大差异的，保荐机构应当对有关事项进行调查、复核，并可聘请其他证券服务机构提供专业服务。"[1]

2020年12月4日中国证券业协会发布《保荐业务规则》，[2] 初步构建了保荐机构合理信赖机制的框架：

第35条第2项规定，对发行人申请文件、证券发行募集文件中相关证券服务机构及其签字人员出具专业意见的内容，可以合理信赖，对相关内容应当保持职业怀疑、运用职业判断进行分析。

第37条第1款规定，对发行人申请文件、证券发行募集文件中有证券服务机构及其签字人员出具专业意见的内容，保荐机构在排除合理怀疑的基础上，可以合理信赖。

第37条第2款和第3款规定了保荐机构合理信赖的基本前提，包括：关注证券服务机构的专业胜任能力（专业资质+执业经历）和利益冲突；了解其出具专业意见的前提及假设，已履行的核查程序、核查工作范围及核查结论。

第38条规定了排除合理怀疑的范畴，包括重大异常、前后重大矛盾、重大差异三类情形（以下简称"三重大"），并列举了六种重大异常的情形。

第39条和第40条主要规定了无法排除合理怀疑的应对措施，包括在有关申报材料中发表意见或说明、向发行人提议更换证券服务机构、向监管部门或自律组织报告等。

2021年7月9日中国证监会发布《关于注册制下督促证券公司从事投行业务归位尽责的指导意见》，明确提出"充分发挥各中介机构专业优势，适度减少证券公司与其他中介机构之间的重复工作"；证券公司对注册申请文件和信息披露资料进行全面核查验证，对其他中介机构的专业意见以"合理信赖"为一般原则，对存在"三重大"等特殊情形的进行调查、复核，对未引用其他中介机构专业意见的内容依法承担责任。证券

---

[1]《证券发行上市保荐业务管理办法》于2023年2月17日修订，但第22条未发生变化。

[2]《保荐业务规则》于2022年9月2日修订，相关条文根据中国证监会之后发布的政系文件进行了调整并予以细化，后文有述。

公司应当复核但未复核，或复核工作未全面到位的，依法承担责任。按照定性与定量相结合原则，细化需要证券公司复核的“重大事项”的标准及程序；研究明确证券公司对注册申请文件和信息披露资料进行“全面核查验证”的标准和程序。

2022 年 1 月 28 日中国证监会发布《关于注册制下提高招股说明书信息披露质量的指导意见》，再次提出“进一步厘清发行人及中介机构在招股说明书撰写与编制中的职责边界，完善合理信赖制度，适度减少重复工作，督促各自归位尽责，合力提升信息披露质量”；并首次将合理信赖提升到制度层面，对该项制度进行了比较系统的规定：一是规定了双向合理信赖原则，对于招股说明书等信息披露文件中有会计师事务所、律师事务所等证券服务机构出具专业意见的内容，保荐人在保持职业怀疑，履行了审慎核查和必要的调查、复核工作的基础上，排除了职业怀疑的，可以合理信赖。证券服务机构对于保荐人或者其他证券服务机构的基础工作或者专业意见，在保持职业怀疑，履行了审慎核查和必要的调查、复核工作的基础上，排除了职业怀疑的，可以合理信赖。二是规定了合理信赖适用的五个前提条件，包括：（1）阅读证券服务机构出具的专业意见；（2）评估证券服务机构胜任能力及独立性、出具专业意见的前提及假设是否公平合理和符合惯例、核查范围有无限制、获取的核查资料是否充分可靠、已履行的核查程序及取得的关键性证据是否充分恰当；（3）采取必要手段排除合理怀疑，包括询问证券服务机构、查阅相关文件资料、实地走访、补充函证、抽盘等；（4）就合理信赖的依据和工作过程制作翔实的工作底稿，在保荐工作报告中披露“三重大”的确定方法、论证过程及结论；（5）保荐机构内部建立合理信赖的质量控制制度。

2022 年 5 月 27 日中国证监会修订《保荐人尽职调查工作准则》，完全吸收上述《关于注册制下提高招股说明书信息披露质量的指导意见》中合理信赖适用的五个前提条件，并在规定销售情况、采购情况、销售收入、货币资金、存货等五个调查内容时，明确可以在合理信赖会计师的函证工作结果、监盘工作等的基础上采取进一步核查措施。

2022 年 6 月 17 日中国证券业协会发布《证券业务示范实践第 3 号 – 保荐人尽职调查》，同样吸收了上述《关于注册制下提高招股说明书信息披露质量的指导意见》中合理信赖适用的五个前提条件，对推荐期间销售情况、采购情况、销售收入、货币资金、存货等五个调查事项规定了可以在合理信赖会计师函证工作、监盘工作等的基础上采取进一步核查措施；此外，在持续督导阶段的尽职调查中规定，可以在合理信赖会计师出具的审计报告、募集资金专项鉴证报告等基础上，采取其他核查方式。

2022年9月2日中国证券业协会修订《证券公司保荐业务规则》，同样完全吸收了上述《关于注册制下提高招股说明书信息披露质量的指导意见》中合理信赖适用的五个前提条件，进一步扩展“重大异常”情形至七种并予以细化。

（二）对合理信赖机制构造和落实的疑问

至此，关于合理信赖的监管规则基本成型，然而实践中对合理信赖机制的适用尚存在诸多疑惑，如合理信赖既然是双向抑或多向的构造，那么到底哪些职责应由保荐机构、会计师事务所、律师事务所等各家中介机构在不合理信赖其他专业意见的基础上独立履行？是否存在对同一事项各方中介机构均予以核查并互相依赖的情形？《保荐人尽职调查工作准则》和《证券业务示范实践第3号－保荐人尽职调查》在逐项规定保荐人核查职责的同时仅规定了5项核查事项可依赖证券服务机构工作成果，这是否意味着其他事项几无适用合理信赖的空间？排除合理怀疑的复核、调查手段是发现“三重大”情形后才需执行的程序还是为了发现“三重大”而应执行的程序？在中国证券业协会2022年6月17日发布的《证券公司首次公开发行股票并上市保荐业务工作底稿目录细则》无任何示范指引的情形下，合理信赖的底稿具体应详尽到何种程度方可符合监管要求？等等。

合理信赖机制的真正建立除却监管规则的基本成型外，尚需市场主体对监管规则的深入理解与实践，监管机构的监管示范与实践，甚至是司法机构的司法适用等。只有各方紧密围绕注册制改革理念，不断深化和优化实践并持续完善规则体系，方可确立富有实效意义的合理信赖制度。

第二节

保荐机构与证券服务机构的职责边界

在合理信赖概念被移植到证券发行领域以前，我国采用严格的“保荐人牵头责任”模式，虽然申报会计师、律师也是发行人强制聘请的中介机构，但监管规则和实践均导致保荐人对本属于会计师、律师等业务范围内的事项也独立核查并承担责任。相较于保荐人机制的发源地，中国一直以来推行的“保荐人牵头责任”模式更加严格。[1] 合理信赖的前提是能够比较明确地对保荐机构与证券服务机构的职责予以分工，让保荐机构清楚过去的哪些工作属于会计师、律师的工作范畴，可以合理信赖其专业意见和工作成果，不再重复执行相同的工作。

一、各中介机构的职责定位剖析

合理信赖制度存在的依据是不同中介机构掌握不同的专长，充分发挥其专长而各司其职是提高效率又防范风险的功能保障。会计师和律师分别是财务会计与法律领域的专业人士。在分配证券发行中的中介职责时，涉及财务会计和法律的内容理当属于会计师和律师的职责范畴。但保荐机构的专长及职责范畴存在一定争议。

---

〔1〕 参见郭雳：《证券市场中介机构的法律职责配置》，载《南京农业大学学报（社会科学版）》2011 年第 1 期。

（一）注册会计师的职责定位

注册会计师是依法取得注册会计师证书并接受委托从事审计和会计咨询、会计服务业务的执业人员。[1] 业务类型方面，注册会计师执行的业务可以分为鉴证业务和非鉴证业务（相关服务）两种。其中，鉴证业务是指注册会计师对鉴证对象信息提出结论，以增强除责任方之外的预期使用者对鉴证对象信息信任程度的业务。保荐业务中的财务报表审计、内部控制鉴证、非经常性损益鉴证等均属于鉴证业务。更具体的，可以观察会计师和律师出具的文件进一步明确其职责定位。

中国证监会于2023年发布实施的《公开发行证券的公司信息披露内容与格式准则第57号——招股说明书》第89条规定，为本次发行承担审计业务的会计师事务所应在招股说明书正文后声明："本所及签字注册会计师已阅读招股说明书，确认招股说明书与本所出具的审计报告、审阅报告（如有）、盈利预测审核报告（如有）、内部控制鉴证报告及经本所鉴证的非经常性损益明细表等无矛盾之处。本所及签字注册会计师对发行人在招股说明书及其摘要中引用的审计报告、审阅报告（如有）、盈利预测审核报告（如有）、内部控制鉴证报告及经本所鉴证的非经常性损益明细表的内容无异议，确认招股说明书不致因上述内容而出现虚假记载、误导性陈述或重大遗漏，并承担相应的法律责任。"声明应由签字注册会计师及所在会计师事务所负责人签名，并由会计师事务所加盖公章。

同时，审计报告中关于注册会计师对财务报表审计的责任通常表述为："我们的目标是对财务报表整体是否不存在舞弊或错误导致的重大错报获取合理保证，并出具包含审计意见的审计报告。合理保证是高水平的保证，但并不能保证按照审计准则执行的审计在某一重大错报存在时总能发现。"关于审计意见的表述通常为："我们审计了××公司财务报表，包括202×年12月31日的合并及母公司资产负债表，202×年度的合并及母公司利润表、合并及母公司现金流量表、合并及母公司股东权益变动表以及相关财务报表附注。我们认为，后附的财务报表在所有重大方面按照企业会计准则的规定编制，公允反映了××公司202×年12月31日合并及母公司的财务状况以及202×年度合并及母公司的经营成果和现金流量。"

注册会计师于内部控制鉴证报告中发表的鉴证结论通常表述为："我们认为，××

---

〔1〕 参见《注册会计师法》第2条。

公司于202×年12月31日按照《企业内部控制基本规范》和相关规定在所有重大方面保持了有效的财务报告内部控制。”

注册会计师于非经常性损益鉴证报告中发表的鉴证结论通常表述为：“我们认为，上述非经常性损益明细表在所有重大方面按照《公开发行证券的公司信息披露解释性公告第1号——非经常性损益（2008)》的规定编制，公允反映了××公司的非经常性损益情况。”

由上述内容可知，在保荐业务中，会计师的职责范围是目标企业报告期内的财务状况、经营成果、现金流情况、财务报告内部控制以及非经常性损益情况，且其意见结论中使用的是“重大方面”“合理保证”等字眼，即会计师的工作是建立在一定的重要性水平上的，对于低于重要性水平的错报，会计师无须承担责任。

（二）证券律师的职责定位

律师是依法取得律师执业证书，接受委托或者指定，为当事人提供法律服务的执业人员。[1] 按照业务范围划分，律师业务可以分为诉讼业务和非诉业务。保荐业务中的证券服务业务即为非诉业务的一种。证券法律业务是律师事务所接受当事人委托，为其证券发行、上市和交易等证券业务活动，提供的制作、出具法律意见书等文件的法律服务。[2]

中国证监会于2023年发布实施的《公开发行证券的公司信息披露内容与格式准则第57号——招股说明书》第88条规定，发行人律师应在招股说明书正文后声明：“本所及经办律师已阅读招股说明书，确认招股说明书与本所出具的法律意见书无矛盾之处。本所及经办律师对发行人在招股说明书中引用的法律意见书的内容无异议，确认招股说明书不致因上述内容而出现虚假记载、误导性陈述或重大遗漏，并承担相应的法律责任。”声明应由经办律师及所在律师事务所负责人签字，并由律师事务所加盖公章。

同时，保荐律师出具的法律意见书一般于其首页声明：“本所律师仅就与发行人本次发行及上市有关法律问题发表意见，而不对有关会计、审计、资产评估、内部控制等专业事项发表意见。在本法律意见书中对有关审计报告、验资报告、内部控制鉴证报告和资产评估报告以及对经审计的财务报告等文件中数据和结论的引述，并不意味着本所

---

〔1〕 参见《律师法》第2条。

〔2〕 参见证监会、司法部《律师事务所从事证券法律业务管理办法》第2条。

对这些数据或结论的真实性和准确性作出任何明示或默示的保证。”

由上述内容可知，律师在保荐业务执业过程中发表意见的范围为发行人申请股票发行与上市的主体资格、发行与上市的条件、上报文件及相关事实的合法性。发表意见针对的事实系法律意见书出具日之前已经发生并存在的事实，发表意见的对象为与发行人发行、上市有关的法律问题。虽然法律意见书中也会引用财务、内部控制等相关数据和结论，但其本身并不对这些问题承担责任。

（三）保荐机构的职责定位

保荐人制度是指由保荐人负责发行人的上市推荐和辅导，核实公司发行文件中所载资料的真实性、准确性和完整性，协助发行人建立严格的信息披露制度，承担风险防范责任。保荐人在企业上市过程中承担完全的保荐责任，监管部门主要是通过对保荐人的重点监管来达到防范和控制市场风险的目的。保荐人制度产生于英国，目前英国、加拿大、我国香港特别行政区等国家和地区的创业板市场均对保荐人制度有明确的规定。2003 年 12 月，中国证监会公布了《证券发行上市保荐制度暂行办法》,[1] 决定参考境外证券市场经验，从 2004 年 2 月起在中国内地施行保荐人制度，这也是世界上第一次在主板市场实行保荐人制度。

保荐人作为一个从境外证券市场引入的概念，对应英文为“sponsor”，一般对其职责的理解为“保证并推荐”或“担保并推荐”，即既要确保公司发行文件中所载资料的真实性、准确性、完整性，又要在充分审核、核查的基础上，挖掘发行人的业务亮点，发挥其在投资价值判断方面的前瞻、推荐作用。但是长期以来，由于监管部门对于证券欺诈发行的高压态势以及核准制下对于新股发行市盈率的限制，保荐机构将绝大部分精力投入对于发行人的基础核查，而对发行人投资价值方面的判断则是蜻蜓点水，既无精力也无动力去挖掘、展示发行人的投资价值，即所谓只“保”不“荐”。

2019 年 6 月，我国股票发行正式施行注册制，明确了以信息披露为核心的改革方向，发行条件更加精简优化、更具包容性，将核准制下发行条件中可以由投资者判断的事项转化为更严格、更全面深入精准的信息披露要求。通过要求发行人真实、准确、完整地披露公司信息，投资者可以获得必要的信息对证券价值进行判断并作出是否投资的

---

[1] 已于 2008 年 12 月废止。

决策，证券监管机构对证券的价值好坏、价格高低不作实质性判断。此举将保荐机构“荐”的职能提升至更重要的位置，要求保荐机构充分运用自己的专业能力，发挥保荐工作对于投资者价值判断的前瞻、推荐作用，让资本市场充分发挥优化资源配置的功能，让投资者能够享受到优质上市公司成长的收益，即注册制下对于保荐机构的职能定位既要“保”，更要“荐”。

中国证监会于2023年修订发布的《证券发行上市保荐业务管理办法》第17条规定：“保荐机构推荐发行人证券发行上市，应当遵循诚实守信、勤勉尽责的原则，按照中国证监会对保荐机构尽职调查工作的要求，对发行人进行全面调查，充分了解发行人的经营状况及其面临的风险和问题。”中国证监会于2023年发布实施的《公开发行证券的公司信息披露内容与格式准则第57号——招股说明书（2015年修订）》第87条规定，保荐人（主承销商）应在招股说明书正文后声明：“本公司已对招股说明书进行核查，确认招股说明书的内容真实、准确、完整，不存在虚假记载、误导性陈述或重大遗漏，并承担相应的法律责任。”声明应由法定代表人、保荐代表人、项目协办人签字，并由保荐人（主承销商）加盖公章。

综上所述，保荐机构的职责包含担保和推荐，其中担保职责类似于其他中介机构的鉴证业务，推荐职责是保荐机构区别于其他中介机构的职责定位，也是保荐机构的专长所在。在注册制下，保荐机构的推荐职责被提到更重要的位置，挖掘发行人的投资价值、充分发挥其在投资价值判断方面的前瞻性作用是注册制的应有之义。[1]

二、各中介机构的职责分工

在剖析各中介机构的职责定位和专长的基础上，秉持发挥各自专长、尽量减少重复工作的原则，对各中介机构目前的职责边界进一步厘清是可行和必要的，这也是保荐机构明确合理信赖对象的前提。在工作方法上，本书认为，注册制的核心是信息披露，发行人和所有中介机构均围绕信息披露开展工作。中介机构的核查工作完全为信息披露的真实性、准确性、完整性服务，以信息披露为原点或指挥棒合理划分中介机构的职责边界，是相对合理和可行的方法。同时，现行法律法规、规范性文件中关于各中介机构的工作准则、要求也是厘清其职责边界的有益参考，包括：中国证监会发布的《保荐人尽

[1] 参见朱宝琛：《保荐人既要“保”也要“荐”》，载《证券日报》2021年11月22日，第A02版。

职调查工作准则》；财政部发布的《中国注册会计师鉴证业务基本准则》《中国注册会计师审计准则》《中国注册会计师其他鉴证业务准则》等相关执业准则；中国证监会、司法部、中华全国律师协会联合发布的《监管规则适用指引——法律类第2号：律师事务所从事首次公开发行股票并上市法律业务执业细则》（以下简称《律师执业细则》）等规定。

为此，我们以《公开发行证券的公司信息披露内容与格式准则第57号——招股说明书》（以下简称《信息披露准则》）为主线，同时对应结合各中介机构主管部门发布的关于保荐、财务、法律等方面的执业准则与要求，力求厘清各机构的职责边界。在此基础上，为便于呈现，我们通过列表的方式进行了归纳和概括，如表2-1所示。

（一）整体分工情况

通过梳理发现，以《信息披露准则》为目标进行粗线条的解构，“发行人基本情况”中的大部分内容核查职责归属于律师；“业务与技术”部分主要为保荐机构的职责；“公司治理与独立性”的核查职责以律师为主，个别内容为会计师职责；“财务会计信息与管理层分析”以会计师工作为基础，主体、保荐机构主要对分析部分实施核查；“募集资金运用与未来发展规划”和“投资者保护”主要为保荐机构职责；“其他重要事项”主要属于律师的核查范围。

如上所述，划分的依据是：会计师出具的专业意见中发表了明确结论的，认定会计师为第一责任人；《律师执业细则》中有明确工作要求的，认定律师为第一责任人；会计师出具的专业意见和《律师执业细则》中均无明确结论或工作要求的，认定保荐机构为第一责任人。前两者即保荐机构可合理信赖的对象。

另外，尽管部分披露内容依赖于会计师的专业意见，但基于该专业意见进行的分析论证却属于保荐机构的职责。同一披露内容可能既包含会计师职责、律师职责，也包含保荐机构职责，甚至存在一定程度上的职责重叠，如基本信息、风险因素等。正如监管层指出的，合理信赖不意味完全划清中介机构的职责边界，彻底消除中介机构之间的所有重复工作。在坚持尽可能划清各中介机构职责边界的基础上，各中介机构在一些重要事项上存在一定的重复工作是必要的，这一方面是基于不同中介机构法定职责定位的差异，要求其从不同的角度进行查验，另一方面也是出于发挥不同中介机构之间制衡作用的考虑。因此，中介机构在部分查验事项上存在“必要的重合”，与合理信赖制度并不矛盾，也不必然意味着职责边界不清。[1]

（二）各中介机构工作标准的一致性问题

我们认为，合理信赖的基础是标准的统一，即针对同一事项，各证券服务机构的核查标准及对问题的把握尺度应是统一的。只有做到了标准统一，保荐机构才有可能合理信赖其他证券服务机构的工作。否则，在标准不统一的情况下，对于同一事项，在其他证券服务机构看来不构成问题，但在保荐机构执业标准下却构成问题，如此，保荐机构的合理信赖便失去了理论基础。

典型问题如前文提到的，注册会计师的职责范围是“重大方面”的“合理保证”，即会计师的工作是建立在一定的重要性水平上的，对于低于重要性水平的错报，会计师无须承担责任。然而，根据相关处罚案例及现场检查/督导意见，监管部门对于保荐机构的要求却是“绝对保证”，任何微小瑕疵均可能招致处罚。如此情形下，保荐机构为防范监管风险，只能不断细化和强化尽职调查标准，财务方面的工作量甚至远远超过注册会计师，合理信赖因而成为空谈。

针对以上情形，建议监管部门对各证券服务机构就相同事项的工作及监管标准予以统一，包括在《保荐人尽职调查工作准则》以及处罚依据中引入重要性水平概念，与会计师重要性水平对标等，在财务方面不宜对保荐机构提出高于会计师行业准则的要求，在法律方面不宜提出高于律师执业准则的要求。

（三）现行规则的改进空间

1. 分工不充分、不合理。一是对于部分信息披露内容存在重复核查的情形，如《信息披露准则》第75条至第78条关联方、关联关系和关联交易、第55条纳税情况等相关内容，在《保荐人尽职调查工作准则》《律师执业细则》以及会计师出具的审计报告中均有详细的规定或披露。二是对于部分内容的核查分工不尽合理，如《信息披露准则》第31条控股子公司及重要参股公司情况，第46条董监高及核心技术人员持股及对外投资情况，第47条董监高及核心技术人员薪酬、股权激励，第34条协议控制构架等内容，应属于法律相关问题，但是在《律师执业细则》中并未作出规定。

---

[1] 参见中国证监会《〈关于注册制下提高招股说明书信息披露质量的指导意见〉的起草说明》。

2. 合理信赖的原则规定与具体规定。《保荐人尽职调查工作准则》采取原则规定与针对具体核查内容列举规定的方式构建了合理信赖机制。其在第十章“与证券服务机构的协作”中进行了原则性规定，即“保荐人在履行以下审慎核查义务、进行必要调查和复核的基础上，可以合理信赖发行人申请文件、证券发行募集文件中由会计师事务所、律师事务所等证券服务机构出具专业意见的内容……”在针对具体的核查内容时，其在第27条“销售情况”、第28条“采购情况”、第35条“销售收入”、第39条“货币资金”、第41条“存货”中明确规定了可以信赖会计师相关工作，而在其他条文中均未规定该机制。从立法技术来看，原则规定当然适用于一部规则的所有条文，但从规则的引导意义来看，似乎只有明确列举的规定才是一部规则引导适用的方向。实践中必然存在是否只有上述5项核查内容可以合理信赖会计师工作，其他内容能否合理信赖会计师和律师工作存在重大不确定性的疑问。

3.《保荐人尽职调查工作准则》的立法例。《保荐人尽职调查工作准则》的第十章“与证券服务机构的协作”包含两条，其中第83条规定的是保荐机构合理信赖发行人的文件，会计师、律师出具的专业意见，第84条规定的是保荐机构聘请法律顾问、财务顾问、咨询顾问等第三方提供服务的要求。二者在表面上非常相似，均要求保荐机构调查第三方机构的基本情况、资质、执业记录等，了解第三方和具体参与人员是否具备执业所需要的资质，是否存在不良执业记录，并复核其工作成果和结论等。但事实上，二者有本质区别：在前一种情况中，会计师、律师具有法定的核查职责，其需要对相关信息的披露内容直接承担相应的行政责任、民事责任；而后一种情况中的第三方职责基于民事委托关系产生，不直接对信息披露内容承担相关行政或民事责任。目前《保荐人尽职调查工作准则》对于各项核查要求的表述，极易令人产生以下印象：相关内容均应由保荐机构独立核查，即使合理信赖了会计师、律师的专业意见，其责任也难以减轻或免除。适当的调整可能是，在规定某一项属于会计师、律师职责范围内的法定核查内容时，首先明确保荐机构可以合理信赖其专业意见，同时可以选择独立核查并列示核查指引。

表 2-1 各中介机构职责分工

章节	《信息披露准则》	《保荐人尽职调查工作准则》	《律师执业细则》	会计师专业意见	职责划分
风险因素	第 23 条至第 27 条 风险因素	第 9 条 风险因素调查	—	—	共同职责
发行人基本情况	第 28 条 基本情况	—	第 11 条 发行人合法有效存续	—	共同职责
	第 29 条 公司及其前身设立情况、报告期内的股本和股东变化情况、重要事件(含报告期内的重大资产重组情况)、公司在其他证券市场的上市/挂牌情况	第 10 条 历史沿革情况; 第 11 条 企业改制与设立情况; 第 13 条 报告期内重大重组情况	第 6 条 发行人及其前身设立的程序、资格、条件、方式; 第 7 条 整体变更(股改); 第 10 条 发行人及其前身设立以来历次股权变动; 第 26 条 已完成或拟进行的资产重组; 第 9 条 持续经营时间	—	合理信赖律师工作内容
	第 30 条 企业图谱	—	—	—	共同职责
	第 31 条 控股子公司及重要参股公司情况	第 14 条 发行人控股子公司和重要参股公司情况	—	—	共同职责
	第 32 条 主要股东及实际控制人	第 16 条 主要股东情况; 第 17 条 实际控制人情况	第 12 条 股东资格; 第 15 条 控股股东、实际控制人认定,控制权稳定性; 第 16 条 股权清晰; 第 17 条 控股股东、实际控制人、董监高及核心技术人员股权稳定性	—	合理信赖律师工作内容

续表

章节	《信息披露准则》	《保荐人尽职调查工作准则》	《律师执业细则》	会计师专业意见	职责划分
	第33条 特别表决权股份或类似安排	第10条 历史沿革情况（特别表决权股份或类似安排）；第71条 保护投资者合法权益规定的各项措施（特别表决权股份）	第46条 特别表决权股份或者类似安排	—	合理信赖律师工作内容
	第34条 协议控制构架	第59条 组织结构和“三会”运作情况（协议控制架构）	—	—	合理信赖律师工作内容
	第35条 控股股东、实际控制人报告期内重大违法行为	第80条 相关人员（控股股东、实际控制人、董监高及核心技术人员）合法合规情况	第52条 发行人及其控股股东、实际控制人重大违法违规行为	—	合理信赖律师工作内容
	第36条 股本情况	第15条 股东出资情况；第12条 内部职工股等情况	第8条 发起人或者股东出资；第19条 员工持股计划等相关安排；第13条 申报前新入股东；第14条 股东超200人情况	—	合理信赖律师工作内容

续表

章节	《信息披露准则》	《保荐人尽职调查工作准则》	《律师执业细则》	会计师专业意见	职责划分
	第 37 条 董监高及核心技术人员基本情况、兼职等	第 18 条 董监高人员任职情况及任职资格； 第 19 条 董监高人员的经历、行为操守及合规情况； 第 20 条 董监高人员胜任能力和勤勉尽责； 第 23 条 董监高人员是否具备上市公司董监高人员的资格	第 47 条 董监高人员任职资格	—	合理信赖律师工作内容
	第 38 条 董监高及核心技术人员协议、所持股份稳定性	—	第 48 条 董监高及核心技术人员协议； 第 17 条 控股股东、实际控制人、董监高及核心技术人员股权稳定性	—	合理信赖律师工作内容
	第 39 条 董监高及核心技术人员变动	第 22 条 报告期内董监高人员和其他核心人员变动	第 50 条 董监高及核心技术人员变化	—	合理信赖律师工作内容

续表

章节	《信息披露准则》	《保荐人尽职调查工作准则》	《律师执业细则》	会计师专业意见	职责划分
	第40条　董监高及核心技术人员持股及对外投资情况	第24条　董监高人员和其他核心人员持股及其他对外投资情况	—	—	合理信赖律师工作内容
	第41条　董监高及核心技术人员薪酬、股权激励	第21条　董监高人员及其他核心人员薪酬及兼职情况、股权激励	—	—	合理信赖律师工作内容
	第42条　员工情况	第25条　员工情况	第58条　劳动保护情况	—	合理信赖律师工作内容
业务与技术	第43条　主营业务、主要产品或服务的情况	第29条　生产情况（生产或服务模式、生产流程、产能产量等）	第25条　生产经营情况	—	主要为保荐机构职责
	第44条　行业基本情况及竞争状况	第26条　行业情况及竞争状况	—	—	保荐机构职责
	第45条　销售情况和主要客户	第27条　销售情况	—	—	主要为保荐机构职责

续表

章节	《信息披露准则》	《保荐人尽职调查工作准则》	《律师执业细则》	会计师专业意见	职责划分
	第46条　采购情况和主要供应商	第28条　采购情况	—	—	主要为保荐机构职责
	第47条　对主要业务有重大影响的主要固定资产、无形资产等资源要素	第29条　生产情况（对主要业务有重大影响的主要固定资产、无形资产等资源要素）	第36条　主要财产情况； 第37条　土地使用权和房屋所有权情况； 第38条　在建工程情况； 第39条　商标、专利、著作权、特许经营权等无形资产情况； 第40条　重大机器设备情况； 第41条　租赁、许可； 第42条　从控股股东、实际控制人租赁、获得许可； 第43条　部分资产来自上市公司的情形	—	合理信赖律师工作内容
	第48条　核心技术及技术来源、核心技术人员、研发项目及投入	第30条　核心技术人员、技术与研发情况	—	—	保荐机构职责
	第49条　环境污染及处理	第29条　生产情况（环境污染及处理、环保投入、环保事故或处罚等）	—	—	主要为保荐机构职责
	第50条　境外经营	第29条　生产情况（境外经营）	—	—	主要为保荐机构职责

续表

章节	《信息披露准则》	《保荐人尽职调查工作准则》	《律师执业细则》	会计师专业意见	职责划分
财务会计信息与管理层分析	第 51 条　重大财务会计信息及分析	第 31 条　财务报告及相关财务资料； 第 49 条　合并报表的范围	—	审计报告	在合理信赖会计师工作基础上由保荐机构分析
	第 52 条　财务报表及审计意见		—	审计报告	合理信赖会计师工作内容
	第 53 条　重大会计政策和会计估计	第 32 条　会计政策、会计估计和会计差错	—	审计报告；差错更正报告	合理信赖会计师工作内容
	第 54 条　非经常性损益明细表	第 38 条　非经常性损益	—	非经常性损益鉴证报告	在合理信赖会计师工作基础上由保荐机构分析
	第 55 条　纳税情况	第 50 条　纳税情况	第 53 条至第 54 条　纳税情况	审计报告	在合理信赖会计师及律师工作基础上由保荐机构分析
	第 56 条　主要财务指标	第 34 条　财务比率分析	—	审计报告	在合理信赖会计师工作基础上由保荐机构分析
	第 57 条　管理层分析		—	审计报告	在合理信赖会计师工作基础上由保荐机构分析

续表

章节	《信息披露准则》	《保荐人尽职调查工作准则》	《律师执业细则》	会计师专业意见	职责划分
	第58条　经营成果分析	第35条　销售收入； 第36条　营业成本与销售毛利； 第37条　期间费用	—	审计报告	在合理信赖会计师工作基础上由保荐机构分析
	第59条　资产质量分析	第39条　货币资金； 第40条　应收款项、合同资产； 第41条　存货； 第42条　对外投资； 第43条　固定资产、在建工程、无形资产、开发支出； 第44条　商誉； 第45条　投资性房地产	—	审计报告	在合理信赖会计师工作基础上由保荐机构分析
	第60条　偿债能力、流动性与持续经营能力分析	第46条　主要债务； 第47条　现金流量； 第48条　或有负债	—	审计报告	在合理信赖会计师工作基础上由保荐机构分析
	第61条　重大投资或资本性支出、重大资产业务重组或股权收购合并等事项	第42条　对外投资	—	审计报告	在合理信赖会计师工作基础上由保荐机构分析

续表

章节	《信息披露准则》	《保荐人尽职调查工作准则》	《律师执业细则》	会计师专业意见	职责划分
	第62条　日后事项、或有事项、其他重要事项以及重大担保、诉讼等事项在招股说明书签署日的进展情况	第52条　日后事项、或有事项、其他重要事项以及重大担保、诉讼等事项在招股说明书签署日的进展情况	—	审计报告	在合理信赖会计师工作基础上由保荐机构分析
	第63条至第64条　盈利预测	第51条　盈利预测	—	盈利预测报告	在合理信赖会计师工作基础上由保荐机构分析
	第65条　境内外上市财务报告差异事项及原因	第31条　财务报告及相关财务资料	—	—	在合理信赖会计师工作基础上由保荐机构分析
募集资金运用与未来发展规划	第66条至第67条　募集资金运用情况	第54条至第55条　本次募集资金使用情况、募集资金投向产生的关联交易	第60条至第61条　募集资金投资项目	—	主要为保荐机构职责
	第68条　战略规划	第56条　发展战略； 第57条　业务发展目标	第62条　业务发展目标	—	主要为保荐机构职责

续表

章节	《信息披露准则》	《保荐人尽职调查工作准则》	《律师执业细则》	会计师专业意见	职责划分
公司治理与独立性	第69条　公司治理存在的缺陷及改进情况	第58条　公司章程及其规范运行情况； 第59条　组织结构和“三会”运作情况； 第60条　独立董事制度及其执行情况	第44条　公司章程； 第45条　公司治理结构及运作； 第49条　独立董事	—	合理信赖律师工作内容
	第70条　公司管理层对内部控制的自我评估意见以及注册会计师对公司内部控制的鉴证意见	第61条　内部控制环境； 第62条　业务控制； 第63条　信息系统控制； 第64条　会计管理控制； 第65条　内部控制的监督； 第66条　内控鉴定	—	内部控制鉴证报告	合理信赖会计师工作内容
	第71条　违法违规行为及处罚情况以及对发行人的影响	第67条　商业信用情况； 第58条　公司章程及其规范运行情况（违法违规行为）； 第29条　生产情况（质量控制、安全生产、环境保护）	第29条　侵权事项； 第52条　重大违法违规行为； 第55条　环境保护； 第56条　产品质量及技术监督； 第57条　安全生产	—	合理信赖律师工作内容

续表

章节	《信息披露准则》	《保荐人尽职调查工作准则》	《律师执业细则》	会计师专业意见	职责划分
	第72条　资金占用、担保事项	第66条　内控鉴定（资金占用）； 第78条　担保情况	第28条　其他应收应付合法有效性； 第51条　对外担保	内部控制鉴证报告	合理信赖会计师及律师工作内容
	第73条　直接面向市场独立持续经营的能力	第68条　独立情况	第20条　资产完整； 第21条　人员独立； 第22条　财务独立； 第23条　机构独立； 第24条　业务独立	—	主要为保荐机构职责
	第74条　同业竞争	第69条　同业竞争情况	第33条至第35条　同业竞争	—	合理信赖律师工作内容
	第75条至第78条　关联方、关联关系和关联交易	第70条　关联方及关联交易情况	第30条至第32条　关联方、关联关系和关联交易	审计报告	合理信赖会计师工作内容

续表

章节	《信息披露准则》	《保荐人尽职调查工作准则》	《律师执业细则》	会计师专业意见	职责划分
投资者保护	第79条　投资者关系的主要安排	第73条　信息披露制度的建设和执行情况	—	—	保荐机构职责
	第80条　股利分配政策和决策程序	第74条　股利分配政策	—	—	保荐机构职责
	第81条　保护投资者合法权益规定的各项措施	第71条　保护投资者合法权益规定的各项措施	—	—	保荐机构职责
	第93条　承诺事项（承诺主体包括发行人、股东、实际控制人、董监高及核心技术人员、证券服务机构）	第72条　承诺事项履行情况（承诺主体包括发行人、股东、实际控制人、董监高及核心技术人员、证券服务机构）	第18条　承诺事项（承诺主体包括发行人、股东、实际控制人、董监高等）	—	合理信赖律师工作内容
其他重要事项	第82条　重大合同	第77条　重大合同	第27条　重大合同	—	合理信赖律师工作内容
	第83条　对外担保	第78条　担保情况	第51条　对外担保	—	合理信赖律师工作内容
	第84条　刑事诉讼、重大诉讼或仲裁事项	第79条　诉讼仲裁情况	第59条　诉讼或者仲裁案件	—	合理信赖律师工作内容

第三节

保荐机构应用合理信赖的条件与标准

本节试图在《关于注册制下提高招股说明书信息披露质量的指导意见》《证券公司保荐业务规则》等现有规范的基础上完善和细化保荐机构合理信赖制度的核心内容，即保荐机构满足哪些条件和标准方可援用合理信赖制度为自身勤勉尽责成功抗辩、免除相应责任。本书将我国的保荐机构合理信赖适用条件归纳为两个履行层面的注意义务：基本的注意义务和进一步的注意义务。基本的注意义务是为了防范表面的权利瑕疵，确认存在基本的权利外观事实；进一步的注意义务是为了防范实质的权利瑕疵。结合保荐机构法定职责提出的要求，只有两者均已履行其信赖利益方可得到保护。

一、基本注意义务

（一）基本注意义务概述

外观主义是在内容不违反法律的前提下，在动态的财产关系和静态的财产关系之间进行的价值评判。基本的权利外观事实是指行为人本人或第三人所享有的权利的外在表现形式。基本的权利外观事实客观存在，不依主体认识的差异而有所不同，不需要复杂的判断和推理。[1] 基本外观事实的判断相对比较容易，对信赖主体的要求较低，信赖

〔1〕 参见周楠：《论商法上的外观主义》，载中国法院网 2008 年 6 月 19 日，http：//www. chinacourt. org/article/detail/2008/06/id/309051. shtml。

主体几乎不需要应用较多的专业知识或行业知识即可完成判断，其工作主要体现为对证券服务机构出具的专业意见表面合理性的判断，基本不触及实质合理性。

《关于注册制下提高招股说明书信息披露质量的指导意见》《保荐人尽职调查工作准则》《证券公司保荐业务规则》等相关政策规范性文件和行业规定对保荐机构的基本注意义务进行了比较明确的规定，包括证券服务机构的专业胜任能力（专业资质+执业经历）和独立性，证券服务机构出具专业意见的前提及假设、核查范围、已履行的核查程序、核查资料及关键性证据等方面。

（二）基本注意义务的具体内容

1. 专业资质、经验及胜任能力

保荐机构应评估证券服务机构的专业资质、相关经验及胜任能力。在考量其专业胜任能力时，可以从承担该项目的团队整体层面以及团队中核心成员的个体层面进行综合评价，评估证券服务机构是否有足够经验的人力及时间执行相关工作以支撑其出具的专业意见。

（1）团队整体层面

在团队整体层面，保荐机构应考虑承担该项目的团队投入该项目的时间及人力，以及是否有适当人员参与。在项目执行过程中，该团队应持续配备适当资格及经验的人员，其中，核心团队成员的比例原则上不低于团队总人数的1/3，且应包含高级成员或资深员工，以指导及监督初级成员的工作。

保荐机构应结合项目的类型及复杂程度，判断该团队是否配备充足的人力并投入足够的时间。项目类型方面，一般而言，首发项目所需投入的时间及人力较再融资、并购重组项目应更多；项目复杂程度方面，对于发行人的客户/供应商较为分散、子公司数量较多等可能导致核查工作量较大的情况，所需人力及时间理应更多。此外，投入项目的人力及时间也应符合一定的匹配关系：当某一项目要求的时间较为紧张时，则应匹配更多的人力配合完成相应工作。保荐机构可通过与证券服务机构、发行人访谈，了解其对该项目的整体投入，如果存在明显低于上述标准以致不足以胜任其工作的情况，则不符合合理信赖的权利外观条件。

（2）核心团队成员个体层面

在核心团队成员个体层面，保荐机构应从该核心成员的专业资质、经验、工作年限

以及是否存在违法违规的负面情形等方面综合评估其专业胜任能力。一般而言，核心团队成员具备以下条件可判断该团队整体能力水平符合合理信赖的权利外观条件：①具有注册会计师、律师、资产评估师相关领域的执业资格证书；②具有5年以上相关领域工作经验；③具备在类似项目或与发行人类似行业上的过往经验；④最近3年不存在被中国证监会行政处罚、采取出具警示函等监管措施的违法违规行为等。

2. 独立性

证券服务机构参与人员在履职过程中，应当遵循独立性原则，从实质上和形式上保持独立性，不应因任何利害关系影响其客观公正性。保荐机构应向证券服务机构参与人员获取关于独立性的相关声明，并通过公开渠道查询信息等方式对相关参与人员的独立性进行评估。一般而言，证券服务机构参与人员及其直系亲属存在下列情形之一的，应质疑其独立性：（1）参与人员直接或间接持有发行人股票或其发行的其他证券超过一定比例的。（2）参与人员曾在发行人及其关联方担任董监高或其他关键管理人员，离职后未满2年的；或虽已满2年，但仍可能对业务产生直接重大影响的。（3）参与人员与发行人及其关联方存在其他影响公正履行职责的利害关系，或存在其他影响独立专业判断的情形。

3. 前提及假设

证券服务机构出具专业意见的前提及假设，就财务会计而言，主要涉及重大会计政策/会计估计及盈利预测；就资产评估而言，主要涉及各项财务数据等主要参数的预测。（1）针对收入确认、坏账准备计提、研发费用资本化等重大会计政策/会计估计，保荐人可以通过查阅发行人主要销售合同、其他同行业可比公司的会计政策/会计估计了解其会计政策/会计估计的合规性；对于报告期内存在会计政策或会计估计变更的，应了解其变更的原因及合理性，并评估其对发行人财务状况及经验成果的影响。（2）针对盈利预测，保荐人可结合境内外经济形势、行业发展趋势、市场竞争状况等因素评估盈利预测假设的合理性，参照发行人发展趋势、市场情况及发行人的促销措施评估预测期间内经营、投融资计划的假设是否适当，根据发行人生产规模及现有生产能力，评估预测计划执行的可行性。（3）针对资产评估，保荐人可通过询问评估师、查阅评估报告等方法，结合行业发展、物价变动以及同类行业可比公司等情况，评估营业收入及其增长率、毛利率、折现率等主要参数预测依据是否充分，预测趋势与历史业绩和现实经营状况、行业状况是否存在较大差异及其合理性，合同、订单等重要资料的收集是否充分，评估方法的选取是否恰当等。

4. 核查范围

关于核查范围，会计师、律师及资产评估师等证券服务机构从业人员在履职时应遵循其各自专业领域的相关法律法规、执业准则开展核查工作。保荐人可从主客观角度分别评价其核查范围是否适当，通过询问证券服务机构参与人员，查阅其出具的专业意见所记载的受限情况等方式了解其工作过程，了解其核查范围是否涵盖了相关法律法规所要求的核查内容，是否存在遗漏和受限情况。主观方面，其他中介机构可能因自身核查不到位而出现核查对象不完整的情况，如会计师未将发行人的所有子公司纳入核查范围，律师未对发行人自设立之日起的历次增减资、股权变动发表意见。客观方面，可能存在由于发行人自身原因、人为限制或阻碍以及其他客观因素而发生的核查范围受到限制的情况。会计师可能存在如下情况：（1）无法对重要的银行存款余额或大额、异常金额的应收款项实施函证；（2）无法取得与企业自建的固定资产有关的成本构成的相关证据；（3）受客观条件限制，无法对重要子公司或其他被投资企业执行审计程序等（此类情况将导致其对货币资金、应收账款、长期股权投资、合并范围等重要会计科目的审计范围受到限制）。

5. 核查程序、核查资料及关键性证据

市场普遍认为，“评估其为出具专业意见获取的核查资料是否充分、可靠”“评估其已履行的核查程序及取得的关键性证据是否充分、恰当，能否有效支持其出具的专业意见”需要依赖调取、查阅证券服务机构的工作底稿，否则前述要求不具备可操作性。然而，出于保密及职业操守的要求，现行法律法规并未赋予保荐机构调阅证券服务机构工作底稿的权利。[1] 在后者不配合的情况下，仅通过问询、访谈、要求出具说明等方式是否能够满足核查要求？

实践中，对于首发项目，绝大多数证券服务机构能够配合调阅其工作底稿，甚至允

---

〔1〕 财政部、国家档案局2016年发布的《会计师事务所审计档案管理办法》第13条规定，会计师事务所对审计档案负有保密义务，一般不得对外提供；确需对外提供且符合法律法规和执业准则规定的，应当严格按照规定办理相关手续。手续不健全的，会计师事务所有权不予提供。《律师法》第38条第2款中规定，律师对在执业活动中知悉的委托人和其他人不愿泄露的有关情况和信息，应当予以保密。财政部2017年发布的《资产评估基本准则》第33条规定，资产评估档案的管理应当严格执行保密制度。除下列情形外，资产评估档案不得对外提供：（1）财政部门依法调阅的；（2）资产评估协会依法依规调阅的；（3）其他依法依规查阅的。

许复制；保荐机构可实施相应核查程序及关键性证据的评估与复核，如对于会计师的函证程序，保荐人可通过访谈会计师、查阅会计师底稿、获取会计师事务所关于项目质量控制和函证程序的内部控制制度重点了解以下内容：（1）会计师的发函标准，结合发行人的重要性水平、客户分布特点、业务类别、往来余额和占比等具体情况，分析函证比例的恰当性；（2）会计师对函证的控制过程，是否保持了对全过程的控制并留存相关证据；（3）回函情况以及对于回函不符的处理。又如对于会计师的存货监盘程序，保荐人可以通过以下途径进行核查：（1）获取会计师事务所关于存货监盘程序的内部控制制度并询问会计师，了解会计师对于存货监盘事前、事中、事后的控制程序；（2）获取会计师关于存货监盘的计划，结合存货的重要性和风险情况重点关注会计师确定的监盘范围是否适当；（3）获取会计师的存货监盘汇总表及监盘总结报告，了解盘点结果是否存在重大差异和异常情况以及形成的原因。

对于各种类型的再融资项目，证券服务机构配合保荐机构提供工作底稿的可能性非常小，本书认为在无规范性文件约束的情况下寄希望于其自愿提供或仅仅依赖访谈，无法对其核查程序、核查资料及关键性证据的充分性、恰当性、可靠性发表确定性意见。那么不如回到权利外观的起点，将本部分内容聚焦于专业意见本身的表面特征，而非进行实质性判断，将核查程序、核查资料的外延予以限定，即证券服务机构出具的专业意见中列明的核查程序与核查资料，而非不加限定地指所有核查程序与资料。这在项目申报审核中的问询回复环节具有重要意义，在该环节，证券服务机构几乎均需披露其核查过程与获取的核查底稿，保荐机构评估其披露的核查过程与底稿的充分性、恰当性属于权利外观的应有之义。此外，鉴于核查资料的外延大于关键性证据，故建议删除关键性证据这一表述。

二、进一步注意义务

（一）进一步注意义务的基本内容

基本的权利外观事实仅是合理信赖的前提和基础，仅满足基本权利外观这一条件，尚不足以适用合理信赖制度保护交易对方，因此还要求应用合理信赖的行为主体/保荐机构履行更进一步的注意义务（合理注意义务），这包含以下两层递进的含义：（1）保荐人/承销商首先应评估和判断是否存在预警迹象/危险信号，以及在此基础上（2）对预警迹象/危险信号进行独立调查并排除合理怀疑。

问题的首要症结在于如何评估和判断是否存在预警迹象/危险信号（以下简称预警

信号)。《保荐人尽职调查工作准则》第 83 条第 3 款和《证券公司保荐业务规则》第 41 条第 1 款第 3 项均规定：保持职业怀疑、运用职业判断进行分析，并采取必要的手段进行印证，如询问证券服务机构、查阅相关文件资料、进行必要的实地走访，采取必要的补充函证、抽盘等程序。如对证券服务机构及其签字人员出具的专业意见存有疑义，保荐人/保荐机构应当要求其作出解释或者出具依据。如证券服务机构专业意见内容存在重大异常、前后重大矛盾，或者与保荐人/保荐机构获得的信息存在重大差异"三重大"，保荐人/保荐机构应当进一步对有关事项进行调查、复核，并可聘请其他证券服务机构提供专业服务。本书认为，上述规定采取必要手段印证包含两个方面的内容：一是根据职责分工，保荐机构本应对其职责范围内的事项采取实地走访等调查手段，如发行人是否对某一客户存在重大依赖是保荐机构的核查事项，其应采取实地走访、访谈、检查凭证等方式予以调查，这与会计师对销售收入的核查可能存在重叠空间，但并非对销售收入核查的简单重复，其通过核查可以在一定程度上印证和评估会计师关于销售收入的专业意见是否存在预警信号；二是在判断是否存在预警信号后，对会计师职责范围的核查事项采取独立的调查手段，如重复执行函证程序，排除合理怀疑。

（二）预警信号的探究

关于预警信号的具体表征，现行监管规则参考了我国香港特别行政区的规则表述并进一步完善和优化。中国证券业协会 2022 年 9 月修订的《证券公司保荐业务规则》第 41 条第 1 款第 3 项规定，"如证券服务机构专业意见内容存在重大异常、前后重大矛盾，或者与保荐机构获得的信息存在重大差异，保荐机构应当进一步对有关事项进行调查、复核，并可聘请其他证券服务机构提供专业服务"。可见，预警信号基本可归纳为"三重大"。该业务规则第 42 条进一步对"重大异常"进行了细化：(1) 证券服务机构关于对发行人财务状况和经营成果有重大影响的会计政策、会计估计、会计处理及表外事项核查与披露的专业意见，以及关于发行人财务报告公允性与内控制度健全及有效性等方面的专业意见的内容，与发行人业务实质相背离。(2) 证券服务机构关于发行人主体资格完备、股权清晰稳定、组织机构健全、公司治理有效、生产经营合规、符合产业政策要求、资产业务完整独立、重大风险揭示充分、投资者保护有效等方面专业意见的内容，与发行人实际情况相背离。(3) 发行人存在重大无先例事项导致无法确定能否合理信赖证券服务机构专业意见的内容或证券服务机构出具专业意见的内容自身含有重大无先例事项。(4) 证券服务机构出具专业意见所采用的基础数据及底层资料不具备可查、可复核的特性。(5) 证券服务机构专业意见与发行人同行业可比公司同类事项被出具的相关专业意见存在差异或者与行业惯例存在差异；证券服务机构针对同一事项前后出具的专业意见存在差异，或就同一事项不同证券服务机构出具的意见不一致或存在矛盾。(6) 证券服务机构专业意见的内容不符合法律法规、监管规定、自律规则等要求。(7) 其他可能存在的重大异常情形。本部分内容试图在经验总结的基础上对相关职业判断尽量予以细化。

1. 重大异常

由于实践中保荐机构需要信赖会计师和律师专业意见的情形较为普遍，频率较高，所以本书集中梳理了会计师和律师出具的专业意见中常见的预警信号。其中，对于会计师专业意见，分别从资产负债表、利润表、现金流量表、非经常性损益、会计政策/会计估计、内部控制等角度对其重要科目或重大方面值得关注的重大预警信号进行归纳；对于律师专业意见，主要从主体资格、组织机构与公司治理、合法合规、独立性等方面对予以重点关注的预警信号进行归纳，如表2-2、表2-3所示。

表2-2　会计师出具的专业意见中可能存在的预警信号

项目		预警信号
资产负债表	货币资金	1. 货币资金占总资产的比重明显高于同行业可比公司； 2. 货币资金余额充足，但往往存在各种受限理由，发行人频繁进行债务融资或大举借款，呈现明显的“存贷双高”特征； 3. 资金归集管理结合定向支付控制的模式、存单质押、抽屉协议等导致货币资金大比例受限； 4. 定期存款很多，其他货币资金很多，但流动资金严重短缺； 5. 计算的利息收入与货币资金余额严重不匹配； 6. 存在大额境外货币资金
	应收账款	1. 应收账款大幅度增长，其增速远高于营业收入增长率，而经营活动现金流量净额处于较低水平； 2. 回款速度低于行业平均水平，应收账款周转率明显异于同行业可比公司； 3. 大规模应收账款长期挂账，尤其来自关联方的应收账款占用资金规模持续扩大，坏账损失风险加剧； 4. 应收账款余额占营业收入比重较高，且较大部分为账龄在一年以上的应收账款； 5. 当期确认的应收账款坏账准备占过去几年销售收入的比重明显偏高

续表

项目		预警信号
	存货	1. 存货余额明显偏大且存货周转率明显低于同行业可比公司； 2. 存货余额异常增长，存货增长速度明显快于主营业务收入的增长速度； 3. 在单个存货本身并没有出现明显减值迹象的情况下，却计提了巨额的存货减值准备； 4. 对于农林牧渔等盘点难度较大的特殊行业存货，通过投入产出比等估算的存货数据与存货金额存在较大差异； 5. 存货丢失或盘亏数量巨大
	固定资产	1. 固定资产周转率大幅度下滑或远低于同行业可比公司； 2. 固定资产与收入比远远大于同行业可比公司； 3. 未办妥重要固定资产和土地资源的有效产权证书； 4. 固定资产大幅计提资产减值准备
	在建工程	1. 存在与企业整体生产经营规划不符或与预算不符的异常在建工程项目； 2. 存在非正常停工或长期未完工、进展异常缓慢的在建工程项目； 3. 已达到预定可使用状态或已投产使用的固定资产仍在“在建工程”科目列示； 4. 在建工程当期增加额与经过批准的资本支出预算存在重大差异，且未能合理解释； 5. 在建工程大幅增加，且与生产经营规模和发展规划不相适应
	预付账款	1. 大额预付账款未按照合同约定的付款进度支付款项，即出现大量超过半年期的预付账款； 2. 预付账款占营业收入、营业成本或总资产的比例大幅波动，比如“预付账款/总资产” >10%； 3. 账龄超过一年的预付账款占比较高； 4. 预付账款大幅增长，尤其是预付工程款或预付专利或非专利技术的采购款不合理增长
	其他应收款	1. 其他应收款在流动资产中的比重异常偏高； 2. 存在长期挂账的大额其他应收款； 3. 其他应收款前五大交易对手方的款项性质为“往来款”，且金额较大； 4. 前五大交易对手方中存在关联方，可能存在关联方资金占用的风险

续表

项目		预警信号
利润表	销售收入	1. 公司主营业务收入增长率大幅高于净利润增长率； 2. 产品价格的变动情况与市场上相同或相近产品的价格信息和近年走势情况（如有）明显不相符； 3. 销售回款方面出现异常情况，包括第三方回款、现金收款、个人卡收款等方式占比较高； 4. 销售收入与经营活动产生的现金流入呈背离趋势； 5. 境外收入方面的异常情况，包括： （1）境外销售毛利率存在明显异常，相同或类似产品存在境外销售价格明显高于境内、境外销售毛利率明显高于境内等异常情形； （2）计算得出的企业汇兑损益与现有境外销售收入明显不匹配； （3）境外销售回款中第三方回款占比较高
	营业成本与毛利率	1. 期末存货中产品余额巨大，可能存在应转未转成本的情况； 2. 发行人主要原材料、燃料价格频繁变动且影响较大； 3. 鉴于存货与成本之间的联动关系，存货高估的重大异常情况可能导致营业成本的低估，存货的重大异常详见本表“资产负债表预警信号”； 4. 发行人毛利率在报告期内存在大幅度波动的异常情况； 5. 发行人毛利率远高于可比公司或行业平均值； 6. 公司存货周转率逐年下降而毛利率逐年上升； 7. 毛利率升高，但发行人现金循环周期上升，或应付账款减少、应收账款增加
	期间费用	1. 期间费用率远低于同行业可比公司平均水平，或者期间费用持续下降； 2. 销售费用率异常偏高，例如销售费用率超过 50%，可能存在商业贿赂的风险； 3. 毛利率大幅高于同行业平均水平，但销售费用率也大幅高于行业平均水平，医药行业除外； 4. 管理费用的增长率远大于营业收入增长率； 5. 毛利率大幅高于同行业平均水平，但研发费用低于同行业的平均水平； 6. 研发费用与纳税申报时加计扣除的研发费用存在较大差异且无合理解释； 7. 各期研发投入资本化比例异常波动，或远高于同行业可比公司

续表

项目		预警信号
现金流量表	经营活动现金流量	1. 经营活动现金流净额持续多年为负； 2. 虽然经营活动现金流净额为正，但主要是应付账款和应付票据的增加导致，存在资金链断裂的风险； 3. 经营活动现金流净额远低于净利润
	投资活动现金流量	1. 购买固定资产、无形资产等的支出持续高于经营活动现金流量净额，导致企业自由现金流为负数，而必须通过筹资活动维持正常经营； 2. 企业通过固定资产或其他长期资产的出售收回大量现金
	筹资活动现金流量	1. 企业取得借款收到的现金远远低于归还借款支付的现金，可能意味着银行收回了对企业的部分贷款，企业从银行融资更为困难； 2. 企业为筹资支付了显然高于正常水平的利息或中间费用
非经常性损益		1. 财务报表亏损，但扣除非经常性损失后的经常性净利润是盈利的； 2. 财务报表盈利，但扣除非经常性收益后的经常性净利润是亏损的； 3. 非经常性收益占利润总额的比重过高； 4. 非经常性损失大幅增长，导致公司濒临亏损或已经亏损； 5. 一次性作出重大损失的处置情况
会计政策/会计估计		1. 报告期内存在重大会计政策与会计估计变更，尤其涉及改变成本核算方法、收入确认政策、折旧年限、坏账计提比例、其他长期资产的摊销时间等会对当期利润造成重大影响的会计政策与会计估计； 2. 发行人的主要会计政策及具体标准与同行业可比公司存在重大差异
内部控制		1. 申报财务报表与原始财务报表存在重大差异，可能导致存在重大会计差错风险； 2. 未按照资金管理制度使用资金可能造成资金安全风险； 3. 资金占用、对外担保、对外投资等重大交易未经恰当授权与审批； 4. 合同及印章管理不规范，包括未经审批使用印章等情况； 5. 对子公司或经营活动监管不足，例如子公司管理者越权导致公司产生巨额损失
其他		1. 将亏损子公司排除在合并范围之外且缺乏正常理由； 2. 发行人披露的对主要客户/供应商的销售/采购金额与其主要客户/供应商在公开信息中披露的金额差异较大； 3. 发行人多次主动更换审计机构

表2-3 律师出具的专业意见中可能存在的预警信号

项目	预警信号
主体资格	1. 出资瑕疵，主要包括出资不实和出资程序瑕疵，出资不实如出资资产价值低于认购股本的价值、出资之后抽逃出资、出资资产未能及时办理过户手续等，出资程序瑕疵如没有验资报告、评估报告、出具报告的机构不具有执业资格等； 2. 股权结构瑕疵，如发行人股东曾存在委托持股或股权代持等不规范情形、主要股东股权大比例质押或股权冻结、股东入股价格或股权转让价格存在明显异常等； 3. 实际控制人、管理层及主营业务发生重大变化，如报告期内控股股东或实际控制人发生变更，董事及高管发生频繁变动，上市前发生重组，股权较为分散且实际控制人持股比例不足30%，可能导致控制权不稳定的风险等； 4. 投资机构在投资发行时约定对赌协议等类似安排
组织机构与公司治理	1. 实际控制人存在大额无息借款； 2. 董监高及其直系亲属存在自营或为他人经营与发行人同类业务的情况； 3. 董监高报告期内收到行政或刑事处罚，或因涉嫌犯罪正在被立案侦查或立案调查； 4. 大股东控制不当，关联交易回避制度未能有效执行； 5. 内部治理制度未能有效运行
合法合规	1. 公司涉及重大诉讼或被纳入失信被执行人； 2. 报告期内发行人受到市场监督、环保、应急安全、社保、土地、税务、人力资源等方面的行政处罚； 3. 发行人业务所需要具备的相应资质已过期； 4. 发行人存在使用或租赁使用集体建设用地、划拨地、农用地、耕地、基本农田及其上建造厂房的情形； 5. 发行人主要生产经营场所存在未办妥产权证书的情形，且对公司生产经营产生重大影响
独立性	1. 生产型企业的发行人，其生产经营所必需的主要厂房、机器设备等固定资产系向控股股东、实际控制人租赁使用的； 2. 发行人的核心商标、专利、主要技术等无形资产是由控股股东、实际控制人授权使用的； 3. 控股股东、实际控制人与发行人之间的关联交易对应的收入、成本、费用或利润总额占发行人相应指标的比例较高，如达到30%以上； 4. 发行人与控股股东、实际控制人控制的其他企业存在同业竞争； 5. 重要生产环节依赖第三方或主要生产链条依赖外协方式

2. 前后重大矛盾

“前后重大矛盾”是指证券服务机构出具的专业意见中存在对同一事项前后不一致的表述或财务数据勾稽存在瑕疵等。其中，财务数据勾稽问题主要指财务报表科目的勾稽关系。财务报表科目勾稽的内容包括存在对应关系的主表科目之间的数据勾稽、主表科目与相关附注及其他信息之间的数据勾稽。勾稽关系既包括数据之间的一致性核对，又包括数据之间的逻辑性核对。[1] 常见的财务数据勾稽情况如表 2－4 所示。

表 2－4　财务报表科目勾稽关系

类型	勾稽关系
报表之间的勾稽关系	1. 现金流量表中期初、期末“现金及现金等价物余额”与资产负债表中期初、期末“货币资金”之间的一致性； 2. 现金流量表中“取得借款收到的现金”和“偿还债务支付的现金”之差与资产负债表中“长短期借款”和“应付债券”本年增减金额（含一年内到期的附注中非流动负债中的借款及债券）之间的一致性； 3. 现金流量表中“销售商品、提供劳务收到的现金”、利润表中“营业收入”与资产负债表中“应收项目”之间的勾稽关系； 4. 现金流量表中“购买商品、接受劳务支付的现金”、利润表中“营业成本”与资产负债表中“应付项目”之间的勾稽关系； 5. 利润表中“财务费用”、现金流量表中“分配股利、利润或偿付利息支付的现金”与资产负债表中相关借款项目之间的勾稽关系； 6. 利润表中“其他收益”与现金流量表中“收到的税费返还”之间的匹配关系； 7. 现金流量表中“支付的相关税费”与资产负债表中“应交税费”之间的勾稽关系； 8. 现金流量表中“吸收投资收到的现金”与资产负债表中“实收资本、其他权益工具、资本公积”之间的勾稽关系； 9. 所有者权益变动表中“对所有者（或股东）的分配”与现金流量表中“分配股利、利润或偿付利息支付的现金”之间的一致性

[1] 参见叶金福：《从报表看舞弊》，机械工业出版社 2018 年版，第 29 页。

续表

类型	勾稽关系
报表与附注之间的勾稽关系	1. 固定资产、无形资产等资产科目附注以及期间费用等利润表科目附注与现金流量表附表中披露的折旧摊销费用之间的一致性； 2. 现金流量表中“购置固定资产、无形资产和其他长期资产支付的现金”与附注中固定资产、无形资产、其他长期资产的本期增加额之间的一致性； 3. 现金流量表中“收回投资收到的现金”与附注中“交易性金融资产、长期股权投资、投资性房地产”等科目的本期减少额之间的一致性； 4. 现金流量表中“支付给职工以及为职工支付的现金”与附注中披露的应付职工薪酬本期支付金额以及应交个人所得税本期减少金额的合计数之间的一致性； 5. 利润表中计提的“资产减值损失”与附注中计提的各项资产减值准备之间的一致性； 6. 利润表中计提的“信用减值损失”与附注中计提的各项信用减值准备之间的一致性； 7. 固定资产科目附注中本期由在建工程转入的金额与在建工程科目附注中本期转出至固定资产的金额之间的一致性； 8. 应收账款账龄结构之间的勾稽关系
附注中的重要事项与报表科目之间的勾稽关系	1. 重要事项披露存在重大资产收购，则可能涉及企业合并的会计处理； 2. 重要事项披露存在涉诉事项，则可能涉及相关减值准备或预计负债的计提

资料来源：林玲：《从项目勾稽关系识别财务报表的异常》，载《财会月刊》2020 年第 5 期。

律师出具的专业意见包括法律意见书、律师工作报告等，可能存在法律意见书、律师工作报告本身以及法律意见书与律师工作报告之间前后重大矛盾的情形。比如，律师就发行人主体资格完备、股权清晰稳定、组织机构健全、公司治理有效、生产经营合规、符合产业政策要求、资产业务完整独立、重大风险揭示充分、投资者保护有效等方面在专业意见中所记载的内容与其发表的结论性意见可能存在不一致的情况，抑或是其就同一事项在法律意见书与律师工作报告中的相关表述存在重大矛盾。资产评估师出具的资产评估报告可能存在资产评估最终结果与评估明细表中所列数据不一致的情况。

3. 重大差异

重大差异主要涉及证券服务机构出具的专业意见与保荐机构获得的信息存在重大差异。本部分在本章第三节对保荐机构与其他中介服务机构进行职责划分的基础上，对保荐人、会计师、律师各自职责范围内对相关事项的调查中可能存在的印证关系以及他们对同一事项的调查结果是否存在差异进行总结，例如发行人的实际业务情况与财务数据之间的匹配性，各中介机构对于重大诉讼、仲裁、对外担保的核查结论的一致性等。具体归纳情况如表 2－5 所示。

表 2－5　专业意见与保荐机构获得的信息之间可能存在的“重大差异”情况

招股说明书格式准则职责划分			匹配关系
保荐人	会计师	律师	
第 31 条　控股子公司及重要参股公司情况	第 52 条　财务报表及审计意见	—	保荐人对控股子公司的调查和披露与审计报告中合并范围之间的匹配性
第 43 条　主营业务、主要产品或服务的情况	第 59 条　资产质量分析	—	1. 发行人的销售模式与应收账款、应付账款规模之间的匹配性； 2. 发行人的业务模式、存货管理政策与存货规模之间的匹配性； 3. 发行人的工艺流程、生产周期与期末产品余额之间的匹配性
第 43 条　主营业务、主要产品或服务的情况	第 60 条　资产质量分析	第 42 条　员工情况	1. 员工的数量、人员结构和工资水平与发行人的生产经营规模之间的匹配关系； 2. 员工数量与应付职工薪酬、支付给职工以及为职工支付的现金之间的匹配性
第 43 条　主营业务、主要产品或服务的情况	第 53 条　会计政策和会计估计	—	业务模式与会计政策之间的匹配性

续表

招股说明书格式准则职责划分			匹配关系
保荐人	会计师	律师	
第44条　行业基本情况及其竞争状况	第59条　资产质量分析	—	1. 所处行业的类型为“重资产”还是“轻资产”及其与流动资产和非流动资产占比之间的匹配性； 2. 行业和市场的同期变化情况与收入及其构成变动情况之间的匹配性
第44条　行业基本情况及其竞争状况	第58条　经营成果分析	—	1. 报告期内环保投入及环保相关成本费用与处理公司生产经营所产生的污染之间的匹配性； 2. 发行人行业及市场变化趋势、产品（服务）的价格和原材料采购价格变动趋势与收入成本及其构成变动情况之间的匹配性
第45条　销售情况和主要客户	第59条　资产质量分析	—	产能、产量与固定资产规模及变动之间的匹配性
第45条　销售情况和主要客户	第58条　经营成果分析	—	1. 产销量数据与营业收入的匹配性； 2. 主要客户经营规模、行业地位与销售金额的匹配性； 3. 行业销售特点、发行人销售方式、销售操作流程、销售网络、回款要求、售后承诺（如无条件退货）等事项与销售费用规模之间的匹配性

续表

招股说明书格式准则职责划分			匹配关系
保荐人	会计师	律师	
第46条　采购情况和主要供应商	第58条　经营成果分析	—	1. 主要原材料、能源等采购对象的数量和价格变动与营业成本之间的匹配性； 2. 主要原材料及能源耗用与产量、收入之间的匹配性
—	第53条　会计政策和会计估计	第82条　重大合同	销售合同关键条款与收入确认政策之间的匹配关系
第48条　核心技术及技术来源、核心技术人员、研发	第58条　经营成果分析	第47条　对主要业务有重大影响的主要固定资产、无形资产等资源要素	1. 研发费用规模与发行人当期研发行为及工艺进展之间的匹配性； 2. 研发投入与产出的专利数量之间的匹配性
—	第58条　经营成果分析	第71条　违法违规行为及处罚情况以及对发行人的影响	违法违规行为涉及的罚款支出与营业外支出之间的匹配性
—	第75条至第78条　关联方、关联关系和关联交易	第75条至第78条　关联方、关联关系和关联交易	律师工作报告中披露的关联方与审计报告中披露的关联方之间的匹配性

续表

招股说明书格式准则职责划分			匹配关系
保荐人	会计师	律师	
第62条　日后事项、或有事项、其他重要事项以及重大担保、诉讼等事项在招股说明书签署日的进展情况	第62条　日后事项、或有事项、其他重要事项以及重大担保、诉讼等事项在招股说明书签署日的进展情况	第84条　刑事诉讼、重大诉讼或仲裁事项	保荐人、会计师及律师关于重大诉讼事项披露与核查结论的一致性
第62条　日后事项、或有事项、其他重要事项以及重大担保、诉讼等事项在招股说明书签署日的进展情况	第62条　日后事项、或有事项、其他重要事项以及重大担保、诉讼等事项在招股说明书签署日的进展情况	第83条　对外担保情况	保荐人、会计师及律师关于担保事项披露与核查结论的一致性

注：表中的“招股说明书格式准则职责划分”仍然采用了《公开发行证券的公司信息披露内容与格式准则第57号——招股说明书》为样本。

保荐机构发现预警信号后采取的措施以排除合理怀疑为标准，如可询问证券服务机构，要求证券服务机构出具解释说明，查阅相关文件资料，进行必要的实地走访，采取必要的补充函证、抽盘等程序。保荐人经过审慎核查后能够合理排除异常事项的，可以合理信赖证券服务机构出具的专业意见，并将所有“重大异常”“前后重大矛盾”“重大差异”等特殊情形的确定方法、论证过程及结论在保荐工作报告中予以披露；若保荐人经过进一步核查仍不能排除合理怀疑，保荐人应当拒绝信赖证券服务机构的专业意见。

第四节

合理信赖的后果及其保障

一般认为，一项制度的构造包含三项要素：前提设定、行为要求和后果责任，[1]这也是法理学中关于法的规范的构成要素的通说。同样地，合理信赖机制的构造亦需要对其制度后果的规定；而欲使其后果有效落地，还需要相关的配套实践与之呼应，为其提供保障，只有这样方可使制度从纸面步入现实。

一、合理信赖的后果

合理信赖的后果即是对保荐机构满足合理信赖条件后的积极评价，是对其信赖利益的保护。站在法律责任的角度，合理信赖的后果是：保荐机构因合理信赖其他证券服务机构出具的专业意见而未发现虚假陈述的，不承担法律责任。该法律责任主要包括民事责任和行政责任。

《证券法》第85条规定："信息披露义务人未按照规定披露信息，或者公告的证券发行文件、定期报告、临时报告及其他信息披露资料存在虚假记载、误导性陈述或者重大遗漏，致使投资者在证券交易中遭受损失的，信息披露义务人应当承担赔偿责任；发行人的控股股东、实际控制人、董事、监事、高级管理人员和其他直接责任人员以及保荐人、承销的证券公司及其直接责任人员，应当与发行人承担连带赔偿责任，但是能够

〔1〕 也可以归纳为"假定、处理、制裁"或者行为模式与法律后果组成的"两要素说"。参见陈柏峰主编：《法理学》，法律出版社2021年版，第63页。

证明自己没有过错的除外。”如上所述，如果涉及虚假陈述内容的首要核查责任属于其他证券服务机构，且保荐机构已在规定程序的基础上合理信赖了该证券服务机构出具的专业意见，那么可认定保荐机构没有过错，不应对投资者损失承担连带赔偿责任。

2022 年 1 月 21 日最高人民法院发布的《关于审理证券市场虚假陈述侵权民事赔偿案件的若干规定》（法释〔2022〕2 号）第 17 条明确规定了上述内容：“保荐机构、承销机构等机构及其直接责任人员提交的尽职调查工作底稿、尽职调查报告、内部审核意见等证据能够证明下列情形的，人民法院应当认定其没有过错……（三）对信息披露文件中证券服务机构出具专业意见的重要内容，经过审慎核查和必要的调查、复核，有合理理由排除了职业怀疑并形成合理信赖……”

《证券法》第 182 条规定：“保荐人出具有虚假记载、误导性陈述或者重大遗漏的保荐书，或者不履行其他法定职责的，责令改正，给予警告，没收业务收入，并处以业务收入一倍以上十倍以下的罚款；没有业务收入或者业务收入不足一百万元的，处以一百万元以上一千万元以下的罚款；情节严重的，并处暂停或者撤销保荐业务许可。对直接负责的主管人员和其他直接责任人员给予警告，并处以五十万元以上五百万元以下的罚款。”在明确合理信赖机制的情况下，合理信赖应当成为保荐机构承担上述行政责任的例外条款，即使保荐书存在虚假记载、误导性陈述或者重大遗漏，如果该虚假陈述系因合理信赖其他证券服务机构的专业意见而作出的，那么保荐机构不承担相应的行政法律责任。

中国证监会 2022 年 1 月 28 日发布的《关于注册制下提高招股说明书信息披露质量的指导意见》作出了相关规定：保荐人及证券服务机构能够证明其符合合理信赖条件的，可以依法免除行政法律责任。然而通说认为，法律责任的免除是指根据法律本应承担法律责任，但基于某种法定的主客观情况，可以不必再承担法律责任；法律责任的免除不意味着引起法律责任的行为的法律意义有所改变，即该行为仍是法律所反对或不赞成的。[1] 显而易见，合理信赖系对构成违法行为的阻却，而非仅对承担行政法律责任的阻却，故该指导意见的上述表述存在改善的空间。此外，该指导意见作为部门规范性文件，在法律效力上弱于法律，在适用时存在较大不确定性，故合理信赖欲成为保荐机

〔1〕 法律责任的免除主要包括时效免责，不诉免责，补救免责，协议免责，自助免责，坦白、立功免责，人道主义免责等。参见朱景文主编：《法理学》，中国人民大学出版社 2021 年版，第 375 页。

构不被追究行政法律责任的法定事由还需上位法的进一步追认。

综上所述，合理信赖的达成作为保荐机构过错认定的法定阻却事由在最高人民法院司法解释和中国证监会规范性文件中均有涉及；民事责任与行政责任的认定过程中都存在保护保荐机构信赖利益的空间，唯其规范表述及效力层级还需进一步完善。

二、合理信赖机制的保障

合理信赖机制欲从纸面制度跳跃至实践落地生根尚需有关自律组织、执法者以及司法者的呵护、倡导与保障，这个过程无法一蹴而就。

（一）关于发行审核环节的问询

注册制下发行审核环节的问询程序愈加重要，是督促发行人和中介机构履行信息披露义务、提高信息披露质量的重要监管方式，其目的是针对招股说明书存在的突出问题，通过一轮或多轮问询，督促发行人讲清楚、讲明白，问出一个真公司。[1] 问询的方式对合理信赖机制的切实落地具有重要导向意义。目前，我们经常看到的审核机构问询方式不对保荐机构与证券服务机构的职责进行划分，要求保荐机构与相关证券服务机构共同说明核查过程及结果，如请保荐人、申报会计师发表明确意见，结合“深圳证券交易所创业板股票首次公开发行上市审核问答”问题29的要求，对经销模式销售真实性发表明确意见，并说明经销模式下对经销客户终端销售的具体核查方式、过程以及核查金额和比例，在发行人不掌握“终端销售及期末库存信息”的情形下，如何对终端销售的实现获取充分、完整的证据，是否进行穿透核查等发表明确的意见；说明对境外收入的核查过程与结果，包括但不限于对境外客户的视频走访、实地走访及函证程序、比例、走访及函证差异情况，存在差异的分析具体原因，替代程序的具体方法、比例及差异情况。[2]

根据该询问口径，一般从业者普遍理解为上述核查内容均属于保荐机构和申报会计师的核查职责范围，保荐机构和会计师均需对上述内容独立履行核查程序。从多数的问询回复来看，保荐机构与会计师执行了几乎相同的核查程序，包括经销商下游客户访谈

---

〔1〕 参见《上交所就首轮问询及回复情况答记者问》，载上海证券交易所网，http：//kcb. sse. com. cn/announcement/notification/c/c_ 20190423_ 4779810. shtml。

〔2〕 参见《关于美新科技股份有限公司首次公开发行股票并在创业板上市申请文件的首轮问询函的回复》（2022年8月）。

(访谈的比例完全一致)、进销存数据获取及核对（信息内容完全一致)、内控有效性核查、客户访谈（访谈比例完全一致，其中保荐人不重复执行申报会计师国际所成员实地访谈程序)、函证（保荐机构函证比例略低于会计师)、穿行测试、获取收入相关原始凭证、销售回款测试、收入截止性测试、运输费用与境外收入比对、海关进出口数据比对、出口退税金额比对、中国出口信用保险公司核查等。在上述问询方式及多年监管导向的背景下，保荐机构和证券服务机构的重复工作成为不言自明的工作方式，各方主体均小心翼翼不惜重复地投入资源和精力以规避处罚风险。

为切实贯彻落实目前的监管导向，监管层在申报环节即引导中介机构各司其职，充分发挥合理信赖的制度优势以使其能够更快地取得实效。针对目前的问询方式可能导致回复主体对自身职责范畴定位不清的困惑，本书建议审核机构在问询时进一步区分保荐机构与证券服务机构的回复内容，由相关主体分别回复，而非笼统合并回复；对于明确属于某中介机构职责范围的内容应明确由该主体说明核查过程，其他主体可根据需要说明复核或补充核查情况。本书认为，在目前的问询方式下，相关主体根据实际履职情况据实回复（如说明对其他中介机构专业意见的复核情况）是可行的，但不利于引导中介机构转变过去一贯的工作理念和习惯，不利于合理信赖机制的较快落地。转变问询方式后，可给予中介机构更明确的决心和信心，促使中介机构更加放心地使用合理信赖机制，提升融资效率。

（二）关于现场检查与督导

随着 2021 年中国证监会《首发企业现场检查规定》《上海证券交易所科创板发行上市审核规则适用指引第 1 号——保荐业务现场督导》[1]《深圳证券交易所创业板发行上市审核业务指引第 1 号——保荐业务现场督导》[2] 陆续发布实施，现场检查和督导作为注册制实施的配套机制步入法治化轨道。该机制对注册制下加强首发企业信息披露监管、严把 IPO 入口关、提升上市公司质量的重要意义毋庸置疑，是督促中介机构勤勉尽责、审慎执业、发挥资本市场“看门人”作用的重要抓手。

然而，在已公布的现场检查/督导案例中，监管机构对保荐机构和其他中介机构执

---

[1] 已被 2023 年 2 月发布的《上海证券交易所发行上市审核规则适用指引第 3 号——现场督导》替代。

[2] 已被 2023 年 2 月发布的《深圳证券交易所股票发行上市审核业务指引第 4 号——保荐业务现场督导》替代。

业情况的描述存在较多职责重叠的情形，容易导致中介机构陷入对自身职责边界认识的误区。如唯特偶 IPO 现场检查结论认为保荐机构执业存在“客户签收单据核查不充分”“内控测试工作不到位”等问题，申报会计师执业存在“对客户签收单据的查验不充分”“内部控制相关的审计工作不到位”等问题。[1] 上述问题描述高度重合，极易让市场主体产生双方均需对上述内容独立履职的印象。

交易所的现场督导更多关注申报文件披露不准确的情形，对保荐机构履职情况的监督更多集中于相关工作与问询回复内容是否一致，但仍然存在可能引导保荐机构重复履职的内容，相关案例如表 2－6 所示。

表 2－6　首发项目现场督导发现问题

IPO 项目	现场督导发现问题
新特电气	保荐人收入截止性测试工作底稿中列示了 120 笔样本明细，但实际仅抽取了 17 笔样本的截止性测试材料，在执行收入截止性测试过程中也未考虑验收期对收入确认时点的影响；保荐人仅监盘了存货中的硅钢及部分辅料，对其他原材料以及所有库存商品均未进行监盘等
亚洲渔港	保荐人工作底稿仅保留了 2016 年 1 月和 11 月增资协议及补充协议，未见 2014 年发行人与厚义投资开始接触磋商增资的相关文件
阿莱德	保荐人对收入函证的核查程序执行不到位。保荐人对报告期内 2 份未回函的函证未执行进一步的核查程序；保荐人对仅回函会计师但未回函保荐人的 6 份函证仅复印了会计师的回函，未见保荐人对会计师函证进行复核的记录，也未见执行进一步的核查程序；保荐人对回函仅回复应收账款余额但未回复交易额的函证，未执行进一步的核查程序；保荐人未留存全部的快递形式发函记录和快递面单，2 份函证未留存回函快递面单
民爆光电	保荐人在执行与销售有关的控制测试时存在以下情况：未见保荐人对发行人 2017～2018 年销售与收款流程执行控制测试的底稿……
北农大	（1）对于采购与付款循环，保荐人 2018 年与 2020 年均未执行穿行测试与控制测试，2019 年仅执行了穿行测试，未执行控制测试；（2）对于生产与仓储循环，保荐人 2018 年至 2020 年均未执行穿行测试与控制测试

[1] 参见《关于深圳市唯特偶新材料股份有限公司首次公开发行股票并在创业板上市申请文件的第二轮审核问询函的回复》(2021 年 12 月)。

续表

IPO 项目	现场督导发现问题
维嘉科技	保荐人未充分获取相关成本费用事项涉及的原始业务凭证与材料，未按照“从业务到财务”的逻辑进行成本费用完整性核查，包括：未将发行人报告期各期期末员工花名册与各期末工资表进行核对，未核查花名册员工是否均在工资表中反映；未获取发行人报告期销售人员提成计算表，未核查是否存在销售人员应发提成金额未入账的情况；未获取发行人报告期内的展会费台账，未核查是否存在展会费用未入账的情况等
威力传动	保荐人对发行人质保金、保函保证金增加额与收入匹配性以及收入真实性的核查程序执行不到位

现场检查和督导作为发行审核过程中最具威力的监管工具无疑会对市场主体发出强有力的引导信号。在对保荐机构履职情况的监督、核查和指导方面如能进一步区分其与其他证券服务机构的职责划分，或在结论描述方面强调保荐机构未采用信赖其他证券服务机构专业意见的方式而实施独立核查时存在相关履职瑕疵，将能够给市场主体带来更大的信心和安全感；充分利用其他中介机构的专业意见，减少不必要的重复工作，进而形成分工有序、通力合作的良性局面。

（三）关于行政处罚与监管措施

监管部门作出处罚和监管措施决定是捍卫和保障一项监管制度有效实施的坚强后盾，注册制改革以来急剧增加的对中介机构的问责案例有效地彰显了监管机构落实中央改革部署、压实中介机构责任的决心和力度。[1] 行政处罚与监管措施均为对相关行为的负面评价，在强监管的证券行业，相关负面评价对市场主体的导向作用无疑更加重要。如本章第一节所述，一段时间以来，相关处罚及监管措施的问责依据和对申辩意见的回复未充分体现保荐机构与证券服务机构的分工原则，不利于引导中介机构充分利用合理信赖机制减少重复工作、提升融资效率。

如《中国证监会行政处罚决定书（光大证券股份有限公司、李某某、水某某)》(〔2014〕20 号）列明：“光大证券在依据《保荐人尽职调查工作准则》（以下简称《保荐准则》）第四条、第五条、第六条和第五十条规定要求执行货币资金尽职调查程序时，未独立获取天丰节能银行账户资料，未独立获取银行对账单，未独立实施函证……光大

〔1〕 2018 年证券公司因投资银行业务遭受的罚单数量是 34 个，随着 2019 年科创板注册制和 2020 年创业板注册制的相继实施，2021 年证券公司因投资银行业务领受的罚单数量是 76 个。

证券在依据《保荐准则》第四条、第五条、第六条和第二十二条执行销售情况尽职调查程序时，未对2010年和2011年前十大主要客户编制销售额占年度销售总额的比例及回款情况，未独立发放函证……光大证券在依据《保荐准则》第四条、第五条、第六条和第二十条执行采购情况尽职调查程序时，未计算主要供应商的采购金额占天丰节能同类原材料采购金额的比例，未独立实施函证，对存在明显异常的回函未予关注……”上述处罚依据极易导致如下印象：独立实施函证为保荐机构对货币资金、销售情况、采购情况等内容核查的必须程序，但事实上《保荐人尽职调查工作准则》(2006年)〔1〕从未作出过该规定。同时，《中国证监会行政处罚决定书（利安达会计师事务所、黄某、温某某等4名责任人）》(〔2014〕21号）亦列明：“IPO审计时应收账款函证过程未保持控制，对明显异常回函没有关注，替代程序未得到有效执行……IPO审计时银行账户函证程序缺失或未有效执行，银行账户函证范围存在遗漏，函证未保持控制……”上述案例中，处罚事由彰显的会计师和保荐机构核查范围高度重合，诸如货币资金、应收账款、关联方等内容似乎均属于保荐机构与会计师的核查范围，核查方式也高度相似，可能会使从业人员在理解双方的职责边界上产生困惑。

再如，在振隆特产案例中，保荐机构信达证券提出申辩意见“依据相关法律规定，保荐人与发行人及其他证券服务中介机构的责任是独立的，如果保荐人已履行勤勉尽责的义务，对发行人文件进行了审慎核查或对发行人文件中有其他中介机构出具的专业意见的内容进行了必要的核查，则保荐人对发行人和其他中介机构出具的专业意见内容的虚假陈述行为不应承担相应责任”，因此最终的行政处罚决定书中对此的回应为：信达证券在为振隆特产IPO提供保荐服务时，未勤勉尽责地核查振隆特产IPO申请文件等材料，在《辽宁振隆特产股份有限公司首次公开发行股票招股说明书》中的声明“本公司（保荐机构）已对招股说明书及其摘要进行了核查，确认不存在虚假记载、误导性陈述或者重大遗漏，并对其真实性、准确性和完整性承担相应的法律责任”存在虚假记载；信达证券出具的《信达证券股份有限公司关于辽宁振隆特产股份有限公司首次公开发行股票并上市之证券发行保荐书》结论推荐意见“经核查，保荐机构认为，振隆特产首次公开发行股票申请符合……要求，本次发行申请文件不存在虚假记载、误导性陈述或者重大遗漏，特向中国证监会保荐振隆特产首次公开发行股票”存在虚假记载，对此信达

---

〔1〕 已于2022年5月修订。

证券应当担责。[1] 监管部门并未有针对性地回应保荐机构基于其他中介机构出具的专业意见存在虚假陈述应承担何种责任或应如何免除责任，认为保荐机构对发行保荐书的任何虚假陈述均应承担责任。这导致了保荐机构长期以来简单粗暴地理解监管精神，对本应由其他中介服务机构执行的程序均予以重复执行。

以上处罚案例的记载均具有特定的历史背景，对过往案例的梳理并非对案件事实和处罚结果的挑战，而是希望通过案例公布进一步彰显其教育和宣传导向功能。在注册制下，本书建议相关处罚决定的记载进一步彰显以下逻辑：虚假陈述的具体内容→承担该部分披露内容的核查职责主体及其分工→相应职责主体履职不到位导致未发现本应发现的虚假陈述（故意实施虚假陈述行为的除外）。

以对保荐机构的处罚为例，如相关虚假陈述为虚构应收账款、虚增销售收入，可明确该部分披露内容的首要核查义务人为会计师，以其出具的审计报告为披露依据，但保荐机构在复核会计师意见时存在疏忽（记载未发现权利外观瑕疵或未尽到合理注意义务的具体情况）或在履行其他部分披露内容（如向前 5 名客户的销售情况）的核查程序时本应发现与销售收入披露内容有关的重大差异却未予关注或未予进一步核查，导致未能发现相关虚假陈述，因此保荐机构也应承担相应责任。

（四）关于司法裁判

通过司法裁判宣示政策导向、昭示法律精神是司法实践的重要功能之一。[2] 很长一段时间以来，我国虚假陈述相关司法裁判往往直接套用《证券法》第 163 条的规定[3]，要求中介机构不分过错程度地与发行人承担连带赔偿责任。这一情形后来出现了重大转机，上海市高级人民法院于 2021 年作出的中安科股份有限公司虚假陈述案二审判决，

---

〔1〕 参见《中国证监会行政处罚决定书（信达证券股份有限公司、寻某、李某某）》（〔2016〕109 号）。

〔2〕 虽然司法并不可能解决所有纠纷，但是审判提供的是一种法律的标准答案，不仅能够通过对具体案件的处理提供法律救济、维护法律秩序，而且向社会宣示了法律处理的结果，解释了法律的原则和规则，从而为其他纠纷解决方式提供参考基准，有利于纠纷的预防和自我处理。参见朱景文主编：《法理学》，中国人民大学出版社 2021 年版，第 318 页。

〔3〕 2005 年修订后的《证券法》不再区分中介机构对虚假陈述的责任范围，笼统规定了其与发行人/委托人的连带赔偿责任：证券服务机构为证券的发行、上市、交易等证券业务活动制作、出具审计报告及其他鉴证报告、资产评估报告、财务顾问报告、资信评级报告或者法律意见书等文件，应当勤勉尽责，对所依据的文件资料内容的真实性、准确性、完整性进行核查和验证。其制作、出具的文件有虚假记载、误导性陈述或者重大遗漏，给他人造成损失的，应当与委托人承担连带赔偿责任，但是能够证明自己没有过错的除外。

首次使用了比例原则，判决中介机构按比例承担连带赔偿责任。[1]

该判决清晰地阐述了中安科股份有限公司重大资产重组中存在的虚假陈述情形：置入资产中安消技术有限公司的盈利预测报告不真实、不准确导致相应评估报告评估结论严重失实，置入资产评估值严重虚增；置入资产中安消技术有限公司2013年经审计报告虚增营业收入。在此基础上，该判决分析了不同虚假陈述内容对应的中介机构责任：律师事务所虽对涉案重大资产重组作出了定价公允的结论，但该结论是基于评估机构对相关资产定价的评估确定的，律师事务所并非专业的审计或评估机构，仅是从合法性、合规性角度对该定价予以评价，因此对上述虚假陈述不承担责任。[2] 独立财务顾问招商证券应重点关注交易定价的公允性、标的公司盈利预测的可实现性，对于上述盈利预测涉及的“班班通”项目不真实准确事项如果采取一定的调查手段，例如，函询、访谈、现场走访、查询公开招投标信息等方式，应可发现相关事实，因此对此应承担责任；但对于2013年审计报告虚增收入事项，非招商证券作为具有专业范围的独立财务顾问对上述事项仅承担一般注意义务，由于其不存在明显过错，故对该部分虚假陈述不承担责任。审计机构瑞华会计师事务所对于涉案盈利预测部分虚假陈述，其基于中安消技术有限公司提供的框架协议等材料进行盈利预测审核，并不存在明显过错，但对于2013年经审计财务报告虚增营业收入事项，在应收账款函证等程序执行中存在瑕疵和过错，因此应对此承担责任。在分析各方过错和责任范围的基础上，法院考量其过错程度、造成投资者损失的原因力等因素，改变了全额连带责任的惯例，酌定判决招商证券和瑞华会计师事务所分别在25%和15%范围内承担连带赔偿责任。

该判决结果及分析内容对厘清中介机构的责任边界具有重要意义，为相关中介机构合理信赖其他中介机构出具的意见提供了司法层面的保障，使合理信赖机制的效果在司法层面得到初步认可。然而，合理信赖机制进一步落实，其法律后果进一步得到保障仍然充满了不确定性。本案遗留的以下问题值得我们探讨和后续司法实践予以关注：律师事务所与独立财务顾问均合理信赖了评估机构出具的评估报告，两者的注意义务是否明

---

[1] 参见上海市高级人民法院民事判决书，(2020)沪民终666号。

[2] 这与欣泰电气虚假陈述案件中法院对涉案律师事务所的责任认定分析形成鲜明对比：虽然虚构应收账款收回数额较大之虚假陈述属于财务会计领域专业问题，但“财务会计报告无虚假记载是律师事务所出具的法律意见书中承诺的事项，更是公司公开发行新股必须符合的法定实质条件，当然属于律师事务所履职范畴”。参见北京市高级人民法院行政判决书，(2018)京行终4657号。

显不同，从而导致对两者的责任认定大相径庭？盈利预测报告及评估报告、2013 年审计报告均由其他中介机构出具，从招商证券提供的证据材料来看，其履职情况相似，但判决对其注意义务的勤勉尽责结论却大相径庭，判决的依据是否充分？招商证券在 2014 年 6 月首次出具独立财务顾问报告的时候，在未发现异常信号的情形下是否仍然有义务采取函询、访谈、现场走访等方式对盈利预测报告中的事项予以调查核实？独立财务顾问的职责重点在于关注交易定价公允性、标的公司盈利预测可实现性等，其履职的充分性如果缺失了对利润补偿机制、盈利实现情况等多重因素的综合考量，仅关注某一因素，则对其履职是否存在过错的判断可能不够公允。此外，该案例中券商角色为独立财务顾问，而独立财务顾问与保荐机构的职责定位毕竟存在差异，故保荐机构合理信赖机制效果在司法领域的体现需要裁判机构付出更多的努力与探索。

第三章

投资银行业务工作底稿

第一节

投资银行业务工作底稿概述

一、投资银行业务工作底稿的定义

关于工作底稿的定义，最早见于中国证监会于2009年制定的《保荐底稿指引》。该指引第2条第2款规定，“本指引所称工作底稿，是指保荐机构及其保荐代表人在从事保荐业务全部过程中获取和编写的、与保荐业务相关的各种重要资料和工作记录的总称”。2018年中国证监会制定的《内控指引》中对工作底稿的定义沿用了前述定义，第82条第2款规定工作底稿是指证券公司及相关业务人员在从事投资银行类业务全部过程中获取和编写的、与承做项目相关的各种重要资料和工作记录的总称。

投资银行业务工作底稿的收集和制作主体是从事投资银行业务的证券公司及相关业务人员。根据不同业务类型，其身份可能是保荐机构/保荐代表人、公司债券承销机构、受托管理人、财务顾问等。工作底稿的周期涵盖从事投资银行类业务全过程。以IPO项目为例，工作底稿并非仅针对尽职调查阶段，还包括立项、辅导、申报及反馈、发行和上市等阶段。工作底稿本质上是与相关业务相关的重要资料和工作记录，需要进行梳理、规范和更新，以真实、准确、完整地反映投资银行履行的核查程序和核查结论。

二、投资银行业务工作底稿的作用

投资银行业务工作底稿主要有如下作用：

1. 反映尽职调查等履职工作，是证券公司出具专业意见和推荐文件的基础

投资银行是资本市场最重要的“看门人”，投资银行有专业优势和信息优势，由投资银行向投资者传递发行人的信息，可以减少投资者和发行人之间的信息不对称。在资本市场，投资银行传递信息的方式是通过履行尽职调查等程序后，出具专业意见和推荐文件，而工作底稿是投资银行尽职调查工作的载体，是投资银行出具相关意见和文件的基础。

2. 是评价投资银行是否诚实守信、勤勉尽责的重要依据

诚实守信、勤勉尽责是投资银行的法定职责。诚实守信、勤勉尽责的概念较为抽象，通过尽职调查程序获取的工作底稿可以将无形的工作有形化，验证投资银行所履行的核查方法和核查结论。在遇到监管检查或发生争议时，工作底稿可以证明投资银行的履职情况，成为评价投资银行是否诚实守信、勤勉尽责的证据支撑。

三、投资银行业务工作底稿的分类

投资银行业务工作底稿根据来源的不同分为如下几类：

1. 从尽职调查对象处获取的非公开信息资料：包括尽职调查对象基本工商信息、经营状况、财务状况、资信状况等各方面的记录、凭证、报告、台账、声明和承诺等资料和文件。

2. 从尽职调查对象以外的第三方获得的非公开信息资料：包括有关政府部门或其他机构出具的证明或报告，供应商或客户提供的资料和文件等，其他中介机构出具的备忘录或专项意见等，从银行获取的对账单、函证等资料或文件。

3. 通过公开渠道查询验证获取的信息资料：包括法律法规、政府政务公开信息、行业报告、对尽职调查对象诚信状况的网络查询结果截图等。

4. 项目组独立编制的底稿：包括项目组的分析说明类文件如信息分析、印证和讨论记录，尽职调查工作记录文件如项目组尽职调查计划、项目启动协调会和重大事项沟通记录、复核中介机构意见的记录、工作日志、差旅记录、访谈记录、实地调查记录等。

5. 投资银行履行内控流程形成的文件：包括内控人员现场检查记录文件、质量控制报告和底稿验收报告、各节点审核流程的系统截图和附件、信息披露文件等。

6. 申报、发行和上市等阶段的文件：包括报送监管部门的申请文件、历次反馈意见和回复、发行阶段和上市阶段报送的各类文件和意见等。

四、投资银行业务工作底稿的形式

根据《内控指引》第 86 条等规定，工作底稿可以纸质文档、电子文档或者其他介质形式的文档留存，其中重要的工作底稿应当采用纸质文档的形式留存。以纸质以外的其他介质形式存在的工作底稿，应当以可独立保存的形式留存。根据前述规定，重要的工作底稿采用纸质文档留存，但何为重要，在实践中很难有统一、明确的标准。实践中，投资银行业务人员仍需要准备大量繁杂的纸质底稿作为履职的重要依据。

2020 年证券业协会发布《底稿电子化建设指引》，要求建立投资银行类业务工作底稿电子化管理系统，实现对投资银行类业务项目全过程及内部审核和监管审核等流程中所形成的工作底稿进行电子化管理。但该电子工作底稿系统仅是工作底稿的电子存储平台，即使有电子工作底稿，重要的工作底稿仍需采用纸质文档留存。如何借助电子工作底稿技术和系统，既有效地提高投资银行的工作效率，形成的电子工作底稿又有足够的效力可以作为日后诉争的证据，是值得我们思考的命题。在本章的第三节内容中，我们将对工作底稿电子化管理进行论述。

第二节

投资银行业务工作底稿的制作、审核验收与归档

据不完全统计，2019 年至 2022 年 5 月，中国证监会及派出机构发布的行政处罚或行政监管措施中，涉及工作底稿存在的问题，主要可以分为以下几类：尽职调查工作底稿不充分、不足以支撑信息披露内容；工作底稿形式不完备；未关注不同形式底稿间存在的差异，对差异情况未进行核实；未对所利用的中介机构意见进行核查；工作底稿验收不严格；工作底稿归档不及时。

本节将结合实践中出现频率较高的监管案例情形，分析投资银行业务工作底稿的制作、审核验收和归档。

一、投资银行业务工作底稿的制作

（一）工作底稿制作的一般要求

1. 内容应完整

工作底稿应当完整反映项目组履行相关业务所开展的主要工作。

结合尽职调查阶段的不同，项目进程可大致区分为：立项至上市或挂牌前的持续尽职调查阶段；上市/挂牌后的后续管理阶段。相应地，工作底稿应包括两个阶段中项目组持续开展尽职调查或后续管理过程中获取和形成的文件资料，履行内部控制工作所形成的文件资料，中介机构会议资料、备忘录，以及报送或出具的申请文件、反馈意见回

复、询价与配售文件等。同时，投资银行对于自发行人处获得的文件资料、对其他中介机构出具的专业意见，履行分析、核查、验证以及复核程序所形成的文件资料和编制的工作记录，也应当认为属于工作底稿中不可或缺的一部分。

2. 格式应规范

此要求应至少包含几层含义：目录规范、命名规范和格式规范，具体而言：

目录规范，即对相同品种的投行项目，应使用统一的基本目录。基本目录可做增添和细化，但不得删减，确实不适用的，应说明原因。鉴于监管部门对工作底稿电子化管理系统建设的要求，该项规范化要求基本可以通过系统设置实现。

命名规范，即设置清晰的文件名称，如细分目录编号 + 概括文件内容，便于归类、检索、验收和检查。

格式规范，即针对相同形式的工作底稿，采取标准化格式，要素齐全。实践中，可由证券公司针对使用频率高、同质性高的工作底稿形式，制定规范化文本，在业务团队间推广使用，以提高工作底稿编制的质量和规范化水平。

3. 记录应清晰、结论应明确

记录清晰，即要求工作底稿内容与核查事项具有相关性和可靠性，能够为作出相关结论提供明确的证据。结论明确，即要求实施尽职调查程序后，尽职调查人员应对核查事项作出专业判断、发表明确的核查结论。

这一要求明确工作底稿的编制不仅意味着资料的收集，还应体现分析过程和明确结论。

（二）工作底稿制作的注意事项

1. 工作底稿制作的及时性

工作底稿是证券公司出具相关专业意见和推荐文件的基础。因此，尽职调查过程中应及时编制工作底稿，即收集和编制工作底稿在先，出具专业意见和推荐文件在后。若将两者的关系倒置，则很难证明项目执行人员勤勉尽责地履行了尽职调查职责，难以保证所发表意见结论的准确性。

2. 工作底稿制作的持续性

自项目立项开始至项目后续管理阶段结束，投行项目的尽职调查工作应持续进行，相应地，工作底稿应结合项目的进展持续制作，并分阶段整理。

针对投资银行业务各个阶段，工作底稿应体现尽职调查工作的持续性和连续性。原则上，除了在报送前尽职调查阶段关注工作底稿的完备性和充分性以外，后续各个阶段，应针对信息披露范围内事项、重大事项或发生变动事项进行持续关注和尽职调查，并持续制作工作底稿。特别是对于前一阶段已经关注到的重大事项，在后续期间应持续予以关注和跟进，并通过工作底稿固定尽职调查工作成果。从形式上，不同阶段、不同期间制作的工作底稿应能够明确区分且期间应连续，以证明项目组持续且未中断地开展尽职调查工作。

3. 工作底稿制作的有效性和可靠性

工作底稿是评价证券公司及有关人员是否诚实守信、勤勉尽责的重要依据。有效的工作底稿首先应当形式完善，如不具备完善的形式，即使内容清晰完整，也无法具备证据效力。

实践中，不同类型的工作底稿，通常可从如下方面关注其有效性：对于发行人或第三方提供的文件资料，应当由出具方盖章或签字；对相关人员进行访谈的，应当由访谈人和被访谈人分别逐页签字；采取会议讨论形式的，应形成会议纪要，由参会人员签字；实地调查的，应留存调查人入镜的视频或照片资料；查询相关网站的，应尽量查询官方网站以确保信息可靠性，并及时以截图或下载页面的方式固定查询结果。

另外，对于函证、重要的银行流水或募集资金专户对账单、访谈记录等较为重要且实践中造假频率较高的文件资料，应尽量避免尽职调查程序存在可能的瑕疵，尽量通过独立实施尽职调查程序以确保获取文件资料的可靠性。

4. 工作底稿的检查、整理和记录

在尽职调查过程中，项目组会收集到大量工作底稿。如果尽职调查工作仅限于资料的收集和堆砌，那么很容易忽视工作底稿中的形式漏洞，一定程度上成为项目组未勤勉尽责的负面佐证。因此，收集到文件资料后，首先进行检查、整理和记录是必要的。

工作底稿的检查，包括检查工作底稿内容是否存在缺漏、签字或签章是否完备、覆盖期间或截止时间是否准确、底稿内容是否完整。在这一过程中，如发现异常情况的，应获取补充核查的工作底稿。

工作底稿的整理，包括明确底稿所属基本目录层级、编制细分目录（如具体核查事项较为复杂或涉及底稿较多的）及设置便于检索的文件名；对于同一核查事项下取得的同质性较高的工作底稿，进行整理、统计、测算，并形成记录清晰的汇总表或其他形式的文件资料。

工作底稿的检查反映了项目组对工作底稿的查阅过程，有助于发现底稿的形式缺陷；工作底稿的整理是项目组对工作底稿进行综合分析的前置程序，有助于锁定发行人存在的问题，进行针对性核查和突破。

5. 工作底稿的验证、复核和记录

近年来，随着《内控指引》《投行业务归位尽责指导意见》等规定和文件的发布，以及监管处罚的频发，证券公司投资银行业务质量有一定程度的提升，但是投资银行业务工作底稿中仍存在大量复印文件，而缺少关于所收集文件的明确的分析过程及核查结论。针对这一现象，笔者结合法律法规规定，谈一下对工作底稿验证、复核和记录问题的认识：

（1）对工作底稿和申报文件进行全面核查、验证，必要时应形成核查工作记录

根据《证券法》第10条、第29条和第163条和《投行业务归位尽责指导意见》，证券公司应对所依据的文件资料内容和信息披露文件进行全面核查和验证。

笔者认为，对于具体核查事项，上述要求包括两层含义：一是在仅获取了单一来源（如均来源于发行人）或单一形式（如债券业务中大量存在的发行人情况说明）工作底稿的情况下，工作底稿充分性和可靠性有所不足，项目组应采取其他核查方式予以验证，如自主查询相关公开信息、取得行业公开报告、与第三方资料或其他中介机构意见进行核对、现场查看、获取发行人基础资料进行比对验证等；二是在获取不同来源或不同形式工作底稿的情况下，应进行综合分析和验证，审查底稿间是否存在差异或矛盾，如存在，应进行进一步的补充核实。

实践中，不论是在质量控制底稿验收中，还是从监管案例中，都能发现诸多未对底稿进行核查验证的例子。这在一定程度上反映出有的项目执行人员未切实查阅收集的各项工作底稿，更遑论综合分析、独立判断。笔者认为，解决这个问题的方法之一，是要求项目组记录核查验证过程、差异情况及进一步核实情况，并形成核查工作记录。这一要求已在《保荐底稿指引》中进行了明确。债券类业务尚无制作核查工作记录的明确要求，但从证券业协会近期针对公司债券底稿规则的征求意见稿中，也能看出对核查记录的强调。

但是，从形式上，并非针对所有核查事项，均需形成单独的核查工作记录，这既不利于提高效率也没有必要。笔者认为，可以借鉴审计工作底稿准则的相关要求，针对

“重大事项”进行记录。

（2）对其他中介机构的专业意见，在“合理信赖”的一般原则下，对重大事项或合理怀疑事项进行调查、复核，并形成复核工作记录

最高人民法院于2020年7月发布《债券纠纷纪要》，明确债券承销机构“对信息披露文件中相关债券服务机构出具专业意见的重要内容已经产生了合理怀疑，但未进行审慎核查和必要的调查、复核工作”构成认定承销机构存在过错的情形之一。中国证监会于2021年7月发布《投行业务归位尽责指导意见》，要求证券公司“对其他中介机构的专业意见以‘合理信赖’为一般原则，对存在‘重大异常’、‘前后重大矛盾’、‘重大差异’等特殊情形进行调查、复核”，并明确“证券公司应当复核但未复核，或复核工作未全面到位的，依法承担责任”。近期发布的监管规则中已经逐步体现出对上述精神的落实。

《保荐人尽职调查工作准则》就如何认定构成“合理信赖”其他中介机构专业意见进行了明确，主要包括：

第一，建立合理信赖其他中介机构的质量控制制度，明确相关标准、依据和程序等内容。

第二，全面阅读专业意见、评估其他中介机构胜任能力及其尽职调查工作、采取必要的手段进行印证以排除合理怀疑等。具体而言，作为对《投行业务归位尽责指导意见》“适度减少证券公司与其他中介机构之间的重复工作”的响应，该指引明确对“销售情况”“采购情况”“销售收入”“货币资金”“存货”等的核查，证券公司在“合理信赖”会计师的函证工作结果、会计师监盘工作或其他相关核查工作的基础上，应采取必要的手段进行印证（如必要的补充函证、实地走访、抽盘程序等）。如其他中介服务机构的专业意见存在“重大异常、前后重大矛盾，或者与保荐机构获得的信息存在重大差异”情形的，证券公司应当进一步进行调查、复核，且应能达到排除合理怀疑；证券公司如未能采取上述措施的，则不能主张构成合理信赖。

第三，就形成合理信赖的具体依据和全部工作过程制作翔实的工作底稿等记录。

同时，证券业协会于2022年9月下发的《保荐业务规则》已经尝试列举前述“重大异常”情形，这也符合《投行业务归位尽责指导意见》“按照定性与定量相结合原则，细化需要证券公司复核的‘重大事项’的标准及程序”的要求，提高了指导性和可操作性。

（3）特殊情况下无法获取相关工作底稿的，项目执行人员应采取替代核查程序、取得替代核查底稿，必要时形成替代核查工作记录

《保荐人尽职调查工作准则》均有明确要求，针对确实无法执行的核查程序，项目组应采取替代核查程序、取得替代核查底稿，并就具体情况及原因、合理性及所采取的替代措施、替代措施的充分适当性以及明确的核查结果进行说明和记录。如替代核查底稿形式多样或同一形式下获取了大量工作底稿，那么建议以替代核查工作记录的形式予以体现。

综上所述，工作底稿的制作不应仅局限于文件资料的收集，更应强调对文件资料、专业意见的分析判断，且这一过程与核查结论应能够在工作底稿中体现和留痕。

除针对相关事项履行全面核查验证、复核、替代核查外，笔者认为，为体现项目执行人员的分析判断过程，对于作出判断的依据和明确的核查结论，有必要根据重要性和必要性原则通过形成工作记录的形式予以固定。虽然监管规则中已经要求将尽职调查报告和工作日志作为工作底稿留存，但是尽职调查报告是对总体尽职调查情况的记录，往往难以一一匹配具体核查或复核事项，而尽职调查工作日志更加强调按照时间顺序记录尽职调查过程，缺乏验证、复核的分析和结论。相较于尽职调查报告或工作日志，专门的工作记录更具有针对性，可作为编制尽职调查报告和申报文件的基础；同时，由具体执行人员在工作记录中签字有助于强化其尽责意识，由项目负责人复核并签字有助于提升验证、复核和替代核查工作的质量，签字的工作记录也能作为认定项目组勤勉尽责及责任承担的依据。

具体形式上，工作记录可包括如下要素：核查事项、核查人员及复核人员、核查期间、核查程序及收集或整理的工作底稿名称及索引号、项目执行人员分析论证过程，以及明确的核查结论等。

同时应当注意的是，为避免工作记录流于形式，应由质量控制人员在底稿验收环节把控工作记录的内容和质量，确保其具备基本要素，而非对其他工作底稿的简单复制。

二、投资银行业务工作底稿的审核验收

（一）工作底稿审核验收的总体要求

根据《内控指引》第7条的要求，投资银行业务内部控制架构需建立三道防线，其中对质量控制定位为“内部控制的第二道防线”。在对工作底稿的把控上，《内控指引》

第 57 条明确了通过质量控制部门或团队（以下简称质控人员）的验收是启动内核会议审议程序的前置程序，并对质量控制人员审核验收标准和内容提出了明确要求。

因此，质量控制环节是通过审核验收底稿和审阅申报文件，判断申报文件信息披露内容是否依据充分，项目组是否勤勉尽责的过程，以达到发现、制止和纠正项目执行中的问题的效果。质量控制人员履职的结果是出具明确的验收意见，并制作项目质量控制报告。相应地，判断质控人员是否尽责履职，也在于其是否有效地发现和纠正工作底稿和申报文件中的问题、是否有效地发现和提出项目存疑或需关注的问题。

实践中，第一道防线和第二、第三道防线存在一定的对立和冲突，一方承受着业绩的压力和刺激，另一方则承担把控及防范风险的职责。内控部门如果过于严格，则容易影响业务开展；如果过于松懈，那么可能放任风险项目的产生。如何把握合适的尺度，一直是质量控制人员需要面对的考验。

《投行业务归位尽责指导意见》提出“做实‘三道防线’，强化机构内部控制”的要求，明确“按照穿透式监管、全链条问责的要求，对项目人员、内控部门、公司管理层等全链条上的责任人员进行追责”。2022 年 9 月修订的《保荐业务规则》也提出了相似要求。

据不完全统计，2019 年至 2022 年 6 月，在中国证监会、各地证监局发布的针对证券公司及相关人员的行政处罚、行政监管措施中，至少 13 例明确提及质量控制存在问题，涉及的问题包括但不限于：内部质量控制流于形式、尽职调查质量控制不到位、工作底稿验收不严格、对项目组落实质控意见跟踪复核不到位等。尤其值得注意的是，针对投行业务的监管处罚，已有从负有直接责任的业务部门人员、业务部门负责人、业务分管领导延伸至中后台内控部门人员，由中后台内控部门的内核负责人进一步延伸至质量控制部门负责人的趋势。

2022 年 1 月初，浙江证监局同时发布了 8 份监管措施决定书，就某证券公司及相关人员在相关投行项目中“未能勤勉尽责，未能对其信息披露文件的真实性、准确性进行充分核查和验证，尽职调查不充分，内部质量控制不完善”等问题，对某证券公司及投行条线分管领导、内核负责人、投资银行业务部门负责人、质量控制部门负责人、项目保代及财务顾问主办人共 7 人分别采取监管措施。2022 年 6 月，中国证监会就某证券公司在相关投行项目中“存在内控人员利益冲突、质量控制和内核部门对项目组落实质控及内核意见跟踪复核不到位等问题”，对该证券公司内核部门负责人、时任质量控制部门负责人采取监管措施。

（二）工作底稿审核验收的关注点

笔者认为，质量控制人员对工作底稿的验收从形式审核、实质审核和持续审核三个方面，应主要考虑以下事项：

1. 形式审核

如前文在工作底稿有效性中提到的，有效的工作底稿首先应当形式完善，质量控制人员在底稿验收时首先看到的是底稿的形式，这也是最直接和能够一目了然发现问题的部分，常见的问题包括：发行人或第三方出具的文件资料未加盖出具方的公章，自然人提供的文件资料、访谈记录或会议记录无相关人员签字，项目组核查/复核/替代工作记录、尽职调查报告、工作日志等无执行相关工作人员的签字，工作底稿核查期间未能覆盖报告期（含更新报告期）或持续督导期间、未记录核查期间或无落款日期，工作底稿整理不规范（如未规范设置细分目录层级或文件名、未规范放置在相应二级目录项下）等。

2. 实质审核

除形式审核外，质量控制人员还应对底稿的内容做实质审核。工作底稿内容的实质审核可从以下几个方面把握：

（1）工作底稿内容是否能够和足够印证待核查事项

针对具体核查事项，质量控制人员首先应判断工作底稿是否具有针对性，避免内容与核查事项不匹配；判断核查形式是否过于单一或流于形式，避免核查不充分；判断底稿形式和内容是否完整。

（2）不同形式和来源的工作底稿之间是否存在差异及是否就差异进行核实

如前文所述，项目组需对工作底稿和申报文件进行全面核查验证。同样，质量控制人员也需要结合对不同形式和来源的工作底稿的实质审核，进一步排查工作底稿之间可能存在的矛盾和异常点。

如项目组规范制作了相关整理、统计、测算的汇总记录及核查工作记录，则质量控制人员可通过审核相关记录并抽查具体文件资料的方式，提高底稿审核的效率。但也应注意，为避免工作记录质量不高、未进行实质核查的问题，质量控制人员仍应对一定比例甚至较高比例的基础底稿进行审查，对相关测算记录进行复核等。如发现不同工作底稿间存在矛盾或异常而未核实及记录的，应要求项目组对差异情况进行进一步核实并落实核实工作底稿工作。

如果项目组未进行底稿的整理和工作记录，那么质量控制人员需根据核查事项的重要程度及尽职调查规则，作出要求整理和补充核查工作记录的验收意见。

（3）对涉及重大事项或合理怀疑事项的其他中介机构的专业意见的调查、复核是否充分

通过查阅其他中介机构出具的专业意见以及项目组获取的文件资料，对存在重大异常、前后重大矛盾，以及重大差异的，质量控制人员应着重核查项目组是否执行调查、复核程序并固定相关工作底稿，形成复核工作记录。对未进行调查、复核或相关工作不充分的，应作出要求补充复核程序及复核工作底稿的验收意见。

（4）工作底稿内容是否与公开信息不符

除对以上事项进行实质审查外，在有余力的情况下，质量控制人员还应结合自己的审核经验，检验工作底稿内容与可获取的公开信息是否存在矛盾，避免项目组尽职调查程序执行不到位。

通过对底稿进行形式和实质的审核，质量控制人员如能做到质量控制环节的勤勉尽责，就是对公司和项目的负责，也是对自己的负责，有利于降低执业风险。

3. 持续审核

《内控指引》对申报阶段内核前质量控制人员的工作底稿审核验收标准和内容提出了要求，但对报送内核后各阶段工作底稿的审核验收并未进行明确。

笔者认为，质量控制作为“内部控制的第二道防线”，应配合项目所处阶段，持续把控工作底稿的质量，即项目组在进行反馈意见回复时，提及已经开展的尽职调查程序、已经获取的工作底稿，以及发行前更新报告期阶段，就重大事项持续尽职调查并制作的工作底稿，质量控制人员应当进行必要的审核。其中，项目报送内核以后，项目组对内核委员关注和问询回复中提及的工作底稿的审核，可能存在一定的责任空白。笔者认为，基于对项目总体情况和工作底稿的了解，由质量控制人员或内核部审核人员进行把控有一定的合理性，即在证券公司未设置独立内核部的情况下，建议由质量控制部针对内核问题回复中提及的工作底稿进行审核和提示；在证券公司已设置独立内核部的情况下，则建议由内核部履行该项职责。

在“五洋债”案件中，中国证监会认定主承销商德邦证券的 3 项违法事实之一，是

其对投资性房地产未充分履行核查程序，质量控制内核初审意见、内核委员会都关注到了投资性房地产占比较高的风险并进行了问询，项目组对内控部门和内核委员会关注的问题答复“所有的投资性房地产均取得了资产评估报告……项目组已取得了这些评估报告”。事实上，项目组并未获取五洋建设所有投资性房地产的资产评估报告，且两处投资性房地产入账依据为房地产价值咨询报告，而非资产评估报告。从上述矛盾可以看出，至少在内核环节中，对工作底稿的把控和审查是存在缺失的。如果能够把控到位，督促项目组履行补充核查程序，即使最终仍可能无法改变内核表决结果，至少能够提升尽职调查程序和工作底稿的充分性，在一定程度上减轻公司的过错程度。

三、投资银行业务工作底稿的归档保存

（一）工作底稿保存形式

如前所述，根据《内控指引》第 86 条第 1、2 款，“工作底稿可以纸质文档、电子文档或者其他介质形式的文档留存。重要的工作底稿应当采用纸质文档的形式。以纸质以外的其他介质形式存在的工作底稿，应当以可独立保存的形式留存”。

底稿如同时以电子形式和纸质形式留存的，应确保电子底稿内容与纸质底稿内容保持一致。

（二）工作底稿的整理和归档

《内控指引》第 85 条对工作底稿的整理提出了“根据项目进展随时收集，分阶段整理”的要求。同时，针对底稿的归档，结合项目阶段，区分了两个关键归档时间点，即（1）项目终止或完成后，45 个工作日内完成；（2）存续期的项目，在相关年度报告披露后 30 个工作日内完成。

以上时间点要求同时适用于纸质底稿归档和电子底稿归档。

其中，对于债券项目“完成”时点如何把握，可能有几种理解：

1. 取得无异议函或批文（以下统称批文）时点。债券批文有效期长达一年或两年，取得批文后，发行时间存在不确定性，如长期不归档，不符合底稿及时整理归档的精神。但问题是，如仅取得批文而未发行，与债券业务以发行成功产生收入的惯例存在矛盾。

2. 总额度发行完毕时点或批文过期时点。无论是同一批文项下总额度发行完毕，抑或批文有效期过期，结果都是批文失效，项目客观终止。但问题是，总额度发行完毕的

时间存在不确定性，而批文过期则需等待相应的时间，不确定或较长时间的等待同样不符合底稿及时整理归档的精神，且不同项目的相关情况不同，存在一定的项目管理成本。

3. 各期发行完成时点。债券项目分期发行的，各期发行完成即可产生当期发行的承销费收入，且完成一期，归档和验收一期，如底稿存在缺漏的，相较于总额度发行完成或批文过期后再补充，各期发行后及时补充更具有可操作性。此种理解，也能从证券业协会2020年《关于开展证券公司投资银行类业务工作底稿电子化管理系统建设评价的通知》（对于证券公司在项目完成后45个工作日内向协会报送工作底稿目录的要求，通知中通过举例明确，存在多期发行的，按照发行期次进行报送）中得到侧面印证。

（三）工作底稿的归档验收

为了确保底稿归档工作的质量，《内控指引》第85条第3款和《底稿电子化建设指引》第13条第3款均要求质量控制人员对项目组的整理归档工作进行监督，“并对归档工作进行验收”。

前文已对申报阶段内核前工作底稿的质控审核验收进行了论述，对申报后，特别是反馈回复阶段增补的工作底稿、（发行前）更新报告期持续尽职调查工作底稿，以及存续期内工作底稿是否进行质控验收、以何标准进行质控验收，法规似无明确要求。

根据《内控指引》第13条的规定，未通过内核程序的投行项目，不得报送反馈意见回复报告、会后事项专业意见等文件，而内核程序可由内核部门等常设内核机构书面审核通过、也可由内核委员会等非常设内核机构集体表决通过。同时，《内控指引》第57条所明确的质量控制验收及出具质控报告的要求，针对的是“立项至报送阶段”“启动内核会议审议程序”的情况。由此推论，我们认为，若反馈回复、更新报告期材料、存续期相关报告涉及需要采取内核会议审议方式履行内核程序的，质量控制部门应当比照申报阶段内核前的质控审核验收标准对工作底稿进行审核验收，并出具相应的质控报告；若相关报告的出具不需采取内核会议审议方式履行内核程序的，质量控制部门虽无须出具质控报告，也无明确的验收要求，但为保障项目执行的质量，应在审核相关文件的同时，抽取相关期间新增的重要底稿进行形式和实质审查，以确保反馈意见回复及更新报告期、存续期信息披露文件真实、准确、有依据。

待项目触发终止或完成，以及存续期相关时间节点前，质量控制人员可通过提示、督促项目组及时完成相关阶段工作底稿的整理归档，以履行“监督”职责，并对项目组归档工作进行验收。鉴于此前各个阶段已对工作底稿进行验收或实质审核，笔者认为，对工作底稿归档的验收可以采取形式审核的形式，以确保底稿的完备性为主要目标。

第三节

投资银行业务工作底稿电子化管理

投资银行业务工作底稿电子化管理机制不是简单地将底稿从纸质到电子文档的形式转化，而是证券公司信息化处理尽职调查工作底稿的系统性工程，需搭建完备的业务管理系统作为载体，为全公司的业务团队提供同类业务统一适用的底稿目录，并不断通过内部培训执行一致的底稿制作标准和宣导优秀底稿制作案例；具体到某个投行项目，其贯穿项目立项、尽职调查、发行承销、后续管理（包括持续督导、受托管理、存续期管理）等项目全生命周期，主要工作节点包括项目组将纸质底稿扫描为电子底稿并按目录整理上传，质控人员审批验收，向证券业协会事后报送工作底稿目录、文件名及文件校验码信息等环节。

一、实现电子化管理的重要性

证券公司全面实行投资银行业务的工作底稿电子化管理机制，对项目组执业行为、证券公司实施内控管理、监管机构进行监督检查等方面有辅助、优化和提升作用，对全行业具有重要意义。

（一）有利于底稿保存、共享和同步协作，提高尽职调查效率

投行项目的尽职调查工作底稿保存期限，视业务类型不同，为项目完成后 5 年、10 年或 20 年不等。如何保存尽职调查成果是投资银行业务管理的第一要务。鉴于投资银

行业务尽职调查工作的涉及范围广、细致程度越来越高，底稿整理归档的过程长、耗时久，一个投行项目收集的纸质底稿往往数量庞杂，特别是 IPO 项目纸质底稿达数百册是正常尽职调查水平，加上尽职调查材料可能由不同项目组成员在各地分散获取，在搬运至证券公司或发行人处前底稿损毁或丢失的现象普遍甚至难以避免。因此，作为底稿保存的第一责任人员，一个优秀的投行项目组一般具备即时制作电子底稿的职业习惯，比如随身携带可扫描出优化记录栏（Optimized Record Columnar，ORC）格式电子文档的打印机，纸质底稿一经取得并判断有用，便即时扫描为符合"内容完整且可检索、格式规范、标识统一、记录清晰"标准的电子文档并上传至投资银行业务管理系统。纸质底稿电子化的过程，既是完成存档的动作，因底稿管理系统已有固定的基础目录，项目组需按公司统一的标准制作底稿，也是尽职调查工作标准化的过程，同时便于异地或多人调阅使用，实现了信息共享、线上同步协作并且提高了尽职调查效率。

（二）有利于证券公司落实底稿管理的内控目标

《内控指引》第 57 条第 3 款规定："工作底稿未验收通过的，不得启动内核会议审议程序。"在证券公司建立底稿电子化管理系统前，其对纸质底稿的验收意见可能散落在审核人员与项目组的往返电子邮件及网盘、移动硬盘中，在公司层面没有形成统一的信息管理平台。虽然投行项目在启动内核会议审议前，质量控制部按规定出具了底稿验收报告，但报告难以反映底稿的沟通、验收过程的全貌及整体制作质量，甚至当个别项目进度紧张时出现纸质底稿不齐备即召开内核会议的情况。

为解决前述弊端、防范执业风险，建立健全工作底稿电子化管理机制成为全行业的共识，证券公司纷纷加大投资银行业务信息系统开发投入，一方面可实现底稿在系统上随传随审，便于内核、质控、合规等各内控人员同时调阅底稿并掌握尽职调查工作动态，并在系统中对底稿的修改意见进行全部留痕；另一方面公司内控人员通过在底稿管理系统中设置统一的底稿目录、在总结公司内部项目经验的基础上把优秀的底稿制作成模板示例、提供尽职调查方法及注意要点指引、统一底稿制作和签章要求等方式，实现了同类业务的底稿执行相同的编制标准和审核标准的目标。通过系统账号及权限管理明晰责任人员，有条件的证券公司还运用大数据分析、人工智能技术实现对底稿信息的自动提取、分析、预警功能，促使业务人员更关注底稿内容本身的有效性，继而强化了质量控制效果。

底稿电子化管理系统还可及时记录证券公司在投行项目立项、问核、内核、质控或合规现场检查、存续期管理等内控流程中形成的决议、报告和其他记录文件，并将相关报告及意见的出具结果作为推动下一步流程的控制节点，实现对投行项目全流程管理的内控目标，严格落实证券公司“三道防线”内控体系。

（三）有利于监管部门监督、检查投行项目及评估内控效果

为防止监管对象在接受检查时临时补充或删减底稿、未经充分尽职调查即进行申报或发行，证券业协会于2020年2月28日发布《底稿电子化建设指引》规定，证券公司应分别于投行项目申报及项目完成这两个关键节点后45个工作日内，通过底稿系统向证券业协会报送工作底稿目录等数据，以便监管部门存档备查。证券业协会通过区块链技术的应用，在接收底稿报送时可锁定底稿文件版本。被事后抽检的项目若提交的底稿文件与报送时非相同文件，将无法在协会的底稿监管系统通过哈希值校验。

中国证监会、交易所等监管部门、自律组织在执行投资银行业务的监管检查时，证券公司已经建立操作简易、流程清晰的底稿系统且与监管机构数据接口联通的，检查人员可以在线上调阅资料，大大减少通勤时间，方便迅速找到关注事项的所有底稿文件和审核流程，实现线上进行监管检查，并显著改善现场检查效果。

整体而言，虽然短期看底稿电子化管理增加了项目组的工作量和证券公司的信息系统建设成本，但从长期效果看，有益于证券公司适用统一的工作底稿标准，提升投资银行业务人员执业行为的专业化程度，使尽职调查及审核过程条理化、标准化、可视化，从而大大提高尽职调查以及内控审核、监管检查的工作效率，减少从业人员执业风险，推动证券公司实现业务数字化转型。

二、电子化管理的监管脉络及基本要求

鉴于建立投资银行业务工作底稿电子化管理机制是行业普遍趋势，监管部门及自律组织陆续出台规定进行引导和规制。

2018年6月11日，中国证监会上市公司监管部向证券公司发出《关于建立上市公司重大资产重组独立财务顾问工作底稿科技管理系统的通知》，要求A类财务顾问2019年1月1日起承揽的项目应进行工作底稿科技化管理，对于B类及C类财务顾问则执行期限延至2020年1月1日起。该通知规定：行业许可类的重大资产重组独立财务顾问业务除对工作底稿采用纸质文档形式留存，还应建立管理系统，将底稿文件扫描、上传并

存储于管理系统中，并对后续变更的所有痕迹清晰记录。由此可见，底稿电子化管理的监管要求最早在重大资产重组独立财务顾问业务领域提出，但主要内容为管理系统建设的基本原则，具体的操作规范尚待进一步细化。

2019 年 3 月 1 日，《上海证券交易所科创板股票发行上市审核规则》[1] 发布，规定"保荐人应当以电子文档形式报送保荐工作底稿和验证版招股说明书，供监管备查"，明确除常规的注册申请文件外，首次将电子底稿纳入申报材料范围，由此进一步凸显电子底稿的重要性。

2019 年 11 月 5 日，中国证监会证券基金机构监管部向各证监局发出《关于加强投行业务工作底稿管理相关工作的函》，要求督促辖区证券公司建立投资银行业务工作底稿电子化管理系统，自 2021 年 1 月 1 日起，不具有系统的不得承揽投行类项目。该函正式提出全行业上线底稿管理系统的监管指导要求。

2020 年 2 月 28 日，证券业协会发布《底稿电子化建设指引》，从总则、组织与制度保障、具体执行要求、系统运行、自律管理等方面，对电子底稿管理要求作出细致规定。全行业的底稿电子化管理规范自此全面正式建立。

投资银行业务工作底稿电子化管理的基本要求，主要内容如下：

（一）基本目标

投资银行业务底稿电子化管理系统能够覆盖投资银行各类业务；能够动态反映项目整个生命周期；能够实现业务流程清晰、控制流程完整、底稿管理严格；能够稳定、安全、高效运行。

（二）内控建设

1. 证券公司应将底稿系统的有效性评估纳入投资银行类业务内部控制有效性评估。根据《内控指引》第 43 条第 1 款，证券公司应当自行或委托外部专业机构对投资银行类业务内部控制的有效性进行全面评估。《底稿电子化建设指引》将底稿系统的评估纳入了一年一次的投行内部控制执行效果评估内容。此外，证券业协会每年向证券公司发出投资银行业务工作底稿电子化管理系统建设评价通知，要求证券公司对过去一年区间内的底稿系统建设成果进行自评，经协会初审和专家评审后的评价结果，将报送中国证

---

〔1〕 该规定于 2023 年因《上海证券交易所股票发行上市审核规则》的颁布而失效。

监会机构部，作为当年证券公司分类监管评价投行工作底稿电子化管理系统建设情况专项评价依据，以此激励证券公司加大对系统建设的成本投入。

2. 建立健全底稿系统电子化的相关规章制度。具体包括底稿系统的技术规范、部门及岗位职责等内容，以及具体投行项目的底稿管理制度，明确底稿扫描、上传、存储等操作流程，避免底稿上传操作失误等业务风险。

3. 人员配备及岗位设置。证券公司应指定相应的高级管理人员负责建立健全底稿系统管理工作的组织体系，以此提高底稿系统建设工程的负责人职位层级。在具体执行团队上，证券公司需指定与业务部门相分离的一个或多个部门负责落实底稿系统建设、运行、维护，督促工作底稿电子化录入、整理、存档，对底稿系统进行后续内部检查等工作。结合对底稿系统用户实行适当的授权管理，明晰每个节点甚至每个电子底稿文件的责任人员及复核人员，有效落实岗位分离和监督制约机制。

（三）底稿管理

1. 证券公司原则上应确保电子底稿内容与纸质底稿内容保持一致。

2. 纸质与电子工作底稿及其操作日志，三者的保存期限保持一致并且不低于法定保存期限。

（四）系统主要功能及运行规范

1. 设置清晰的目录结构，同类投资银行项目应当使用统一的基本底稿目录且不应随意删减。

2. 具备自动生成电子化目录及防篡改的文件校验码等功能，并通过符合证券业协会要求的数据传输接口实现工作底稿目录、文件名及文件校验码等信息报送。

3. 具有浏览、链接、基本检索等功能，有助于更好地进行系统管理和风险控制。

4. 证券公司可通过权限和密码管理、系统操作日志管理，完整保存系统操作痕迹和实现内部信息隔离及保密要求。

5. 底稿系统中的工作底稿原则上在证券公司本地服务器存储。

第四节

工作底稿的法律证据价值研究

一、工作底稿的法律证据价值研究

如前所述，根据《内控指引》第 82 条第 2 款等规定，工作底稿是指证券公司及相关业务人员在从事投资银行类业务全部过程中获取和编写的、与承做项目相关的各种重要资料和工作记录的总称。参照监管机构的定义及会计师审计工作底稿的实现目的，投资银行业务尽职调查工作底稿存在的核心目的是“提供证据”：(1) 证明项目组开展尽职调查工作和证券公司实施内控的全过程与成果；(2) 为投行项目进行信息披露提供支撑性依据。

因此，投资银行业务尽职调查工作底稿的效力问题，即指工作底稿在中介机构归位尽责和监管执法、司法审判等不同场景应用时作为证据使用的资格及证明力大小两个层面的问题，前者指法律是否允许各类形式的投行底稿作为证据使用，后者指投行底稿的内容能在多大程度上证明案件事实。

（一）底稿的主要类型和管理模式

本章第一节中根据来源不同对投资银行业务工作底稿的类型进行了分类。我们在讨论管理模式时，将工作底稿划为 3 个大类：

1. 尽职调查对象提供的非公开信息资料。这类底稿在工作底稿目录中占比达 80% 左右，为核心的尽职调查资料，如尽职调查对象基本工商信息、经营状况、财务状况、资信状况等各方面的记录、凭证、报告、台账等资料。

2. 项目组独立形成的底稿。包括：项目组针对第一类资料的分析说明类文件；尽职调查工作记录文件，如项目组尽职调查计划、项目启动协调会和重大事项沟通记录、复核中介机构意见的记录、工作日志、差旅记录；通过公开渠道查询验证获取的信息，如法律法规、政府政务公开信息、行业报告、对尽职调查对象诚信状况的网络查询结果截图等。

3. 证券公司履行内控流程形成的文件。包括内控人员现场检查记录文件、质量控制报告和底稿验收报告、各节点审核流程的系统截图和附件、信息披露文件等。

上述第一类底稿，少量底稿可以收集到有出具方签章的原件，大部分底稿由于原件的数量有限或尽职调查对象的内部存档要求，无法取得原件。传统的底稿制作方式是由尽职调查对象提供资料原件的复印件并在复印件上加盖物理公章及骑缝章。这一方面能明确底稿的提供方并由其对底稿内容的真实性、准确性、完整性进行确认；另一方面可证明底稿的取得途径合法合规，非底稿制作人员伪造。此外，根据相关监管规定，部分投资银行业务中，在提交申报材料时，需要律师出具申请电子文件与预留原件一致的鉴证意见，或是律师鉴证的原始纸质文件。笔者理解，此处的律师鉴证文件有一定的证明效力，证明电子文件或纸质文件与原件的一致性。但律师出具的鉴证意见在有关律师业务的规定中找不到效力依据的支撑。在尽职调查过程中获取的非原件文件是否可以通过律师鉴证的形式增强其证明力，值得进一步讨论。

随着信息化技术和办公自动化的普及，越来越多的原始资料以电子数据形式出现。以财务状况尽职调查中最重要的会计凭证为例，根据《财政部、国家档案局关于规范电子会计凭证报销入账归档的通知》（财会〔2020〕6 号）第 2 条规定，“来源合法、真实的电子会计凭证与纸质会计凭证具有同等法律效力”，并且满足一定条件，单位可以仅使用电子会计凭证进行报销入账归档。第二类底稿通过电子签章等方式，亦可实现原始资料以电子文档、照片、视频等电子数据形式保存。第三类底稿原始状况即在投资银行业务管理系统中产生，天然属于电子底稿。在投资银行业务中，纸质底稿已不全是原件，电子底稿也不全是纸质底稿的扫描件（复印件），且电子原件的数量占比将越来越高。

值得注意的是，以电子文件形式存在的原始资料，部分存在“若转化为纸质文件将失去证明力”的特性，如担保合同签署过程的录音录像，由于视听资料难以转化为纸质形式，这类底稿只能借助存储介质以电子形式保存；如发行人在业务中使用电子签名签署的电子合同，第三方专业认证机构出具的认证证书只能通过电子方式验证。

虽然纸质底稿与电子底稿之间已不再是原件与复印件的简单对应关系，但基于自律规则及行业惯例，证券公司归档底稿普遍采用“双套制”的管理模式，即在技术可行的情况下，对投行项目同时存档内容一致的纸质、电子底稿各1套（视听资料为例外情况），且所有目录项下的底稿文件至少有1份原件。

（二）投资银行业务底稿具备证据资格

我国三大诉讼法对证据的立法方式是采用限定性列举，即证据类型法定主义，只有该类证据材料被法律明确纳入了证据范围，法官才能采纳，并将其作为审判依据。投行工作底稿可能适用的诉讼场景最常见的为民事诉讼，以现行民事诉讼法为例，证据类型包括当事人的陈述、书证、物证、视听资料、电子数据、证人证言、鉴定意见、勘验笔录，共八大类。

电子文件的证据效力是随着信息技术的发展才逐渐被认可。程序法层面，“电子数据”是从2012年开始我国民事、刑事、行政三大诉讼法陆续修订后新增的法定证据类型。在实体法现行规定层面，我国《民法典》第469条第3款规定：“以电子数据交换、电子邮件等方式能够有形地表现所载内容，并可以随时调取查用的数据电文，视为书面形式。”《中华人民共和国档案法》（2020年修订）第37条第2款规定：“电子档案与传统载体档案具有同等效力，可以以电子形式作为凭证使用。”《中华人民共和国电子签名法》（以下简称《电子签名法》）（2019年修正）第7条规定：“数据电文不得仅因为其是以电子、光学、磁或者类似手段生成、发送、接收或者储存的而被拒绝作为证据使用。”前述法律规定从不同领域赋予电子文件作为证据的可采性。《民事诉讼的若干规定》详细规定了电子数据范围及电子数据审查判断规则，完善了电子数据证据规则体系。

投资银行业务尽职调查工作底稿目前为纸质文档和电子数据两种存档载体，其中，纸质底稿以纸张整理成册的形式呈现，属于传统的“书证”类证据。电子数据包括纸质底稿扫描转化的电子文档、以电子签名签署的电子合同等原始电子文档以及照片、图表等资料，对应“电子数据”类证据。现场访谈、调查形成的录音录像，则对应“视听资料”类证据。由此可见，投资银行业务尽职调查工作底稿，无论是保管在档案室的实体纸质底稿，还是存储在证券公司本地服务器存储中数字化的电子底稿，毋庸置疑，皆在法律上具有证据资格，属于法定的证据类型。

（三）投资银行业务底稿的证明力

司法实务中，对存储在电子介质中的视听资料适用与电子数据相同的证据规则，且视听资料在整个电子底稿中数量占比低，下文统一将电子底稿视为“电子数据”类证据进行讨论。

证据的证明力是指证据证明待证事实的价值大小与强弱。对于证据形式对证明力大小的影响，我国传统上采用最佳证据规则，主要内容是“原始证据的证明力一般大于传来证据、直接证据的证明力一般大于间接证据”，其中，经人民法院核对无异的复制件或者复制品，证明效力等同于原件、原物。2019 年，《民事诉讼的若干规定》删除了涉及民诉证据证明力的一般规则条款，但仍保留了原件与复印件的证明规则，“原件（原物）证明力优于复印件（复制品）”的基本规则并未发生变化。

在诉争场合，投行底稿待证的事实是中介机构尽职调查工作已满足勤勉尽责要求，或者投行项目的信息披露真实、准确及完整，这实质为同一个事实的不同面。

1. 原件为纸质时底稿的证明力

尽职调查资料的原件为纸质的，主要产生于第一类底稿（尽职调查对象提供的非公开信息资料）中。其中，发行人自述的说明类文件，证明效力当然比原始凭证等底层资料更弱，若没有底层的原始凭证等资料支撑，仅有发行人说明类文件，不能证明中介机构已勤勉尽责。由于发行人能提供的纸质原件有限，以纸质复印件加盖其公章的形式存档的底稿，虽然公章确认的效力较强，但并非原始资料，仍待审判中法院的核对和检验，其证明力有限。例如，发行人伪造与客户的业务合同，仅有加盖发行人公章的复印件，仍未能印证合同为真实签署，若中介机构未能证明已执行了与原件核对一致、与签约方确认交易真实性的复核程序，则其尽职调查工作存在未尽责履职的失误。

2. 原件为电子时底稿的证明力

尽职调查资料的原件为电子底稿的，主要存在于第二、第三类底稿及部分第一类底稿中。相较纸质原件的唯一性和直观性，电子数据具有易复制和依赖介质载体的特点，司法解释由此相应拓展电子原件的范围，将“电子数据的制作者制作的与原件一致的副本，或者直接来源于电子数据的打印件或其他可以显示、识别的输出介质，视为电子数据的原件”，并规定了推定电子数据具备真实性和证据效力的 6 种情形：一是提供于已不利的电子数据；二是中立第三方平台提供的电子数据；三是在正常业务活动中形成的电子数据；四是以档案管理方式保管的电子数据；五是以当事人约定的方式保存、传输、提取的电子数据；六是经公证机关公证的电子数据。

投行尽职调查工作底稿的原始电子资料，除了第二类（项目组独立形成的底稿）、第三类（证券公司履行内控流程形成的文件）可适用“在正常业务活动中形成的电子数据”的情形，其他电子底稿一般无法适用前述推定情形，相应地，亦不当然具有较强的证明力。因此，确保电子底稿在产生、传输、获取、保存的整个链条过程中的真实性、完整性、可靠性，是保障其证明力的基本要求。

二、实现底稿无纸化的基础条件与障碍

从前述底稿证据效力分析可知，“纸质底稿效力优于电子底稿”的传统观已不符合实务情况，在“原件优于复印件”的最佳证据规则下，证券公司归档底稿普遍采用纸质和电子版本同时存档的“双套制”管理模式，并没有比单纯保管原件的做法增加证明力，尤其是发行人提供的盖章纸质底稿由于册数多，一般仅在重要文件逐页盖章，其他大部分文件则在成册底稿上加盖一两个骑缝章，模糊的印记难以证明该册底稿没有增减。同时，保存大量纸质底稿不利于低碳环保，且仓库管理成本高，在复核纸质底稿与电子底稿内容一致性上费时费力又无法保证100%一致。若采用底稿无纸化，在电子底稿上加注发行人的电子签名，既能克服纸质底稿盖章的弊端，又符合环保政策并兼具经济效益。但证券行业目前并未彻底实现底稿无纸化管理。

关于底稿的归档形式，从监管要求上看，IPO及非公众公司挂牌推荐业务皆仅规定“重要的工作底稿应当采用纸质文档的形式”，公司债券承销业务则将纸质、电子文档或者其他介质作为文档留存的并列形式，并只强调工作日志需以纸质底稿方式保存签名。故监管部门并未提出投资银行业务底稿需同时归档一套纸质、一套电子版本的要求。

我国《电子签名法》第14条规定：“可靠的电子签名与手写签名或者盖章具有同等的法律效力。”《关于互联网法院审理案件若干问题的规定》（法释〔2018〕16号）第11条第2款指出：“当事人提交的电子数据，通过电子签名、可信时间戳、哈希值校验、区块链等证据收集、固定和防篡改的技术手段或者通过电子取证存证平台认证，能够证明其真实性的，互联网法院应当确认。”虽然该规定仅适用于互联网法院审判的案件，但其基本要求可在一般诉讼案件中作为电子数据证据的真实性证明规则。故电子签名的

效力不存在法律障碍。

此外，电子签章防篡改、可追溯、可验证的技术已较为成熟，实现满足《电子签名法》中可靠电子签名的要求。工业和信息化部通过电子认证服务许可证企业名单公示，形成了较规范的电子认证行业秩序。

然而，除了具备法律规定及IT技术可行的前提，还需考虑电子签名使用者的意愿。

目前实现底稿电子签名的路径主要有两种：第一种是出具方本身已有私有化的电子签名（电子签名部署在企业本地服务器中），由其在扫描出来的电子底稿上加盖电子印章再由项目组上传至证券公司底稿系统；第二种是证券公司底稿系统向第三方电子签名认证机构开放认证接口，电子签名可能在第三方认证机构服务器中生成，也可能在证券公司投行系统中生成，电子底稿上传底稿系统后由企业授权人在第三方认证机构平台或证券公司底稿上操作、加盖电子印章。然而，一旦电子签名在第三方服务器中生成、保存，在技术上便存在电子签名在企业不知情的情况下被第三方伪造、私自使用的可能性，存在较大的印章内控缺陷。发行人作为大中型企业或国企，对内控和信息保密有较高要求，一般不会将自己的电子签名印章部署在第三方服务器里。因此，实现底稿电子签名的可行路径实际只有第一种，即发行人自身已有私有化电子章才具备以电子签名出具电子盖章底稿的条件。

第四章

债券承销业务尽职调查注意事项

第一节

债券业务概述

一、债券市场基本情况介绍

债券市场是我国金融市场的重要组成部分，截至2022年12月31日，我国债券市场托管余额144.8万亿元。从1981年至今，我国债券市场已经有40多年的发展历史，现已逐步形成多品种、多信用层次的市场体系。1981年国务院颁布了《中华人民共和国国库券条例》并恢复了国债发行，这一事件被大多数观点认为是我国债券市场真正意义上的起步；1983年企业债券开始发行，1997年银行间债券市场成立，1998年人民银行债券公开市场业务恢复，2005年银行间市场推出短期融资券；2007年《公司债券发行试点办法》[1] 颁布，我国第一只公司债券成功发行；2011年银行间债券市场集中清算机制正式建立；2015年随着《发行与交易管理办法》的推出，公司债券从扩大发行主体范围、丰富发行方式、简化审核流程等方面进行改革，规模开始大幅增长；2019年《证券法》修订施行后，公司债券和企业债券的审核由审批制转为注册制。

从发行主体信用角度出发，我国的债券大致可以分为利率债与信用债两大类。利率债包括国债、地方政府债、央行票据、政策银行债，这些债券的发债主体是国家、地方政府或同信用等级主体，信用度相对较高，收益率更接近无风险利率；而信用债是由金融机构或者公司企业发行并还本付息的债券，收益率相较于利率债而言存在风险溢价，具体品种包括金融债（不含政策性银行债）、企业债、公司债、资产支持证券、非金融

---

〔1〕 该规定于2015年因《发行与交易管理办法》的颁布而失效。

企业债务融资工具（包括中期票据、短期融资券、非公开定向债务融资工具等品种，以下简称债务融资工具）等。其中，企业债券、公司债券、债务融资工具合称为公司信用类债券。

我国债券市场在债券发行、交易和登记托管结算方式上是“多头监管”，也正因如此，企业债、公司债、非金融企业债务融资工具等公司信用类债券在发行条件、信息披露要求、后续管理要求、投资者保护、交易和托管等方面适用不同的规则，并造成了跨市场套利、交易成本增加等情况。近年来，在顶层设计推动下，债券市场统一监管稳步前进，债券市场统一执法、公司信用类债券信息披露规则统一、统一监管的信用评级行业规则、统一的债券违约处置框架、跨市场互联互通业务等相关制度逐步建立并完善。

（一）公司债券市场基本情况

公司债券，又称公司债，一般指的是由中国证监会监管、证券业协会自律管理的，由公司依照法定程序发行、约定在一定期限还本付息的有价证券。截至2022年12月31日，存量公司债券规模为10.39万亿元，占债券市场总规模的比例为7.27%，数量为11,985只，占总数量的比例为17.92%。

2015年《发行与交易管理办法》颁布，公司债券在事实上实现了“准注册制”。《证券法》（2019年12月28日修订，2020年3月1日施行），公司债券全面施行注册制。2021年2月中国证监会根据新修订的《证券法》修订了《发行与交易管理办法》，授权交易所同时兼有公司债券发行和上市的审核。除《发行与交易管理办法》之外，中国证监会发布了一系列规范性文件，包括（与人民银行、国家发改委共同发布的）《债券信披办法》等，证券业协会发布了多项自律性规则，包括《债券业务规范》《债券尽调指引》《公司债受托准则》《证券资信评级机构执业行为准则》《评级实施细则》等，沪深交易所发布了公司债券上市规则、交易规则、债券交易实施细则、非公开发行公司债券挂牌转让规则、债券市场投资者适当性管理办法等自律规则，结算公司制定发布了《中国证券登记结算有限责任公司债券登记、托管与结算业务细则》《中国证券登记结算公司非公开发行公司债券登记结算业务实施细则》等，以上规则构建了公司债券的监管规则体系。

（二）企业债券市场基本情况

企业债券是指经国家发改委注册，企业依照法定程序发行、约定在一定期限内还本付息的有价证券。

企业债券可以分为一般企业债券、优质主体企业债券和专项债券。截至 2022 年 12 月 31 日，企业债券存量规模为 2.11 万亿元，占债券市场总规模的比例为 1.47%，数量为 2770 只，占总数量的比例为 1.47%。

企业债券的监管规则体系主要是由三个层次组成：一是法律法规，包括《证券法》和 1993 年颁布并于 2011 年修订的《企业债管理条例》；二是国家发改委印发的一系列专项债规则，包括《战略性新兴产业专项债券发行指引》《市场化银行债权转股权专项债券发行指引》《养老产业专项债券发行指引》《项目收益债券管理暂行办法》《小微企业增信集合债券发行管理规定》《县城新型城镇化建设专项企业债券发行指引》等；三是中央结算公司、交易商协会发布的《企业债券审核工作规则（试行）》《企业债券受理工作规则（试行）》簿记建档发行及招标发行业务操作、企业债问答等一系列规则。

需要说明的是，2023 年 3 月，中共中央、国务院印发了《党和国家机构改革方案》。根据方案，中国证监会由国务院直属事业单位调整为国务院直属机构，强化资本市场监管职责，划入国家发改委的企业债券发行审核职责，由证监会统一负责公司（企业）债券发行审核工作。2023 年 4 月 21 日，中国证监会、国家发改委发布《关于企业债券发行审核职责划转过渡期工作安排的公告》。根据该公告，为确保企业债券审核职责划转工作的有序衔接和平稳过渡，设置自公告发布之日起 6 个月的过渡期。过渡期结束前，中国证监会将及时向市场公告企业债券管理的整体工作安排。过渡期内，公开发行企业债券的发行条件、信息披露及申报文件格式内容、报送方式等事项，按照现有企业债券相关规定执行。因而，本章节的企业债相关内容仍以现行有效的企业债规则为依据。

（三）非金融企业债务融资工具市场基本情况

银行间债券市场是指由人民银行监管的债券市场，其品种包括金融债、同业存单、非金融企业债务融资工具等。《银行间债券管理办法》第 2 条规定，“本办法所称非金融企业债务融资工具，是指具有法人资格的非金融企业在银行间债券市场发行的，约定在一定期限内还本付息的有价证券”。企业发行非金融企业债务融资工具在交易商协会注册，中央结算公司登记、托管、结算，由全国银行间同业拆借中心提供交易服务。

按照交易商协会分类，债务融资工具可以分为基础品种和专项品种，其中基础品种包括短期融资券（Commercial Paper，CP）（以下简称短融）、超短期融资券（Super &

Short-term Commercial Paper，SCP）、中期票据（Medium Term Note，MTN）（以下简称中票）、非公开定向债务融资工具（Private Publication Notes，PPN）（以下简称定向工具）；专项品种包括创投债务融资工具、绿色债务融资工具、碳中和债、保障性安居工程债务融资工具、扶贫票据等。

截至2022年12月31日，目前存续的短融规模为24,792.54亿元，中票规模为89,080.18亿元，定向工具规模为22,257.42亿元。

非金融企业债务融资工具涉及的监管体系主要是由人民银行颁布的规章组成，包括《银行间债券管理办法》等。

二、债券发行的条件、程序和存续期管理

（一）公司债券的发行条件、程序和存续期管理

根据细分品种不同，公司债券可以分为一般公司债券和特定品种公司债券。一般公司债券包括面向普通投资者公开发行的公司债券（又称大公募）、面向专业投资者公开发行的公司债券（又称小公募）、非公开发行的公司债券（又称非公开发行公司债券）；特定品种公司债券则包括短期公司债券、可续期公司债券、可交换公司债券、绿色公司债券、低碳转型公司债券、乡村振兴公司债券、创新创业公司债券、乡村振兴公司债券、“一带一路”公司债券、疫情防控公司债券等。

1. 公开发行公司债券的发行条件和程序

（1）发行条件

如前所述，公开发行的公司债券根据发行对象、发行条件和发行程序等不同，可分为大公募和小公募，目前市场上以小公募品种为主。

根据《证券法》第15条第1款的规定，公开发行公司债券应当符合下列条件：具备健全且运行良好的组织机构；最近3年平均可分配利润足以支付公司债券1年的利息；国务院规定的其他条件。

修订后的《发行与交易管理办法》在《证券法》授权下进一步规定了公开发行的公司债券应满足的积极条件和负面条件。其中积极条件为：具备健全且运行良好的组织机构；最近3年平均可分配利润足以支付公司债券1年的利息；具有合理的资产负债结构和正常的现金流量。不得存在的负面条件为：对已公开发行的公司债券或者其他债务有违约或者延迟支付本息的事实，仍处于继续状态；违反《证券法》规定，改变公开发

行公司债券所募资金用途。

在上述发行条件的基础上，大公募的发行有特殊的要求，即发行人最近 3 年无债务违约或者延迟支付本息的事实；发行人最近 3 年平均可分配利润不少于债券 1 年利息的 1.5 倍；发行人最近 1 期末净资产规模不少于 250 亿元；发行人最近 36 个月内累计公开发行债券不少于 3 期，发行规模不少于 100 亿元。

（2）发行程序

根据《发行与交易管理办法》，公开发行公司债履行如下程序：首先，发行人应当按照《公司法》或公司章程相关规定对发债事项进行明确并履行内部决策程序；其次，由交易所对申请文件进行审核：交易所在收到文件后的 5 个工作日内决定是否受理，并在受理之日起 2 个月内出具审核意见，认为发行人符合发行条件和信息披露要求的则报送中国证监会履行发行注册程序，否则作出终止发行上市审核决定；最后，中国证监会自交易所受理之日起 3 个月内作出是否予以注册的决定。

沪深交易所先后制定了债券发行上市审核规则及相应的适用指引，对公司债券的审核程序进行规定。

（3）其他事项

①关于募集资金用途：《发行与交易管理办法》规定公募债的募集资金不得用于弥补亏损和非生产性支出，必须按照公司债券募集说明书所列资金用途使用，变更募集资金用途的须经债券持有人会议决议。募集资金的接收、存储、划转均须在专户中进行。

②关于评级要求：《发行与交易管理办法》取消了公开发行公司债券信用评级的强制性规定。

③关于发行期限：公司债券的期限可短于 1 年或中长期。

④关于批文有效期：公开发行可以一次注册，分期发行，批文有效期为 24 个月。

⑤关于财务报表截止日及文件有效期：募集说明书自最后签署日起 6 个月内有效，每期发行前应及时更新发行文件并报交易所备案。募集说明书引用的财务报表在其最近 1 期截止日后 6 个月内有效，最多延期不超过 1 个月，财务报表应以年度末、半年度末或者季度末为截止日。

此外，沪深交易所会根据政策的变化情况，不定期修订相关指引，部分指引对募集资金用途、申报规模等作出要求，这些指引在实践中往往具有更直接的影响力。

2. 非公开发行公司债券的发行条件和程序

（1）发行条件（负面清单管理）

与公开发行公司债券不同，非公开发行公司债券项目承接实行负面清单管理，2022年12月9日，中国证券业协会修订并发布《负面清单指引》（首次发布为2018年5月、2019年12月第一次修订），明确了非公开发行公司债券项目承接负面清单。承销机构项目承接不得涉及负面清单限制的范围。负面清单会根据业务发展与监管需要不定期进行评估。

负面清单涉及的发行人类型具体可以分为两大类：第一类是存在负面情形的发行人，例如最近24个月内公司财务会计文件存在虚假记载或公司存在其他重大违法行为；对已公开发行的公司债券或者其他债券有违约或迟延支付本息的事实，违规对外担保或者资金被关联方或第三方违规占用，仍处于继续状态等十二种情形的。第二类是存在违法违规操作的房地产公司、典当行等四种特殊行业或类型的发行人。

此外，负面清单还规定最近1年经审计的总资产、净资产或营业收入任一项指标占合并报表相关指标比例超过30%的子公司存在负面清单部分情形的，视同发行人属于负面清单范畴。

（2）发行程序

如上文所述，在交易所发行非公开发行公司债券项目的审核流程可参照公募债券发行指引规定进行适用，不同的是，非公开发行公司债券项目无须履行报中国证监会注册程序，交易所审核后确认非公开发行公司债券符合挂牌条件和信息披露要求的，自审议意见形成且相关事项落实之日起10个工作日内，出具挂牌转让无异议的函。此外，根据《非公开债券备案办法》第7条的规定，非公开发行公司债券应当在每次发行完成后5个工作日内向证券业协会报送备案登记表。

（3）其他事项

①关于募集资金用途：非公开发行公司债券的募集资金应当用于约定的用途，如需改变资金用途，应当履行募集说明书约定的程序。

②关于批文有效期：非公开发行公司债券的批文有效期为12个月。

3. 特定品种公司债券

特定品种公司债券是指对发行人、债券增信措施等基本要素有特定安排的公募债券或非公开发行公司债券。因此，发行该类债券首先应当满足一般公司债券的发行条件等要求，其次应当满足指引对特殊品种的要求。

沪深交易所就特定品种公司债券出具了相关的业务指引。根据该等业务指引，目前交易所市场的特定品种公司债券分为：短期公司债券、可续期公司债券、可交换公司债券、绿色公司债券、低碳转型公司债券、创新创业公司债券、乡村振兴公司债券、“一带一路”公司债券、纾困公司债券、疫情防控公司债券等特殊品种。

4. 存续期管理

注册制下，债券发行人是信息披露的第一义务人。2020 年发布的《债券信披办法》，明确了公开发行的企业债券、公司债券以及银行间债券市场非金融企业债务融资工具的发行人及相关中介机构的信息披露义务和内容。

公司债券的存续期管理实行受托管理人制度。根据《发行与交易管理办法》第 7 章的规定，公开发行公司债券的，发行人应当为债券持有人聘请债券受托管理人并订立债券受托管理协议；非公开发行公司债券的，应当由发行人在募集说明书中约定债券受托管理事项和职责。债券受托管理人由本次发行的承销机构或其他经中国证监会认可的机构担任。公开发行公司债券的受托管理人应当按照规定或者约定履行召集债券持有人会议，监督募集资金使用情况，出具受托管理事务报告等职责。发行公司债券，应当在债券募集说明书中约定债券持有人会议规则。债券持有人会议规则应当明确债券持有人通过债券持有人会议行使权利的范围，会议的召集、通知、决策生效条件与决策程序、决策效力范围以及应当召开会议的情形等。《违约处置通知》指出要建立健全受托管理人制度，充分发挥受托管理人和债券持有人会议制度在债券违约处置中的核心作用。

证券业协会发布的《公司债受托准则》《受托协议必备条款》《公司债违约处置指引》等自律规则对公司债券的受托管理进行了进一步细化和规范。

（二）企业债券的发行条件、程序和存续期管理

企业债券可以根据品种的不同分为一般企业债券、中小企业集合债券、项目收益债券、可续期债券、专项企业债券。

1. 发行条件

《企业债管理条例》第 12 条中规定，发行企业债券的企业必须在规模、财务会计制度、偿债能力、经济效益等方面满足一定的条件。《企业债券注册制的通知》明确了对企业债券发行人的基本要求，即健全运行良好的组织机构、最近 3 年平均可分配利润足

以支付企业债券1年的利息、应当具有合理的资产负债结构和正常的现金流量。

2. 发行程序

根据《企业债券注册制的通知》的规定，国家发改委指定相关机构负责企业债券的受理、审核，中央结算公司为受理机构，中央结算公司、交易商协会为审核机构。

企业债券的申报流程在实行注册制后发生了变化。在注册制下，地方企业申请企业债券无须向省级发改委申请转报，而是可以直接向中央结算公司申请受理；但若募集资金用于固定资产投资项目，则应由省级发改委出具符合国家宏观调控政策、固定资产投资管理法规制度和产业政策的专项意见。受理后，中央结算公司、交易商协会对发行人的申报材料进行审核并出具反馈审核意见。最终审核意见为“同意发行”的，将由国家发改委履行发行注册程序。发行人获取注册批文后，企业债券由主承销商负责发行，在中央结算公司进行簿记发行，并可托管在中央结算公司或结算公司。《企业债券簿记的通知》（中债字〔2019〕174号）等规定对发行流程进行了明确。

3. 存续期管理

如上文所述，《债券信披办法》第30条要求公开发行的企业债券的主承销商按照规定和约定履行信息披露职责或义务，并督促企业按规定履行信息披露义务。根据《项目收益债暂行办法》第40条的规定，非公开发行的项目收益债券的发行人和承销机构在债券存续期内应按照规定或约定履行程序，并及时公告或通报重大事项。

在企业债券存续期间，债权代理人与债券主承销商均负有维护债券持有人利益的职责与义务。如《项目收益债暂行办法》第34条要求发行人应当为债券持有人聘请债权代理人，由债权代理人按照规定与约定维护债券持有人的利益。

除《项目收益债暂行办法》中的规定外，企业债券关于债权代理人的规定分散于各个文件中，尚未形成统一的制度规范。根据国家及地方发改委有关意见，债权代理人主要负有监督债券资金流向、监督担保人的财务状况、办理抵押质押手续等职责。同时，沪深交易所颁布的《公司债存续期信用风险指引》规定，在相关交易所上市或挂牌的企业债券可参照适用相关指引，由债权代理人监测、排查、分类管理受托管理债券的风险，及时督促发行人履行信息披露义务，披露受托管理报告（债权代理报告）等。除上述规定职责外，发行人与债权代理人签订的《债权代理协议》也会对债权代理人的职责等作出约定。

（三）非金融企业债务融资工具的发行条件、程序和存续期管理

1. 发行条件

按照交易商协会分类，非金融企业债务融资工具可以分为基础品种和专项品种，其中基础品种包括短期融资券、超短期融资券、中期票据、非公开定向债务融资工具、资产支持票据（Asset-Backed Medium-term Notes，ABN）、资产支持商业票据（Asset-Backed Commercial Paper，ABCP）；专项品种包括创投债务融资工具、绿色债务融资工具、碳中和债、保障性安居工程债务融资工具、扶贫票据、双创专项债务融资工具、住房租赁债务融资工具、疫情防控债、城市更新债务融资工具、权益出资型票据、乡村振兴票据、革命老区振兴发展债务融资工具、中小非金融企业集合票据、境外非金融企业债务融资工具、高成长型企业债务融资工具、永续票据、可转换票据、项目收益票据、可持续发展挂钩债券等。短期融资券、超短期融资券、中期票据、非公开定向债务融资工具是债务融资工具的主要品种。

短期融资券是指具有法人资格的非金融企业在银行间债券市场发行的，约定在1年内还本付息的债务融资工具，其资金用途为补充营运资金、偿还金融机构借款。

超短期融资券是指具有法人资格的非金融企业在银行间债券市场发行的，期限在270日以内的短期融资券，其期限为270日以内，常为90日、180日、270日。超短期融资券的资金用途为补充营运资金、偿还金融机构借款。

中期票据是指具有法人资格的非金融企业在银行间债券市场按照计划分期发行的，约定在一定期限还本付息的债务融资工具；期限为1年以上，通常为3年、5年。中期票据的资金用途为补充营运资金、偿还金融机构借款、项目建设资金。

非公开定向债务融资工具是指具有法人资格的非金融企业，向银行间市场特定机构投资人发行，并在特定机构投资人范围内流通转让的债务融资工具；其发行期限根据企业需求确定，资金用途为偿还银行借款、补充营运资金。

发行债务融资工具需要符合人民银行《银行间债券管理办法》及交易商协会相关自律规则的规定。交易所协会的规则包括但不限于《非金融企业短期融资券业务指引》《非金融企业中期票据业务指引》《非金融企业超短期融资券业务指引》《银行间债券信披规则》等。

2. 发行程序

债务融资工具可以公开发行，也可以非公开发行。2020年交易商协会修订发布《非

金融企业债务融资工具公开发行注册工作规程》等制度，将市场分为“两层四类”，实行分层分类注册发行管理；即根据企业市场认可度、信息披露成熟度等，将企业分为第一类、第二类、第三类、第四类企业，第一类和第二类为成熟层企业，第三类和第四类为基础层企业。

成熟层企业可统一注册发行，可就超短期融资券、短期融资券、中期票据、永续票据、资产支持票据、绿色债务融资工具等产品的公开发行编制同一注册文件，进行统一注册。企业可在注册阶段先不设置注册额度，等到发行阶段再确定每期发行产品、发行规模、发行期限等要素。相较之下，基础层企业应就公开发行各品种债务融资工具编制相应注册文件，按产品分别进行注册。

公开发行的注册程序可分为注册预评和注册会议评议：要件齐备的，注册发行部门予以受理并进行预评；预评人将经预评的拟披露注册文件和预评报告提交注册会议；最后，注册专家出具意见，5 名注册专家均发表“接受注册”意见的，交易商协会接受发行注册，向企业发送接受注册通知书。

与非金融企业债务融资工具公开发行实行分层/类管理安排不同，定向发行在注册和发行环节均实行统一注册和自主发行。《银行间债券规范指引》和《银行间债券簿记规程》等文件对定向发行的流程作出了规定。

3. 存续期管理

如上文所述，《债券信披办法》明确了银行间债券市场债务融资工具的发行人、主承销商、受托管理人等机构的信息披露义务。2021 年交易商协会颁布《银行间债券信披规则》《银行间债券存续期表格体系》《银行间债券示范文本》等规则，这些规则对发行人、中介机构的信息披露职责进一步予以了明确和细化。

和公司债券一样，债务融资工具也实行受托管理人制度。受托管理人的职责主要包括管理及处置担保物，代表债券持有人参与债务重组、提起诉讼、参与破产重整等。2019 年交易商协会发布的《银行间债券市场非金融企业债务融资工具持有人会议规程（修订稿）》明确了持有人会议的召开情形、召集、参会机构以及表决和决议等内容；同时也明确了受托管理人对持有人会议的列席、参与。《银行间债券市场非金融企业债务融资工具违约及风险处置指南（2022 版）》第 5 条中明确规定，债务融资工具发生违约及风险时，主承销商及受托管理人应及时建立工作组，制定并持续完善违约及风险处置应急预案。

第二节

债券承销商尽职调查关注事项

债券承销业务尽职调查是指承销机构及其业务人员遵循勤勉尽责、诚实信用原则，通过各种有效方法和步骤对发行人进行充分调查，以掌握发行人经营情况、财务状况和偿债能力，并有合理理由确信发行文件真实、准确、完整以及核查发行文件中与发行条件相关的内容是否符合相关法律法规规定的过程。

如前所述，在顶层设计推动下，公司信用类债券制定了统一的信息披露规则，其中对募集说明书的编制要求也进行了统一规定。募集说明书的信息披露应是承销商履行尽职调查程序后所呈现出的结果，从这个角度理解，公司信用类债券的尽职调查内容在总体上应趋向于统一。目前，公司债券承销业务的尽职调查主要依据证券业协会制定的自律性规则，如《公司债尽调指引》和《公司债底稿目录》等，此外，还有沪深交易所制定的一系列业务规则。公司债券的尽职调查规则较为明确、呈体系性。非金融企业融资工具的尽职调查主要依据交易商协会于2020年修订的《非金融企业债务融资工具主承销商尽职调查指引》，相较于老指引，新指引对尽职调查的内容要求更加丰富，且对尽职调查手段和工作底稿要求作出规定。而企业债券目前并没有明确的尽职调查指引。

鉴于公司债券的尽职调查规则明确，且要求相对严格，本章节关于债券承销商尽职调查关注事项以公司债券为主。

一、发行人的基本情况调查

（一）历史沿革与股权结构

就历史沿革与股权结构而言，与股权类项目相比，债券类项目对发行人历史沿革的披露要求相对较低。2021年8月颁布的《上海证券交易所公司债券发行上市审核业务指南第1号——公开发行公司债券募集说明书编制（参考文本）》规定，历史沿革主要以表格形式披露，并可以根据实际情况酌情简化披露，但这并不意味着承销商要降低对历史沿革的核查要求。事实上，历史沿革的核查，可以看出一家公司的“前世今生”。历史沿革部分包括发行人的设立、股权演变或是改制重组、重大资产重组、合并分立、破产重整等重要事件，可以帮助我们判断发行人的公司性质、在行业或区域内的地位、发展阶段、权属归属、出资情况、关联方情况等，进而对发行人的信息披露、偿债能力及潜在风险进行分析和判断。

针对历史沿革与股权结构，采取的核查手段包括但不限于：

1. 获取加盖工商部门查询专用章的发行人全套工商登记文件原件（注意核对募集说明书的信息披露）；针对民营企业、中小企业、资质较弱、历史沿革复杂或股权关系不清晰的企业，建议项目组到工商部门打印并加盖工商部门查询专用章；获取发行人的营业执照；获取发行人历次变更的公司章程，募集说明书中相关内容应与发行人最新版本公司章程中的内容保持一致。

2. 针对改制重组、增减资变动、合并分立、破产重整等重要事件及报告期内的重大资产重组情况，从发行人处获取决策文件、批准文件、重要协议、评估报告、审计报告、验资报告、三会会议文件等重要文件；对于尚未完成的重大资产重组情况，应收集重组计划、完成进度的底稿，并在募集说明书中披露重组进展。

3. 持续关注发行人工商登记信息的变动情况，除要求发行人及时提供工商变更登记文件或其他重要文件外，主动通过天眼查、企查查、启信宝、预警通等第三方信息平台进行实时监测工作。

4. 针对股权结构图及股东名册，获取加盖发行人公章的股权结构图和股东名册，知晓发行人控股股东的行政级别（如适用）。此外，需要充分了解发行人的股东以及报告期内的股东变化情况、变动原因，充分考虑发行人历史演变发展逻辑的合理性。

5. 针对历史沿革中的股本变动，可注意以下事项：（1）若股东中存在特殊投资机构（如以股权方式投入的专项建设基金），建议获取增资协议，提醒关注潜在减资条款对发行人偿债能力和资信状况的影响；确认其会计处理是股权还是债权（如根据协议条款判断与会计师判断存在差异，建议在会计师访谈中包含该项内容）。(2) 查阅股东历次出资的验资报告、资产评估报告、股权转让协议（如有）等资料，核查股东出资的形式、出资比例、认缴及实缴金额，重点关注验资、资产评估、增资、减资及历次股权转让等变更事项的程序、方式、条件、履行等是否符合法律、法规和规范性文件的规定；同时注意核对实缴金额与报表实收资本科目。(3) 对于地方国企而言，股东的变化可能影响到发行人所在区域资源的调配情况，若发行人股东发生变化，则需判断股东是否是在同一层级的政府部门之间调整，进而判断对发行人的影响。

（二）控股股东及实际控制人

控股股东和实际控制人的诚信状况与发行人的诚信状况相关性较强，《上海证券交易所公司债券发行上市审核规则适用指引第 3 号——审核重点关注事项》第 8 条第 2 款规定"发行人控股股东、实际控制人存在债务违约等负面情形，并对发行人公司治理、经营情况或偿债能力造成严重不利影响的，发行人应结合相关情形审慎确定公司债券申报规模，原则上募集资金应用于偿还存量公司债券"，关键少数诚信意识的缺失将对发行人产生不利影响。就条款本身而言，可知主要关联方出现涉及偿付方面的重大不利事项时，监管规则将限制发行规模或者限制募集资金用途，募集资金用途应当为借新还旧。因此，在尽职调查过程中，需充分关注控股股东及实际控制人的相关情况。

1. 针对控股股东及实际控制人为自然人的情况

若控股股东及实际控制人为自然人，采取的核查手段包括但不限于：

（1）获取控股股东及实际控制人的身份证明文件、诚信信息查询文件；

（2）针对控股股东与其他主要股东关系出具说明文件，若条件允许，就此事项与控股股东及实际控制人进行访谈；

（3）控股股东及实际控制人的对外投资情况，取得对其他企业主要投资情况的说明文件；

（4）对于控股股东或实际控制人所持有的发行人股份被质押的情况，若存在高比例质押、冻结，则将直接影响发行人股权是否稳定，而对于未按规定披露的资产质押、冻结情况，一直以来都是监管处罚案例的重灾区，除充分披露外，务必充分重视并视具体情况采取相关应对措施。

2. 针对控股股东和实际控制人为法人的情况

若控股股东及实际控制人为法人，采取的核查手段包括但不限于：

（1）获取控股股东和实际控制人的工商登记文件、财务报表和审计报告（如有）等资料，并取得控股股东和实际控制人出具的声明和承诺。

（2）针对控股股东和实际控制人直接或间接持有的发行人股份/股权质押或存在争议情况的调查，若发行人为非上市公司或非新三板挂牌公司，则要取得国家企业信用信息公示系统有关发行人股权质押情况的最新查询记录或工商登记机关的股权质押情况查询记录；若发行人为上市公司或新三板挂牌公司，则要取得结算公司出具的股票质押情况查询记录；若发行人为境外上市公司，需结合境外交易所的规则和实际情况进行专项核查工作，必要时聘请律师或其他专业机构进行核查；通过天眼查、启信宝、企查查、预警通等第三方信息平台、中国裁判文书网、中国执行信息公开网等网站查询发行人股份/股权是否存在争议情况；同时，建议就上述事项访谈发行人律师并制作访谈纪要。

（3）不论控股股东和实际控制人为自然人或者法人，针对其诚信状况的调查，可通过网络查询获取人民银行征信报告（详细版）等外部调查手段，与相关方的审计报告等文件进行核对，并通过天眼查、启信宝、企查查、预警通等第三方信息平台查询，进行交叉印证。若对上述资料存在疑点，建议进一步取得其他证明材料。如果征信报告中有关注类记录，需核查产生原因、债务偿还情况，并取得相关方出具的无违约、逾期等信用负面事件或已还款等声明文件。

（三）发行人对其他企业的重要权益投资

发行人对其他企业的重要权益投资的核查，分为对发行人有重要影响的子公司以及对发行人有重要影响的参股公司、合营企业和联营企业。就对发行人有重要影响的子公司而言，监管规则将重要子公司事项纳入母公司范畴，且需穿透核查。根据《负面清单指引》第6条的规定，对于总资产、净资产或营业收入任一项指标占比超过30%的子公司存在负面清单相关规定情形的，视同发行人属于负面清单范畴。因此可以将对发行人有重要影响的子公司界定为“总资产、净资产或营业收入任一项指标占比超过30%的子公司”。同时，《上海证券交易所公司债券发行上市审核业务指南第1号——公开发行公司债券募集说明书编制（参考文本）》中增加了对发行人重要子公司和参股公司的重大财务数据变动情况分析。对于发行人为投资控股型发行人的情况，由于发行人自身主要从事投资业务，可能会存在“母弱子强”的情形，因此需充分关注子公司的相关情况。而就对发行人有重要影响的参股公司、合营企业和联营企业而言，当前监管规则并没有明确界定何为“有重要影响”，从尽职调查实践来看，我们建议可以将“对发行人有重要影响的参股公司、合营企业和联营企业”界定为：（1）发行人持股20%以上的参股公司、合营企业或联营企业；（2）虽持股比例未达到20%，但根据实际情况判断，对发行人有重要影响的其他企业。

针对发行人对其他企业的重要权益投资，参股公司采取的核查手段包括但不限于：

（1）获取对发行人有重要影响的子公司的营业执照、公司章程，获取对发行人有重要影响的子公司/参股公司的工商信息查询文件。

（2）获取对发行人有重要影响的子公司参股公司的征信报告、重大诉讼仲裁查询情况；获取对发行人有重要影响的子公司/参股公司的诚信信息查询文件、重大诉讼仲裁查询情况。

（3）获取对发行人有重要影响的子公司/参股公司的主营业务情况说明。

（4）获取对发行人有重要影响的子公司/参股公司最近1年的财务报告。

另外，针对此部分核查，应注意两类特殊事项：合并报表范围的准确性（是否存在持股比例超过50%但未纳入合并报表或持股比例不高于50%但纳入合并报表等情况）和投资控股型发行人的偿债能力。针对合并报表范围准确性的核查，若发行人存在持股比例超过50%但未纳入合并报表或持股比例不高于50%但纳入合并报表等情况，我们建议重点核查纳入/未纳入的原因、背景、依据及是否符合会计准则的相关规定，核查文件包括但不限于审计报告附注、投资协议、董事会等权力机关委派席位的情况、历史上对公司重大经营事项决策的表决情况等，必要时，建议取得应纳入而未被纳入合并范围子公司的财务报表及审计报告、征信报告等材料；并建议就合并报表范围事项与会计师进行访谈。

（四）经营范围及主营业务

对于发行人的经营范围和主营业务的核查，该部分内容是尽职调查和信息披露的重点内容之一。其核查方向是关注发行人是否存在影响其持续经营的重大法律障碍，对于一般业务，应结合行业属性和企业特点，调查企业的业务经营许可情况，主要产品或服务的用途、规模、上下游产业链和市场竞争状况。其中内容包括但不限于证照是否齐备、资质是否有效，发行人的经营模式以及业务模式如何，发展战略是否具有可持续性。其中一个核查重点即为发行人的业务合同方面，调查发行人与主要客户、供应商之间的业务往来及合同签订情况，以及客户和供应商的稳定性，判断发行人是否存在严重依赖客户和供应商而影响客户偿债能力的情况。

针对与发行人主营业务相关的业务资格的核查手段包括但不限于：

1. 对于营业执照上有“凭资质经营”的发行人，应当获取相应的在有效期范围内的资质证书。

2. 对于某些特定行业需要有资质文件或特许经营权，比如房地产企业需持有房地产开发资质登记证书，其开展房地产业务经营是否合法合规，具体可通过核查其房地产项目所取得的批文、证书等及其是否已履行所有审批程序等方式。

3. 对于业务中有公共事业运营的发行人来说，主要是指供水、供热、供暖等准经营性业务，需持有供水、供热、供暖的特许经营许可。

4. 若资质文件已过有效期，需发行人出具资质续办的难度、进度等情况的盖章说明、已进行续办申请登记等证明。

针对发行人经营范围及主营业务、经营模式（采购模式、生产或者服务模式、销售模式等）、会计核算、结算模式及发展战略的核查包括但不限于：

1. 获取发行人关于经营模式的说明性文件，并就经营模式与发行人进行访谈，相应论证上述相关事项的说明性文件。

2. 与发行人进行访谈时，访谈内容应当包括发行人对于自身发展战略规划的内容，能够从中考察管理层在公司治理及管理、业务运营、融资等方面是否会进行有益于发行人发展的转型准备和实践，若有相关转型的打算，则可充分了解其转型方向及其合理性、可操作性，加以判断发行人的未来发展趋势，是否会对发行人的偿债能力有重大不利影响。

3. 关于访谈，《公司债底稿目录》中提及访谈的有三处，第1－4－2条发行人经营模式（采购模式、生产或者服务模式、销售模式等）及发展战略的访谈纪要等相关文件，第1－5－5条对发行人董事、监事、高级管理人员访谈情况的记录文件，第3－1－2条报告期内发行人与主要客户发生业务往来时是否存在严重违约情况的访谈纪要，建议可将相关访谈内容整合，至少涵盖监管规则的基本要求，并结合发行人具体实际情况进行完善。

对于主要从事城市建设的地方国有企业（以下简称城市建设企业），其业务一般包括但不限于工程委托代建、土地整理开发、棚户区改造、供水、供热、供暖以及公共交通等公用事业运营，而目前城市建设企业为了更具有竞争力，都处于寻求转型、寻求市场化的机会中，因此不乏出现业务中涵盖贸易业务、物业管理、旅游服务，还有诸如担保、典当、融资租赁等金融类业务的发行人，甚至还有一些发行人涉足供应链管理、文创投资业务、电子商务业务等领域。因此，在进行此部分内容的核查时，应当充分考虑每一种业务类型的业务占比以及业务模式，关注该类业务的收入、成本和毛利率及其变化趋势以及可持续性。

针对发行人与主要客户、供应商之间的主要合同文件的核查手段包括但不限于：

1. 取得关于报告期内发行人与主要客户、供应商之间业务往来的情况说明，说明文件至少应当包括业务的主要类型，每种业务的开展模式，盈利模式、资金流转程序及回款流程以及每种业务的具体内容。比如工程项目建设业务则需介绍建设项目的基本情况，包括但不限于项目名称、总投资额、已投资额、是否签订合同或协议以及建设进度、建设周期等，此外，还需充分关注报告期内回款金额，并获取该部分的底稿。

2. 对于城市建设企业而言，多数合同都是与地方政府签署，且合同多以委托代建协议的形式来签署，其中权责界限、违约责任等均不够清晰，导致大量应收政府款项的产生，资金占用问题较为突出；但在城市建设企业信用和地方政府信用之间的关联越来越稀释的情况下，有必要规避合同瑕疵，避免产生纠纷，损害自身权益。若发行人从事土地开发整理业务，则需取得与政府签订的土地开发整理合同/协议/框架性文件、报告期内土地整治完成情况说明、政府验收及支付相关款项的证明文件；若发行人从事代建业务，则需取得与政府签订的代建合同/协议、报告期内代建项目完成情况说明、政府验收结算及支付相关款项的证明文件；若发行人从事供水、供热、公交等公共事业，则需取得相关合同/授权文件、政府定价文件/依据、报告期内收入情况说明等。此外，发行人存在多种业务类型的，建议根据发行人的业务板块区分，分别抽查报告期内不同板块下前五大客户和供应商对应的合同，并将合同内容与募集说明书披露的相关内容对照，注意合同约定的付款日期与实际是否相符。

3. 关于发行人报告期内主要业务/产品的营业收入、营业成本、毛利润、毛利率情况及变动情况，根据《上海证券交易所公司债券发行上市审核业务指南第1号——公开发行公司债券募集说明书编制（参考文本）》的要求，营业收入、毛利率波动较大通常指营业收入或毛利率较同期增加/减少超过30%的；毛利率对比同行业平均水平差距较大，通常指与同行业平均水平差距超过30%的，同行业平均水平可参考上市公司行业平均水平。发行人可以根据实际情况加以判断。建议项目组在取得发行人出具的相关说明，并对发行人进行访谈的基础上，结合发行人报告期内的财务报表及审计报告、业务合同、同行业数据等情形制作上述财务数据或指标的变动情况分析文件。

4. 关于发行人及主要子公司在报告期内已建/在建/拟建重大项目的核查：建议取得相关代建协议或投资协议、并抽查立项、可研报告、环评报告、“四证”等相关批准文件、竣工验收报告、已投入金额的证明等文件。

关于发行人所处行业的市场竞争状况及上下游产业链情况的分析，采取的核查手段包括但不限于：

1. 获取发行人所处行业的市场竞争状况分析的说明性文件，分析内容包括但不限于行业概况、行业现状及前景，对于多种业务类型的发行人，需按照业务的不同类型具体分析不同行业的相关情况。

2. 获取发行人所处行业地位的分析性文件，此处可结合发行人所处的地位进行分析。对于发行人的竞争优势的描述，需客观、准确、全面、充分，不可夸大其词，注意与募集说明书相关的披露不可存在矛盾之处。

（五）公司治理及内部控制

公司治理风险可能是导致发行人违约的重要因素或导火索。公司治理的核心问题是大股东或者实际控制人与其他利益相关方的制衡与约束机制问题。针对该部分的尽职调查，实践中一定要避免尽职调查走过场，建议通过对公司治理结构和运行情况的详细尽职调查，具体判断公司的偿债能力和风险程度。

1. 关于三会运作情况的核查

针对发行人股东（大）会（或者法律法规规定的有权决策机构）、董事会、监事会（三会）的设置及运行情况，采取的核查手段包括但不限于：

（1）获取发行人公司章程、三会议事规则、信息披露制度、关联交易制度、对外担保制度等文件。若发行人未设置三会议事规则，需查阅公司章程关于管理运行三会的相关规定，同时若有内部关于发行人职能配置、内设机构和人员编制方案的文件也应当作为底稿提供。

（2）建议获得发行人完整的报告期初至今的三会会议清单并获取全部三会决议文件，若实践中较难取得全部文件，建议对报告期内三会决议文件进行抽查，获取报告期内主要的三会会议清单及相关决议文件，并确保报告期内的重大投资、对外担保、关联交易、非经营性往来、对外融资等重大事项已履行必要的决策程序。由于《公司债底稿目录》中对于决策程序进行了明确要求，如关联交易的决策程序以及报告期内大额非经营性往来占款或资金拆借的决策权限、决策程序等，都应当能找到对应的制度遵循，并按照制度的要求进行相关的决策程序，同时提供核查底稿。

2. 关于内部控制情况的核查

为控制发行人经营管理风险，保证经营业务活动的正常开展，根据《公司法》《证券法》《企业内部控制基本规范》等有关法律、法规的规定，结合发行人的实际情况、自身特点和管理需要，发行人应制定一整套覆盖公司生产经营各层面、各环节的内部控制制度体系，并根据生产经营实际情况不断补充、修订和完善，并予以严格执行。完善内部控制体系既是规范公司治理的要求，也是建立现代企业制度的必经之路。有效运行的内部管理制度能够为发行人长远发展搭好框架。《公司债底稿目录》也对此作了相应的要求。

针对发行人会计核算、财务管理、风险控制等方面的内部管理制度及运行情况，采取的核查手段包括但不限于：

（1）获取发行人会计核算制度、财务管理制度、风险控制制度、重大事项决策制度、信息披露制度、其他内部控制制度，通过查阅制度，核查发行人是否能够对公司各项业务活动的健康运行及执行有关法律法规提供保证，有效控制发行人的经营风险。

（2）获取发行人关于内部管理制度的建立及运行情况的说明性文件。

（3）与审计机构进行访谈，就发行人内部管理制度建立与内控运行有效性进行咨询，从审计机构的角度，确认发行人各项工作是否已形成规范的管理体系，是否有章可循。

3. 关于董事、监事和高级管理人员情况的核查

《债券信披办法》强化了发行人及董事、监事和高级管理人员，控股股东和实际控制人的信息披露主体责任。发行人的董事、监事和高级管理人员作为发行人日常经营事务的管理团队，应当各司其职且相互制约，这样的公司治理结构对于债券发行人公司治理水平的提升亦有所助益。因此，对董事、监事和高级管理人员的尽职调查是维护投资者利益的必然要求。

针对发行人的现任董事、监事、高级管理人员的核查手段包括但不限于：

（1）获取现任董事、监事、高级管理人员的任职文件及简历［简历应至少包括姓名、现任职务及任期（如有）、从业简历、兼职情况等］，确认董事、监事、高级管理人员的任职及设置是否符合《公司法》等相关法律法规及公司章程的相关要求。

（2）获取现任董事、监事、高级管理人员是否持有发行人股份/权和债券情况的说明、调查其任职资格和人数是否符合《公司法》《中华人民共和国全民所有制工业企业法》《关于进一步规范党政领导干部在企业兼职（任职）问题的意见》以及公司章程的规定及要求，如存在不符合规定或要求的情况，需及时要求发行人整改或者如实进行披露。

（3）《上海证券交易所公司债券发行上市审核规则适用指引第3号——审核重点关注事项》第8条第1款规定，“报告期内发行人……董事、监事、高级管理人员涉嫌违法违规被有权机关调查、被采取强制措施或存在严重失信行为的，发行人应充分披露事件起因、进展情况及其对自身经营情况、偿债能力的影响”。由此可见，监管规则对于董事、监事、高级管理人员的诚信状况也十分关注。因此需获取现任董事、监事、高级管理人员是否存在重大违纪违法情况的说明、失信被执行人查询文件及法律诉讼查询文件等重大违纪违法情况的网络查询文件。

（4）根据《上海证券交易所公司债券发行上市审核规则适用指引第3号——审核重点关注事项》第11条的规定，对于报告期内发行人董事、高级管理人员变动频繁或变动人数比例较大的，应核查变动较大的原因及其对发行人组织机构运行的影响。而对于何为变动频繁或变动人数比例较大，监管规则没有给出量化的指标，需要承销商根据实际情况去判断，建议结合上述人员的变动是否影响发行人生产经营的稳定性等角度进行综合判断。

（5）获取对董事、监事、高级管理人员访谈文件，访谈内容可就发行人目前的经营思路、管理模式、经营体制及投融资决策体制，董事、监事、高级管理人员的设置情况，发行人的公司治理结构以及内部管理制度的建立及运行情况，董事、监事、高级管理人员自身经营管理中的优劣势和未来发展机会和潜力评价为重点展开进行。

4. 关于关联交易情况的核查

关联交易一直以来是关注的重点之一，随着《上海证券交易所公司债券发行上市审核业务指南第1号——公开发行公司债券募集说明书编制（参考文本)》的发布，关联交易的披露提到了一个更重要的高度。《上海证券交易所公司债券发行上市审核业务指南第1号——公开发行公司债券募集说明书编制（参考文本)》要求分科目核查应收/应付关联方款项，对应收账款、预付款项、其他应收款、应付账款和其他应收款等需进行重点的披露。实际上，监管机构对中介机构出具的行政处罚或监管措施中也不乏关联交易方面的原因，比如部分公司债券项目工作底稿存在关联方核查结果与发行人披露不一致的情形，或是因未审慎调查发行人关联方及关联关系。

针对发行人关联方、关联关系和关联交易情况，采取的核查手段包括但不限于：

（1）获取发行人的关联方信息，并通过公开信息查询核实发行人的关联方信息，确保关联方信息披露得充分、准确、完整。

（2）获取关联交易管理制度，核查发行人关联交易的规范性，查阅关联交易制度对关联交易的决策权限的约定，确认发行人的关联交易均按照公司章程的相关规定以及相关内部控制流程，在权限范围内履行了决策程序，并获取发行人关于关联方、关联关系和关联交易决策权限、决策程序、定价机制的说明文件，注意判断重大关联交易是否符合《公司法》等法律法规的要求。

（3）获取报告期内发生重大关联交易涉及的决策权限及决策程序文件、合同协议、关于定价机制的说明文件，建议抽取金额重大的关联交易进行核查，决策程序需与关联交易管理制度的约定一致，并有相应的底稿支撑。

（4）将审计报告附注对关联交易的披露与募集说明书的披露核对，核查披露是否一致。在必要时，对发行人关联交易的定价机制进行核查。

5. 关于资金占用情况的核查

资金占用问题是发行人常见的一个信用风险点，通过各种途径的资金占用，将本属于发行人的钱（或资产）转移到发行人外部。针对报告期内资金被控股股东、实际控制人及其关联方占用，采取的核查手段包括但不限于：

（1）获取关于发行人报告期内是否存在资金被控股股东、实际控制人及关联方占用情况的说明。

（2）若存在资金占用，需获取报告期内资金被控股股东、实际控制人及其关联方占用对发行人偿债能力影响的分析说明，并抽查报告期内以及报告期后资金占用凭证及偿还的凭证。

（3）获取报告期内其他应收款、预付款项账龄分析表，关注账龄较长（3年及以上）的其他应收款、预付款项，核查是否存在资金变相占用。如存在占用，分析占用原因、期限、金额、报告期内偿还情况以及未来的偿还计划；资金占用是否按内部决策权限、程序执行，分析判断是否存在违规占用。

6. 关于关联方担保情况的核查

关于发行人报告期内为控股股东、实际控制人及其相关方提供担保的情况，采取的核查手段包括但不限于：

（1）获取发行人对外担保相关制度、对外担保明细、担保合同以及内部决策文件，关注对外担保事项决策程序是否符合《公司法》等法律法规有关规定及内部制度的要求，是否存在违规对外提供担保的情况。

（2）关于报告期内重大关联担保的事项，需获取相关担保合同及内部决策文件。注意核实对外担保明细中属于关联方担保的情形，辅以公开信息查询方式，避免出现关联担保事项的遗漏披露。

（3）获取关于发行人报告期内是否为控股股东、实际控制人及关联方担保的说明。

（4）获取关于报告期内发行人为控股股东、实际控制人及其关联方担保对发行人偿债能力影响的分析说明（加盖发行人公章）。

（5）若确实存在报告期内发行人为控股股东、实际控制人及其关联方提供担保的情形，还应查阅担保合同，程序是否合规，分析提供担保原因、期限、金额、被担保方信用状况，是否需计提预计负债。

二、财务会计信息尽职调查

财务核查是公司债券项目核查过程中最重要的环节之一。企业的财务会计信息，体现了发行人报告期间的财务状况，通过对财务会计信息的核查，分析和判断发行人在未来一段时间之后是否有能力偿还债务，体现了发行人最关键的偿债能力。

从会计学角度出发，企业财务会计信息包含的内容涉及企业会计核算的方方面面，从财务会计制度设置，到财务相关内控的有效性，再到会计准则的选择适用、会计记账是否准确、财务报表的信息披露是否真实、完整等，范围很广；但对公司债券发行过程中财务会计信息的核查，通常是紧紧围绕着发行人在募集说明书中所披露的财务信息进行。

根据监管部门对发行人信息披露的要求，发行人主要财务情况的核查，包括发行人财务报告总体情况、财务会计信息及主要财务指标、财务状况分析以及其他财务相关信息披露几个方面。

（一）发行人财务报告总体情况

财务报告的总体情况，是发行人报告期间的财务报表中所体现出来的财务信息。其中包括会计报表的编制基础、发行人选择的会计核算方式、报告期内合并范围变化情况、财务报表的审计情况等。

1. 发行人披露的财务报告或财务报表是否符合监管要求

首先，应当关注发行人提供的财务报表是否完整。对于公开发行公司债券项目，发行人应当提供最近 3 年的财务报告和审计报告及最近 1 期的财务报告或财务报表；对于非公开发行公司债券项目，发行人应当提供最近 2 年的财务报告和审计报告及最新 1 期的财务报告或财务报表。

其次，发行人披露的财务报告或财务报表截止日是否在规定的有效期之内。发行人财务报表有效期以年度、半年度、季度财务报告的年度末、半年末或季度末为截止日。除监管部门另有规定外，一般来说，发行人最近 1 期财务报告或财务报表在其截止日后 6 个月内有效。特别情况下发行人可以申请适当延长，延长时间最多不超过 1 个月。

同时，如果发行人已在交易所或其他市场对发行人最新 1 期财务报表进行了披露，项目组应当对其与本次债券中相关信息披露的一致性予以关注，并进行核对。对于在境外上市的境内发行人，或发行人合并报表范围内重要子公司为境外上市公司的，如果上市地监管规则不强制要求上市公司披露季度财务报告，为加强境内外监管协调，可豁免提供季度财务报告，发行人所提交的财务报告应与在上市场所披露的最新财务报告保持一致。

当报告期内发生重大资产重组情形时，应核查发行人是否已提供重组前 1 年的备考财务报告以及审计或审阅报告和重组进入公司的资产的财务报告、资产评估报告和/或审计报告，如果重组前 1 年为报告期则无须提供上述报告。

2. 发行人财务报表的编制是否符合会计准则的要求

根据监管规定，发行人编制的财务报告应符合《企业会计准则》、国家相关会计制度的要求。上市公司编制的财务报告还应符合《公开发行证券的公司信息披露编报规则第15号——财务报告的一般规定（2014年修订）》。

发行人财务报表应当以持续经营假设为基础，根据实际发生的交易和事项，按照财政部发布的《企业会计准则——基本准则》（财政部令第33号发布、财政部令第76号修订）、于2006年2月15日及其后颁布和修订的42项具体会计准则、企业会计准则应用指南、企业会计准则解释及其他相关规定（以下合称《会计准则》）编制。

以上规则的适用情况，发行人应当在发行文件中予以相应披露，项目组同时应当结合审计报告，对发行人选择适用的规则是否符合最新的会计准则要求进行适当审核。

3. 发行人报告期内是否发生重大会计政策变更、会计估计变更或会计差错更正

若发行人报告期内存在重大会计政策变更、会计估计变更或会计差错更正情形，则应当对重大会计政策变更、会计估计变更、会计差错更正情况，包括变更或更正的时间、其对财务状况/经营成果的影响以及相关账务处理是否符合《会计准则》、国家相关会计制度的规定等进行相应的披露。

我们对重大会计政策变更、会计估计变更以及会计差错更正的关注，主要是出于财务报表及财务信息的可读性考虑，更重要的是，会计差错更正是对发行人财务规范性进行评估的重要依据之一。

对于重大会计政策变更、会计估计变更以及会计差错更正的核查，一方面应当关注发行人是否已按会计准则规定对重大会计事项进行适用；另一方面，可以将发行人在募集说明书中披露的信息与审计报告进行交叉比对，关注信息披露的完整性和准确性。

4. 发行人报告期内合并范围是否发生变化

公司合并财务报表的合并范围以控制为基础予以确定，公司将其具有控制权的子公司纳入合并财务报表的合并范围。

监管部门规定发行人应当披露包括新纳入发行人合并范围的公司和不再纳入合并范围的公司，披露信息包括其公司名称、注册资本、所属行业、直接和间接持股比例、取得方式等。除新设子公司外，报告期内合并财务报表范围发生重大变化的，发行人还需要披露重大变化的具体情况、变化原因，并对其影响进行分析。

（1）信息披露的完整性

对合并报表范围变动情况的核查，首先应当从发行人处获取截至各报告期末合并财务报表范围的子公司清单，报表范围包括全资子公司、控股子公司等发行人可以实施控制的公司。对于控制的定义和标准，应当以《会计准则》为准。然后，再将清单上的公司进行逐期比对，核查发行人募集说明书中的信息披露是否完整、准确。

最后，为了保证信息披露的完整性，项目组还应当进行网络核查。可以通过天眼查、启信宝、企查查、预警通等第三方信息平台查询，对发行人对外投资情况进行交叉印证。

（2）合并范围变化的原因

当存在持股比例不足50%却纳入合并范围，或者持股比例超过50%却未纳入合并范围的情形时，项目组应当通过对发行人相关人员进行访谈、检查投资/入股协议和内部决策文件等方式，对变化发生的原因进行核查。

对于持股比例不足50%却纳入合并范围的情形，可以通过取得被投资单位的公司章程，了解其股权结构、股东会/股东大会和董事会决策流程，从实质上判断发行人对被投资单位是否能够实施控制，从而判断发行人将其纳入合并范围的认定是否合理。

（3）合并范围变化对发行人的影响

发行人合并范围的变化，除对于信息披露的关注之外，合并范围的变化本身对于投资者决策也起到了重要的参考作用。

可以把企业的合并范围理解成一个“池子”，发行人以其所享有的控制权为标准，把项下的全资子公司或者参股公司的资产、负债等装在这个“池子”里，那么这个“池子”也从侧面反映了发行人的偿债能力。

所以，对报告期内合并范围变化的情况的关注，在于这个“池子”的变化直接反映了发行人体量的变化。如果发行人在报告期内将很多子公司划出了合并范围，那么应当注意发行人内外部经营环境是否发生了变化，发行人控股母公司、实际控制人对发行人未来发展的规划安排等因素，以及这些因素对发行人偿债能力是否存在不良影响。

5. 审计情况

在公司债券发行过程中，发行人聘请符合《证券法》规定的会计师事务所，由其出具针对特定财务报告期间的审计报告。

我们需要关注会计师在审计报告中出具的审计意见类型。审计意见是会计师对发行人财务报表的看法和所持的态度，审计意见类型包括：无法表示意见、否定意见、保留意见、带强调事项段的无保留意见和标准的无保留意见。其中，我们需要对非标准审计意见以及相关事项进行核查。

对于非公开发行公司债券项目，最近两年内，财务报表被出具否定意见和无法表示意见的情形，构成公司债券发行障碍；若审计报告为带强调事项段无保留意见或保留意见，不当然直接构成发行障碍，我们需要关注其所涉及事项是否产生的重大影响。

根据监管要求，发行人需对带强调事项段无保留意见/保留意见的审计报告情况进行披露，包括董事会或有权机构关于所涉及事项处理情况的说明以及会计师事务所、注册会计师对于所涉及事项的补充意见，相关事项对发行人偿债能力的影响等。

6. 会计师事务所变更

报告期内发行人可能会更换会计师事务所。发行人改聘会计师事务所的原因很多，实务中一般包括管理层发生了变化、前任会计师事务所收费过高、被注册会计师出具非标准审计意见、公司管理层与注册会计师在会计处理方法上存在异议等。

中介机构可以通过访谈前任会计师、发行人财务负责人、对比分析审计报告等方式对变更原因进行核查。

除此之外，应当对会计师事务所变更的影响特别留意。譬如，变更前后会计政策和会计估计是否存在重大变化；若发行人在报告期内两次更换会计师事务所，则要关注其报告期内采取的会计政策、会计估计以及重大会计事项处理是否审慎。

例如，Q 股份 2022 年 2 月 17 日公告称，鉴于 A 所审计任务繁重，以及人员调动困难等原因，加上时间比较紧迫，为保证公司 2021 年年报及时披露，拟改聘对公司业务较为熟悉的 B 所为 2021 年度审计机构。这距离 Q 股份上一次聘任 2021 年年度审计机构不到两个月。2021 年 12 月 27 日，Q 股份召开临时股东大会确定 2021 年年度审计机构聘任为 A 所，而 Q 股份 2015 年至 2020 年的年报审计机构均为 B 所。对此，深交所还要求 Q 股份详细说明前后两次变更会计师事务所原因的合理性，并说明是否存在其他原因或事项导致会计师事务所多次变更。深交所也对两家会计师事务所提出问询，要求 A 所说明，Q 股份第二次拟变更 2021 年年度审计机构的具体原因，以及是否做好前后任会计师的沟通工作；要求 B 所说明，是否已对公司 2021 年年度审计涉及的工作内容及范围进行了充分了解与评估，是否充分了解公司面临的风险，是否与前任审计机构开展了必要的沟通。

（二）财务会计信息及财务指标

募集说明书中，发行人应当披露报告期间的财务会计信息及主要财务指标。

财务会计信息包括但不限于资产负债表、利润表及现金流量表。发行人编制合并财务报表的，应当同时披露合并财务报表和母公司财务报表。若发行人报告期内存在重大资产重组情形，还应当根据监管要求，披露相应期间的备考合并财务报表。

发行人应当披露的财务指标包括但不限于偿债能力指标、盈利能力指标、运营效率指标，例如，总资产、总负债、营业总收入、利润总额、净利润、各项现金流量净额、流动比率、速动比率、资产负债率、债务资本比率、税息折旧及摊销前利润（Earnings Before Interest，Taxes，Depreciation and Amortization；EBITDA）、应收账款周转率、存货周转率等，以便投资者阅读。

1. 财务数据和财务指标的准确性

对于财务数据和财务指标情况本身，中介机构首先需要关注以下两点：

第一，募集说明书中发行人披露的财务数据的准确性，即发行文件中所引述的财务数据，与发行人提供的财务报表金额是否一致；不同发行文件中所引述的财务数据之间是否保持一致，比如募集说明书中的财务报表与审计报告中的金额是否一致。

第二，发行人披露的财务指标计算的准确性。中介机构需要通过重复计算的方式，验证发行人计算的各项财务指标的口径和计算方式是否正确，以及是否符合监管的要求。譬如全部债务 = 长期借款 + 应付债券 + 短期借款 + 交易性金融负债 + 应付票据 + 应付短期债券 + 1 年内到期的非流动负债，利息保障倍数 = 息税前利润/（计入财务费用的利息支出 + 资本化的利息支出）。

2. 财务数据和财务指标的分析

在保证财务数据和财务指标准确性的前提下，再对发行人报告期内财务数据和财务指标的变动情况进行分析。

发行人应当对近 1 年及近 1 期占总资产 10% 以上的资产类报表项目、占总负债 10% 以上的负债类报表项目以及变化幅度在 30% 以上的报表项目，分析变动情况及变动原因。

特别需要注意的是，在财务指标触发或满足一些特定标准的情况下，发行人需要根据监管要求，加强针对性信息披露和风险提示，甚至对募集资金使用范围予以限缩。以上交所公司债审核要求为例：

当存在“报告期内有息负债余额年均增长率超过 30%、最近 1 年末资产负债率超过行业平均水平且速动比率小于 1”，以及“最近 1 年末资产负债率、有息负债与净资产比例均超出行业平均水平的 30%”情形时，发行人应披露报告期各期末全口径有息债务情况、报告期内有息债务增长幅度较大的原因及相关财务指标显著高于行业平均水平的原因，并结合公司自身经营情况、财务状况、偿债能力等审慎确定公司债券申报规模，原则上募集资金应用于偿还存量公司债券。

（三）财务状况分析

与财务指标分析不同的是，管理层讨论与分析是发行人根据业务开展、经营规模的自身特征，结合对发行条件、偿付能力影响的评估情况，对影响投资者作出价值判断和投资决策的重要财务会计信息所进行的更为细致的分析。

这里的分析并不要求面面俱到，而应以重要性水平为依据，并围绕着偿债能力进行。发行人应使用投资者可理解的语言，从资产结构、负债结构、现金流量情况、偿债指标、盈利能力、关联交易情况、对外担保情况、未决诉讼和仲裁情况、受限资产情况等角度，对相应的财务数据及指标进行披露，再辅以相应的分析。以上交所公司债监管要求为例，发行人应当对近1年及近1期占总资产10%以上的资产类报表项目、占总负债10%以上的负债类报表项目以及变化幅度在30%以上的报表项目，分析变动情况及变动原因。

1. 资产结构分析

在这一部分，发行人首先披露截至报告期各期末的资产情况，列示各会计科目的金额和相对总资产的占比，这样可以很清晰地判断哪些类型的资产对于发行人来说是“重要”的。以下是部分典型科目的尽职调查方法。

（1）货币资金核查

货币资金是发债企业最重要的资产，因为不管是募集的目的还是偿债的来源，都围绕着一个标的——资金。企业账面的资金反映了企业在现时时点的资金状况，同时，投资者更要对未来企业处于偿还债券时点时的资金状况作出预判，作为债券投资决策的重要依据。

货币资金一般分为库存现金、银行存款和其他货币资金等类型，发行人一般按不同类型进一步披露货币资金的明细。

在对货币资金进行核查时，项目组应取得发行人已开立银行账户清单、货币资金各明细科目的余额明细表、银行对账单等资料，以核查货币资金披露的准确性。项目组也可通过访谈会计师，必要时通过向银行递交函证的方式核查货币资金的受限状态，注意完整保存访谈记录、发函及回函快递面单、前往银行面函拍照及录像等核查底稿。

其中，需要特别注意的是“其他货币资金”。其他货币资金科目通常为发行人向银行申请开具的担保函、信用证、承兑汇票所存入的保证金存款，或为其他目的存入银行的保证金等。

对于“其他货币资金”的核查，首先，应当取得报告期内其他货币资金明细表，分析其他货币资金的构成及变化。必要时，取得并核查相关的原始凭据，核查相关交易的真实性。其次，由于其特殊目的的性质，其他货币资金可能存在权利受限的情形。

若发行人存在存单质押的情形，项目组需要对发行人相关工作人员进行访谈，取得票据融资明细表，核查票据融资的原因、用途和处理计划，是否存在逾期及欠息情形，是否已发生纠纷或存在潜在的法律纠纷等。项目组应当关注该部分受限资产是否按规定进行了充分的信息披露，并对发行人偿债能力带来的影响进行充分分析。《单位定期存单质押贷款管理规定》第 3 条第 1 款、2 款、3 款的规定“本规定所称单位定期存单是指借款人为办理质押贷款而委托贷款人依据开户证实书向接受存款的金融机构（以下简称存款行）申请开具的人民币定期存款权利凭证。单位定期存单只能以质押贷款为目的开立和使用。单位在金融机构办理定期存款时，金融机构为其开具的《单位定期存款开户证实书》不得作为质押的权利凭证”。根据上述规定，单位定期存单开立的目的是质押定期存款而取得金融机构贷款。可见，尽职调查过程中如果发现发行人持有定期存单，相应的存款金额则属于受限资产，应关注该部分受限资产是否按规定进行了充分的信息披露，以及对发行人偿债能力的影响。

关注发行人所属集团是否设立了财务公司归集资金，所属集团与银行是否签署了现金管理协议。在“永煤债”事件中，2021 年 7 月，永城煤电控股集团有限公司（以下简称永煤控股）收到中国证监会行政处罚决定书，涉及虚增货币资金共计 861 亿元等信息披露违规行为。2020 年 11 月，在账面货币资金高达 469. 68 亿元的情况下，永煤控股无法按期足额偿付约 10 亿元本息金额，引起市场关注。中国证监会在调查结果中称，发行人永煤控股自 2007 年成立后，根据控股股东河南能化的要求进行资金归集，永煤控股的资金被自动归集至其在财务公司开立的账户，归集的资金由河南能化资金管理中心负责调度。上述归集的资金属于债权性质的往来款，但永煤控股在财务报表中将其列示为货币资金。在“康得新”事件中，康得新控股股东康得集团与某银行签署了现金管理合作协议，开立联动银行账户，致使康得新财务账面银行存款余额为 122 亿元，实际银行账户余额为0元，大额货币资金已被大股东挪用。由于集团内归集的资金由其他公司负责调度，该部分资金很可能已被统筹用于其他项目或被大股东挪用，无法及时变现，影响发行人资产的流动性和偿债能力。针对上述风险，在尽职调查过程中，项目组可通过查阅发行人与集团财务公司等关联主体签订的资金管理协议（如有）、集团资金归集相关文件和历史上相关货币资金划转的审批记录核查确认发行人的货币资金归集情况，是否存在无法及时调拨、划转或收回的情形，是否实质上被关联方占用，作为"货币资金"而非"其他应收款"列报是否合理，资金归集的主要内容、非经营性往来占款和资金拆借余额的相关信息披露是否准确。必要时，也可通过银行函证方式确认发行人相关账户是否属于资金归集（资金池或其他资金管理）账户。

简言之，货币资金属于资产，故尽职调查的风险在于发行人倾向于"高估"资产规模，同时低估或者隐瞒资产的受限规模，所以核查的重点在于货币资金信息披露的准确性，以及其受限情况披露的完整性。

（2）存贷双高问题核查

项目组需特别关注发行人是否存在存贷双高的情况。存贷双高，是指发行人持有大额非受限货币资金、银行理财产品的同时，账面存在大额的有息借款的情况。需要注意的是，存贷双高的"存"，不仅仅包括存款，还包括各种理财产品，一般体现在发行人资产负债表中的"可供出售金融资产"等科目中。

项目组一方面应考虑货币资金余额的合理性、必要性、真实性，进一步分析异常原因是否指向舞弊。发行人在资金收益率较低的前提下维持大规模有息负债并承担较高的利息支出有悖于正常商业逻辑，可进一步分析广义货币资金的构成，分析资金收益率是否合理，进而判断货币资金是否真实存在、是否存在未披露的资金受限情况。另一方面，若货币资金真实、完整、准确，那么发行人募集资金的必要性则需要合理的解释。

此外，还应充分关注大股东、实际控制人的财务状况，如是否存在高比例股权质押、股权减持、股权冻结、诉讼等事项，结合上述情况对是否存在货币资金舞弊进行综合分析。

（3）非经营性往来占款和资金拆借核查

非经营性往来占款和资金拆借，是指发行人非因生产经营直接产生的对其他企业或机构的往来占款和资金拆借的情形。

非经营性往来占款和资金拆借行为，是债券审核的重要关注点。监管部门设置了

3%、5%和10%三档存量要求，针对不同的要求，发行人应当分别做到：3%——充分披露并作风险提示；5%——承诺债券存续期内原则上不新增非经营性往来占款和资金拆借余额；10%——募集资金原则上应用于偿还存量公司债券，且应进一步披露主要债务方信用资质情况、偿还安排以及资金拆借必要性和合理性，并说明对发行人偿债能力的影响。

同时根据审核反馈意见，监管部门对于非经营性资金占用的审核重点，通常集中在拆借款按经营性和非经营性的分类情况、资金拆借的必要性和合理性、是否履行相应的决策程序上。

①经营性款项的认定

由于监管部门未明确非经营性款项的认定口径，发行人为了规避信息披露要求和拓宽募集资金使用用途等，会倾向于将非经营性往来尽可能认定为经营性往来款。所以监管部门要求，发行人在发行文件中对经营性与非经营性的划分标准进行说明。一般来说，对“经营性往来”的定义包括：与发行人经营业务相关、有真实业务背景、促进发行人业务开展、与主营业务的开展有关联关系、具有经营业务往来背景等；而与业务无关的资金拆借被定义为“非经营性往来”，划分不准确可能导致监管处罚。

如中国证监会北京监管局于2022年4月7日《关于对L控股股份有限公司采取责令改正行政监管措施的决定》中指出发行人存在“公司经营性与非经营性往来界定不够清晰，非经营性往来占款或资金拆借披露不准确”。L控股作为一家投资性公司，以“股权+债权”的形式对合营及联营公司进行投资，支持其业务发展，通过分享收益的模式提升发行人的长期价值。上述对联营公司其他应收款为经营性款项。截至2019年年末，公司其他应收款均为经营性款项。该发行人由于将对合营和联营企业的股权和债权投资均分类为经营性款项，导致受到监管处罚。

另外，对于城市建设企业发行人，监管审核可能会更加关注经营性款项划分的依据和合理性，部分审核会进一步要求补充披露涉及的项目情况。对于这类发行人，经营性往来款项类型通常包括预付项目前期费用、建设项目垫付资金、为保证项目融资而产生的项目贷款保证金等。

②信息披露的完整性

根据非经营性往来占款和资金拆借中可能存在的风险，相应的尽职调查工作重点在于信息披露的完整性。

结合《会计准则》的定义，非经营性往来交易的展开和资金拆借行为，通常体现在会计科目“其他应收款”之中。所以在核查非经营性往来占款时，重点应集中在其他应收款科目上，当然也需要注意“其他非流动资产”或“其他流动资产”科目，是否存在往来款项的可能。

项目组应当取得其他应收款的明细分类表，再基于发行人作出的分类，分别针对经营性往来款项和非经营性往来款项进行抽查，其中对大额款项应当进行重点核查。

对于经营性往来款项，应当核查往来款项形成的原因和背景、交易合同、交易对方与发行人的关系、是否存在关联关系、往来交易与发行人经营业务的关联程度等，判断发行人将其划分为经营性往来是否具有充分依据。核查底稿应当包括往来款项涉及的交易合同、往来款项银行转账凭证，适当时还可以对发行人相关工作人员进行访谈了解情况。

此外，在发行人连续发债的情况下，其在不同市场的披露文件中对同一债务人欠款是否为非经营性占款的认定可能存在差异，建议关注此类差异形成的原因并核查发行人变更认定结果是否具有充分依据。

③非经营性往来款项的合规性

项目组应当取得发行人公司章程、关联交易管理制度或其他关于往来款项管理的相关内部管理制度，对非经营性往来款项的审批流程进行判断，发行人关联交易是否已经由经办人签字、会计审核、分管领导审批等必要审批程序，核查底稿上的审批流程是否已留痕。

发行人及其子公司的非经营性往来占款或资金拆借事项均按照公开、公平和公正的原则进行，非经营性往来占款或资金拆借价格原则上参考市场价格进行定价。项目组应当对资金拆借的利息等进行核查。

但在城市建设企业债券发行中，发行人与当地政府相关部门有良好的合作关系，出于资金调度和使用效率的考虑，双方之间的资金往来不收或者以较低利率收取相关费用。项目组应当取得发行人针对该情形出具的说明文件。

④其他应收款的账龄

对于其他应收款项，还应当关注其账龄。若发行人账面其他应收款的账龄长于行业惯例，则应当关注其可收回性。发行人应当对回款安排进行适当披露，项目组应当对其回款安排和报告期内实际回款情况进行调查。

对于城市建设企业发行人，其账面其他应收款中往往存在对当地政府部门或关联方的其他资金拆借款，项目组应当分析其不能回收的风险，并根据款项规模判断其可收回性对发行人偿债能力的影响。

（4）存货

按照《会计准则》，存货一般包括原材料、库存商品、开发成本、在产品等明细科目。特别是，对于基础设施建设类发行人，其存货科目通常主要由工程建设项目和土地使用权构成。

①信息披露的准确性

项目组应当取得发行人存货项下土地和建设项目的明细情况。

对于计入项目成本的土地使用权，项目组应当取得产权证书，核查发行人披露的土地使用权相关信息是否真实、准确，包括土地位置、取得方式、证载用途、面积。对于开发成本中的建设项目，项目组应当取得项目建设文件，包括建设协议、项目验收等核查底稿，对项目类型、计划总投资、建设期间进行验证。

②资产评估情况

存货的入账方式也应当进行核查，例如土地使用权是以历史成本入账，还是评估价值入账。

若发行人报告期内存在以评估价值入账的资产，且对发行人财务状况和经营成果有重大影响，那么发行人一方面需要对资产情况进行分析，判断资产评估值是否发生了变化；另一方面，需要分析资产评估值增减变化幅度较大的原因，该情形是否会对发行人生产经营产生重大影响，从而影响发行人的偿债能力等。

③建设项目的合规性

建设项目的合规性会对发行人的经营产生重大影响。

项目组应取得相关代建协议或投资协议，并抽查立项、可研报告、环评报告、“四证”等相关批准文件、竣工验收报告、已投入金额的证明等文件，核查项目是否已经过必要的审批程序、已取得必要的授权。

对于发行人及其重要子公司在报告期内已建、在建和拟建项目的核查都适用上述核查方式。

（5）非流动资产核查

对于固定资产、无形资产这类非流动资产，首先应取得发行人账面非流动资产的清单，并将账面价值合计金额核对至财务报表中的一级科目，例如“固定资产”科目期末余额，以确保清单的完整性，样本的完整性是执行核查的前提和有效性的保证。然后再根据重要性水平，对重要的固定资产进行抽样核查，获取相关固定资产的产权文书、交易合同、划拨文件等底稿，核查的关注点包括固定资产所有权是否存在瑕疵、权利是否受限。

发行人有时会存在未取得房产权证的情形，项目组应当与发行人沟通了解未取得权证的原因，并分析该事项对发行人偿债能力的影响。

同时，应当对发行人非流动资产占总资产的比例予以关注。项目组可以通过 Wind 等软件查询如基础设施建设类企业的行业平均情况。如果发行人非流动资产占总资产的比例显著高于同行业可比企业，那么发行人应当对该事项进行适当披露，包括非流动资产的构成，并结合业务情况、行业特征等分析形成上述资产结构的原因，分析该类资产的变现能力情况以及对发行人偿债能力的影响。

对于城市建设企业发行人来说，要特别关注经营性资产不足、固定资产/无形资产占比过大的问题。很多地方政府为了提高此类企业资产质量、盈利水平，甚至信用评级级别，向企业临时注入大量土地、办公楼等资产，但这些资产是否能提高发行人的盈利水平有待商榷。

2. 负债结构分析

负债科目信息披露的核心是有息负债，有息负债规模体现了目前发行人的债务负担情况，同时，根据现有的有息负债规模，投资者也可以了解发行人在债券存续期内和截至本期债券偿债时间点的债务负担情况，作为投资决策依据。但对于负债的尽职调查风险，源自发行人会倾向不披露或者少披露债务规模，也就是信息披露的完整性。

（1）信息披露要求

首先，发行人需将有息负债根据不同类型和报告期内各期末余额分别予以披露。根据监管要求，需披露的有息负债类型包括短期借款、1 年内到期的非流动负债、长期借款、应付债券等会计科目。

其次，有息负债的债务期限结构和融资方式也同样需要披露。企业借款按照融资方式进行归类，通常包括信用借款、保证借款、质押借款、抵押借款、融资性售后租回等。通过融资方式的信息披露，投资者一方面可以了解发行人的信用水平，这体现了金融机构给予发行人的信任程度；另一方面也可以从侧面估计发行人的资产受限规模。

（2）信息披露的完整性

企业的隐性负债有很多种，有的负债可能未体现在资产负债表中，有的属于或有负债，包括对外担保、互保、诉讼赔款等。只有对隐性负债进行充分核查，才能保证债务状态被完整地披露出来。

除参考会计师出具的审计报告并了解其执行的审计程序之外，项目组需通过以下方式进行独立的核查：

①企业信用报告

取得发行人及其合并范围内子公司的人民银行征信中心企业信用报告，将报告中的各项借款明细与发行人提供的借款明细逐笔核对，验证发行人是否已将其披露。

在一般情况下，企业负债大于企业信用报告中的负债余额是正常的，原因在于企业存在非银行贷款；若企业信用报告中显示存在的借款但发行人借款明细中没有披露，则需深入调查原因，是因为记账时间差异，还是发行人虚构了财务报表。

②或有负债类

发行人若涉诉，则可能会给企业带来潜在支出。

对于已判决的诉讼案件，项目组可以通过中国裁判文书网、中国执行信息公开网等进行网络查询，或购买第三方信用报告获得。如果已判决败诉，但企业正在上诉，或者由上一级法院发回重审等，企业应当在资产负债表日，根据已有判决结果合理估计可能产生的损失金额，并把其确认为预计负债。

对于未结案标的，发行人应当根据《会计准则》的要求，反映在财务报表“预计负债”中，并计入当期营业外支出。如果法院尚未判决，企业应向其律师或法律顾问等咨询，估计败诉的可能性，以及败诉后可能发生的损失金额，并取得有关书面意见。如果败诉的可能性大于胜诉的可能性，并且损失金额能够合理估计，应当将其在资产负债表日确认为预计负债。

企业因产品质量、生产安全、环保等原因遭受的行政罚款，尚未完成支付的，亦属于隐性负债。可以通过查询相关监管部门网站，核查发行人曾收到行政处罚的记录。

③隐性负债核查

对于记载在其他会计科目中的隐性负债核查，除通过企业信用报告外，项目组可以抽查大额其他应付款、应付票据和应付账款款项对应的交易合同，核查其业务实质；还可以通过核查发行人银行流水，检查银行相关凭证摘要内容中是否存在如“资产管理”

"保理融资租赁""投资""担保"等非银行金融企业的利息支付或贷款融资收支，对应的负债是否反映在发行人借款明细中；对发行人在登记网站上的抵押信息查询，也可以交叉核实发行人是否存在未披露的负债；另外，还可以结合发行人披露的有息负债规模，对报告期内账面利息费用进行合理性测试，计算借款的利率水平是否符合市场行情，间接判断披露的有息负债规模是否真实。

（3）债务结构分析

发行人债务结构，从多重角度影响公司债券的发行。根据监管要求，债务结构影响了公司债券的申报规模或募集资金使用用途安排：

①债务结构是否不均衡

如银行借款余额低于有息负债总额的30%、银行借款与公司债券外其他公司信用类债券余额之和低于有息负债总额的50%的情形，该情形下募集的资金应优先用于偿还存量公司债券。

②有息债务结构是否发生大幅变化

应当根据各期末有息债务结构、变动情况、变动原因及其对自身偿债能力的影响，并结合相关情形审慎确定公司债券申报规模。

③短期债务是否上升

应当根据具体情况审慎确定公司债券申报规模及募集资金用途。

④公司债券是否集中兑付

应当核查是否存在合并报表范围内公司债券存量余额较大且存在显著债务集中兑付压力的情形，从而根据具体情况审慎确定公司债券申报规模；原则上募集资金应优先用于偿还存量公司债券。

⑤余额占比是否达到40%

发行人非公开发行公司债券余额占最近1期末净资产比例达到40%，再次申请非公开发行公司债券的，应结合自身经营情况、财务状况、偿债能力等审慎确定公司债券申报规模，原则上募集资金应用于偿还存量公司债券。

⑥是否存在过度融资情形

若发行人报告期内有息负债年均增长较快，或资产负债率及其增长水平、有息负债与净资产比例超出一定的行业平均水平，应根据具体情况审慎确定公司债券申报规模，原则上募集资金应优先用于偿还存量公司债券。

承销商应就以上事项对发行人偿债能力的潜在影响，同时结合发行人有息负债的结构特征，进行不同维度的分析。

纵向上，关注发行人自身的债务结构在报告期内是否发生大幅变化。例如，发行人是否存在银行借款余额被动大幅减少、授信规模下降、借款期限是否发生变化的情形。因为银行等金融机构给予发行人的借款额度，体现了市场机构对于发行人偿债能力的信任水平。若发生授信规模收缩、借款期限越来越短的情形，则应当对发行人资信水平做更深入的尽职调查，核实变化的原因并分析其对本次债券发行是否产生实质性影响。

横向上，偿债能力相关的财务分析，离不开行业内的比较。横向分析是将发行人与同行业其他企业在同一时间点或同一期间内进行的比较。不同行业的企业基于业务属性的不同，通常会搭建不同的债务结构，故隶属于不同行业的企业的财务数据，通常也不具有可比性，参考意义不大。所以，对发行人财务比率，如资产负债率进行分析时，应选择发行人所属行业的平均资产负债率作为参考依据，而不是简单地挑选一个绝对数值作为标准。

监管规则对于“与同行业平均水平存在较大差异的情形”的衡量标准，通常指发行人相关财务指标与同行业平均水平差距超过30%。发行人可以根据实际情况加以判断。

3. 现金流量分析

企业的现金流量表按照现金流动的不同目的，分为经营活动产生的现金流、投资活动产生的现金流和筹资活动产生的现金流。

（1）经营活动现金流

发行人经营活动产生的现金流入为销售商品、提供劳务收到的现金和收到其他与经营活动有关的现金，收到其他与经营活动有关的现金通常包括往来款、利息收入及政府补助等。经营活动产生的现金流出主要为购买商品、接受劳务支付的现金及支付其他与经营活动有关的现金。

为了解发行人报告期内的盈利能力情况，在进行经营活动现金流分析时，对以下方面予以关注：

①报告期内经营活动现金流量净额是否存在持续大额为负或持续下降的情形。若存在，则可能说明发行人的业务经营情况堪忧，或发行人所处市场环境发生了重大不利变化，发行人目前不具备盈利能力，或者现有盈利能力缺乏可持续性，从而导致偿债能力存疑。

②报告期内经营活动现金流入金额是否存在大幅波动或流入构成大幅变化的情形。若存在，则可能说明发行人的经营业绩即产生现金流的能力不稳定，那么投资者应考虑在未来偿债期限届满时，发行人是否具有足够的现金流。

③报告期内销售商品、提供劳务收到的现金流入占营业收入的比例是否存在持续显著低于同行业可比企业平均水平的情形。若发行人主营业务的现金流入对营业收入占比过低，要么说明发行人业务性质本身能够带来的现金少，通常用票据结算，对其偿债能力的“帮助”有限，要么说明发行人的行业地位不够高，对其下游客户的“话语权”有限。但监管规则对于占比比例，关注的是发行人与同行业企业相比是否正常，若出现显著低于同行业可比情况，除前述关注点外，项目组更需要重视的是发行人披露的营业收入是否真实。

④报告期内是否存在经营活动现金流入对收到其他与经营活动有关的现金流入依赖度较高的情形。根据《会计准则》的要求，该科目反映的是与发行人营业活动没有关系的活动所带来的现金流入，这种活动往往不具有可持续性；若发行人的现金流入过于依赖这种活动，那么发行人现金流入就没有保障，稳定性欠缺，从而导致偿债能力存疑。

根据监管要求，当发行人出现上述情形时，应当结合行业特征、具体业务板块经营情况等披露产生相关情形的原因、合理性及其对自身偿债能力的影响，并量化分析偿债资金来源，说明偿债安排的可行性。

（2）投资活动现金流

发行人投资活动产生的现金流入，为收回投资收到的现金和取得投资收益收到的现金，如分红等；投资活动产生的现金流出通常为投资支付的现金和购建固定资产、无形资产和其他长期资产支付的现金。

如果报告期内发行人购建固定资产、无形资产和其他长期资产支付的现金或投资所支付的现金金额较大，则发行人应披露主要投资活动现金流出的具体投向、预计收益实现方式及回收周期，相关投资对发行人本次债券偿付能力的影响。

投资活动现金流出的具体投向可能包括股权投资、固定资产投资、无形资产投资、金融产品投资等。在对发行人披露的投资分类进行核查时，项目组应当取得项目的交易文件，通过审阅文件中的项目描述、条款等来判断投资的实质。例如，如何区分股权投资、债权投资及固定资产投资。若投资项目建成后，项目资产所有权或使用权归属于发行人，资产后续形成的经营收入、租赁收入等收益也归属于发行人，那么通常归类为固定资产投资；若在项目投资中，发行人提供资金，后续按期间收取固定回报，则通常构成债权投资；若在项目投资中，发行人与其他方共同出资，在项目建成后，与其他投资方按照一定比例对投资项目的经营收益进行分红的方式获取回报，则通常构成股权投资。

投资活动现金流体现发行人对外投资的决策风格，投资是否存在多元化，由此投资者可对债券存续期内投资活动可能占用发行人的资金体量，是否会对发行人偿债能力产生负面的影响进行判断和预估。

（3）筹资活动现金流

发行人筹资活动产生的现金流入主要为取得借款收到的现金；现金流出通常为偿还债务支付的现金，偿付利息支付的现金和支付其他与筹资活动有关的现金。

如果报告期内发行人筹资活动现金流量净额持续大额为负或大幅波动，说明发行人在银行或其他金融机构处的融资能力可能发生重大不利变化；若发行人筹资渠道发生较大变化，比如发行人发生报告期末通过信托借款等非标准融资占比大幅增加等情形，说明存在发生银行抽贷的可能性。此时，在募集说明书中，发行人应当披露包括变动情况、变动原因及其对自身偿债能力的影响。

除以上对发行人报告期内现金流量变动情况的纵向分析外，还应当关注发行人现金流量结构特征、变动趋势与同行业可比企业的情况相比，是否存在显著差异。若存在显著差异，需要关注发行人是否履行了信息披露义务，分析产生差异的具体原因及合理性，相关情形对发行人偿债能力的影响，如果影响较大，发行人应当量化分析本次债券偿付资金来源，细化偿债安排。

4. 盈利能力分析

盈利能力是发行人现金流最核心的源泉。一家企业的盈利水平，从财务数据上看，最直接体现在营业收入、毛利润、毛利率等之中。

首先，应注意发行人以下财务指标的变动情况：如报告期内是否存在净利润持续为负的情形，若存在，则说明发行人可能不具有可持续的盈利能力；报告期内是否存在营业收入、净利润持续下滑或大幅波动的情形，若存在，则说明发行人的业务可能存在不稳定的因素，该事项可能会影响发行人的偿债能力；报告期内是否存在毛利率波动较大或与同行业可比企业存在较大差异的情形，若存在，则说明发行人盈利能力不稳定，同行业竞争力低，甚至业绩存在造假的可能。

除以上分析外，项目组应当关注发行人是否根据监管要求进行了完整、准确的披露，包括结合业务开展情况披露具体原因、盈利可持续性及其对自身偿债能力的影响。

其次，利润表的构成部分，对于公司债券发行人，特别是城市建设企业发行人，值得关注的科目是投资收益、营业外收入和其他收益。

企业的非经常性损益通常包括股权投资分红、二级市场投资收益、权益法核算的长期股权投资收益、投资性房地产增值等；营业外收入中产生较大影响因素的，主要是资产处置收益；还有计入当期损益的政府补助，根据其是否与企业日常经营相关，分别计入“其他收益”或“营业外收入”科目中。

（1）资产处置

涉及资产处置交易事项的，应当取得相关交易协议等资料进行核查，确认发行人的信息披露是否完整，包括相关交易背景、相关交易协议签署、定价依据及交易价格合理性等情况，以及自身盈利能力可持续性。项目组应当取得资产交易相关协议、银行转账凭证等证据进行核查。

发行人的盈利较为依赖于上述非经常性损益的，通常意味着盈利能力不具有可持续性。特别是对于通过出售资产才盈利的企业，更需要关注出售资产的交易是不是关联交易。

2021 年 9 月 1 日，中国证监会对 H 集团及相关当事人下达行政处罚决定书，查明 H 集团存在违法事实：2017 年至 2018 年，H 集团通过转让子公司股权并提前确认投资收益的方式，虚增 2017 年及 2018 年合并利润表归母净利润，导致 H 集团 2017 年、2018 年年度报告中存在虚假记载、非公开发行公司债券披露的文件存在虚假记载、银行间债券市场信息披露违法的情况。实际上，截至 H 集团各确认投资收益日，股权转让合同项下的交易均未完成：被转让的股权的所有权上的风险和报酬并未实质转移，且 H 集团未取得股权转让价款。故股权转让收益均不能确认。

对于这类非经常性交易需要特别注意，发行人是否通过这种方式虚增当期利润，以实现完成业绩指标、满足发行条件的目的。

另外，发行人还有可能将相关资产压价出售，即通过出售行为隐匿资产。这种“缩表”行为直接影响发行人的偿债能力。

（2）投资性房地产增值

根据《会计准则》规定，企业采用公允价值模式对投资性房地产后续计量时，应当根据报告期末投资性房地产的市场价值对其账面价值进行调整，增减部分计入“公允价值变动损益”科目。

由于“公允价值变动损益”直接影响发行人利润，而其金额的计量又完全依赖于发行人能够从活跃的房地产交易市场上取得同类或类似房地产的市场价格及其他相关信息，所以项目组需对投资性房地产公允价值估计的合理性保持审慎态度。

在过往的债券违约案例中，某债券的发行人存在非流动资产中投资性房地产占比较大，投资性房地产评估增值率较高的情形。2018~2020年，公司投资性房地产占总资产比重分别为30%、29.1%和33.9%，占比很高。同时，截至2019年年末，公司投资性房地产270.23亿元，累计实现增值167.99亿元，累计增值率164.30%，增值率很大；而2019年，公司实现租赁收入3.42亿元，占期末公允价值的1.27%。相较于租金规模，投资性房地产的评估价值存在高估的可能。

项目组在对投资性房地产增值情况进行核查时，需从发行人处获取充分的价值估计依据，如第三方专业机构出具的房屋价值评估报告，并收集房产所处地段附近的同类型房屋价格信息等，还可以将一定期间内房屋价格变动趋势与当地房地产市场走势情况进行比较，分析发行人投资性房地产增值是否存在高估的可能。

（3）政府补助

城市建设行业发行人的主营业务，基本上是市政基础设施、交通水务等公共服务项目的建设，具有公益性和非营利性的特征，盈利情况不佳，那么政府补助就成为此类发行人盈利来源之一，但这种来源的可持续性是不确定的，故属于非经常性损益。

在对政府补助进行尽职调查时，关键点在于政府补助的真实性、准确性，以及会计核算是否合规，因为政府补助事项可能导致发行人盈亏反转。

首先，应自发行人处取得报告期内获取的政府补助完整明细清单。

其次，对于政府补助的真实性和准确性，应当查验政府出具的相关补助文件、收款单据等直接证据，相关文件通常包括政府出具的补助文件和公司已获得相关资产的凭据。必要时，还应查验公司申请文件、项目验收报告和重要会议纪要等相关材料，并将相关项目资料与政府文件内容进行比对。重点关注发行人是否存在在不具备政府文件、未满足政府补助文件中列明的条件时即确认补助收入的情形，是否存在对于补偿公司以后期间发生费用的政府补助，是否存在在相关费用尚未发生时即确认了补助收入的情形，是否存在不是按照定额标准赋予的政府补助的情形，在未收到补助金额时即确认补助收入的依据是否充分。

最后，对于会计核算的合规性，关注点在于发行人是否正确区分资产相关和收益相关的政府补助，因为收益相关的政府补助是发行人的盈利表现，项目组应当取得充分的确认依据。

5. 对外担保

对外担保，对企业来说是一种或有负债，一直是监管部门对公司债券审核的重点关注事项之一。

公司债券发行中，对外担保可能存在潜在风险，一方面在于信息披露的完整性和准确性，因为发行人会倾向于隐瞒对外担保交易或者低估对外担保的规模；另一方面在于对外担保可能会给发行人带来代偿风险，从而影响发行人的偿债能力。

（1）信息披露的完整性和准确性

①对外担保是否完整披露

对完整性的核查，应取得发行人盖章确认的截至报告期末或某特定日期的对外担保情况明细清单，了解对外担保整体情况，还应取得发行人及其合并范围内子公司的人民银行企业征信报告（完整版），其中通常包含企业对外担保的信息。然后，通过将征信报告中的担保信息，核对企业提供的担保明细清单，可以核查清单上披露的对外担保交易是否完整。需要注意的是，必须从征信报告中选取对象与清单核对，反之则达不到对完整性的核查目的。

②对外担保披露金额是否准确

对金额准确性的核查，项目组可以将对外担保明细清单上的汇总金额，核对至审计报告，进行交叉比对。还应对担保明细进行抽样调查。选取一定数量的担保交易，取得其相应的借贷协议、担保协议、担保函等文件，核查文件中被担保方、担保金额/限额、担保期限等信息与担保明细中披露的内容是否一致。

③对外担保是否合规

对合规性的核查，首先应取得发行人的公司章程，再按照《公司法》、监管相关规则以及公司章程的规定，核查对外担保的决议机关、决议程序、审批过程以及担保限额等是否满足要求，应关注审批文件是否齐备、审批人员是否具有相应的权限、是否存在越权担保，以及在关联担保的情况下，应当回避表决的股东是否参与了表决等。

（2）代偿风险

对代偿风险的考量，也包括两个方面：一是对被担保方资信水平的评估，也就是被担保方违约的概率，一旦被担保方违约，发行人就有可能要承担担保责任；二是发行人自身是否有能力提供担保以及能够承担多少担保责任。

代偿风险的根源在于所担保主体的偿债资金链断裂，所以需要对债务负担较重、盈利能力不佳、自身偿债资金来源不稳定的被担保方给予关注。对被担保方信用水平的核查，与核查发行人信用水平的逻辑和程序基本一致。核查内容应当包括其基本信息、财务状况、最新评级水平、信用情况等。

①对于被担保方的基本信息，重点在于了解被担保方的性质，属于国有企业还是民营企业，发行人为信用资质较弱的民营企业提供担保在一定程度上会增加其自身的代偿风险；其与发行人之间是否存在关联关系，需要特别注意被担保方是否为发行人控股股东或实际控制人。在上市公司监管规定中，将为大股东及其附属企业承担担保责任而形成的债权认定为大股东对上市公司的非经营性资金占用。虽然公司债券不存在类似规定，但背后的逻辑是一致的。由于控股股东、实际控制人对发行人的话语权较重，会要求发行人对自己或关联方提供担保，借机进行利益输送，不利于发行人的生产经营，也影响发行人的偿债能力，所以在对此进行核查时需要保持审慎态度，重点关注担保行为的商业逻辑和合理性。

②对于被担保方的财务状况，应当取得其最近 1 年及 1 期的审计报告和财务报表，了解其资产总额、债务负担，通过营业收入和净利润等财务数据，了解其盈利能力和经营状况，通过现金流量分析，了解其主营业务获取现金的能力。

③对于被担保方的信用情况，应当取得评级报告，了解市场对其信用水平的外部评价；通过审阅企业信用报告，核查其历史信用记录，是否存在违约情形；通过对被担保方的诚信情况进行一系列的网络检索，如涉诉情况，核查其是否存在重大诉讼事项、是否为失信被执行人等。

④对于城市建设企业债券，应特别关注可能存在的互保情形。此类企业通常不仅对外担保关联方债务，而且其自身的负债又被其他同类企业担保。企业之间担保关系的连环性，会增加代偿风险的积聚，容易引发区域系统性风险。对于依赖政府支持的城市建设企业，需要充分考察地方政府对此类企业的支持能力和支持意愿，同时，关注被担保方的信用状况以及融资渠道是否畅通。

上述一系列核查手段，并不是为了对被担保方的信用情况发表意见，而是通过核查，对发行人的潜在代偿风险进行整体评估。若风险较大，则应关注发行人是否已履行相应的信息披露义务，是否在发行文件中对投资者作出充分的风险提示。

同样地，对于发行人的担保能力，监管部门设置了信息披露的要求。若发行人存在对外担保金额占发行人净资产比例较大情形（根据参考文本，担保余额较大指发行人截至最近1年末对外担保余额超过当期末净资产），则应当在募集说明书扉页中就重要影响事项作“重大事项提示”，提醒投资者关注，因而承销商应当核查和确认发行人是否按要求进行了信息披露。

三、发行人及本期债券的资信状况尽职调查

发行人的信用状况，一般从多个维度进行考察，包括聘请资信评级机构对发行人主体、本次债券进行信用评级，出具信用评级报告，一方面，供公司债券投资者参考；另一方面，便于关注发行人日常生产经营的履约过程中所体现出来的信用情况。

（一）信用评级

债券的信用评级，是以企业或经济主体发行的有价债券为对象进行的信用评级。债券信用评级一方面直接关系发行人的债务融资成本，信用等级高的发行人可以以较低的利率发行债券；另一方面，为投资者作出正确合理的投资决策提供了客观的依据，也为证券市场监管部门对证券市场运行的监管提供了依据。

公司债券的信用评级，包括主体评级和债项评级两种。主体评级，是评级机构根据债券发行人自身的经营情况、财务状况、股东背景、行业发展等一系列因素，综合评定给出的发行人的信用资质评级；债项评级是对债券交易本身的特定风险所进行的计量和评估，也就是对具体实体所发行的某一特定债券，其按期还本付息的可靠程度进行评估。

应关注发行人是否根据债券发行要求，在发行债券时聘请了资信评级机构出具评级报告，以及发行人是否在募集说明书中根据监管的要求对其所聘请的资信评级机构对发行人主体或债券的信用评级情况进行披露。

对信用评级情况，项目组需要关注以下几点：

第一，发行人最近3年在境内发行其他债券、债务融资工具委托进行资信评级且最近一次主体评级结果（含主体跟踪评级结果）与本次主体评级结果是否存在差异。发行

人评级发生变化，特别是评级下调，可能意味着发行人的生产经营等发生了负面变化，导致资信评级机构对发行人的信用水平产生疑虑，故而调整了对其的评级。其中的原因有很多，可能包括发行人所处行业受到国家监管限制、发行人及其控股股东和实控人发生失信行为、发布预计亏损的业绩预告、对外担保体量增加导致对外担保代偿风险增加等。

2022年5月，某评级机构发布公告称，决定将某公司的主体信用等级由“AA-”调整至“A”，同时将“12XX债”的债项信用等级由“AA-”调整至“A”。事件原因：本次评级下调主要是基于会计师事务所继续给发行人出具带有保留意见的2021年审计报告，公司融资渠道单一，仍面临较大的融资压力，2021年公司短期偿债压力继续增加，其他应收款仍面临很大的回收风险，对外担保代偿风险较大等风险因素。而且公司控股股东和实控人已被列为被执行人，公司再融资能力受到一定限制。综合考虑，评级机构给予公司负面的信用评级展望。

评级上调的原因，可能包括外部环境的向好，如区域经济及财政实力增强，经营业务得到国家政策支持、政府和股东增加了资金投入或支持，发行人发生资产重组、股权无偿划拨等因素导致的公司资产以及权益规模大幅增长，或者内部调节的改善，包括发行人经营收入或利润增长、债务结构优化等因素。

所以，当发行人发生评级下调情形时，不仅需要关注其信息披露，更应研究其发生的原因，是否对发行人的流动性状况和偿债能力产生不利影响。

第二，是否存在债项评级高于主体评级的情形。一般来说，市场上主体评级与债项评级相对应，并且债项评级不会高于主体评级。债项评级高于主体评级的原因包括有更好资质的主体为本次债券发行提供增信，如不可撤销连带责任担保。

第三，评级机构针对不同行业、属性的企业，使用不同的评级方法和模型进行评级活动，评级观点中通常包含发行人外部环境，如所处地区经济实力、主营业务区域专营性、所能获得的股东或财政支持，以及内部状况，如发行人整体盈利能力、资金来源是否存在依赖性、利润总额对政府补贴是否存在依赖性、资本支出压力预测等。

在审阅评级报告时，关注报告中的评级观点，将其作为核查的参考依据之一，同时也可以用来衡量发行人的风险因素披露是否完整。

（二）银行授信的核查

尚未使用的银行授信额度，是影响发行人偿债能力的重要因素，反映的是发行人在资金紧张的情况下快速从银行取得流动资金的“资格”。

在尽职调查过程中，项目组首先应取得发行人盖章的银行授信情况统计表，包括授信机构、授信额度、已使用授信额度和尚未使用授信额度。

其次，从统计表中抽取大额授信额度及大额尚未使用授信额度所对应的授信文件，如综合授信协议、战略合作协议、借款合同、银行系统内部授信审批文件等。有些借款合同给予借款人分期提款的权利，故将授信额度明细与银行借款合同金额进行交叉核对，已使用授信额度与有息债务余额进行比对，若存在差异，应当调查原因。

同时，还可以取得发行人及其合并范围内子公司的人民银行企业征信报告，其中通常包含发行人授信信息，可将其信用额度的汇总合计金额与发行人所披露的授信额度信息进行核对，核查信息披露的真实性、准确性。

（三）债务违约情况

发行人过往是否存在债务违约情况，虽然不能代表其本次发行债券未来是否将会发生违约，但从一定程度上反映了发行人的历史债务信用情况。如同银行机构在个人购房贷款业务中，需对个人征信记录进行查询的前置程序要求一样。如果个人的征信记录中存在信用卡违约，那么可能影响银行对个人放贷额度，甚至被银行机构拒绝贷款。

在对发行人债务违约情况进行尽职调查时，核查范围应当覆盖发行人及其主要子公司在报告期内的公司债券、银行贷款以及其他债务工具的履约情况。

针对发行人债务履约情况核查的手段包括但不限于：

（1）获取发行人及其主要子公司的人民银行企业征信报告（详细版），并对征信报告中的信贷记录明细进行核查，关注金融机构对各项信贷记录的分类属性（“五级分类”），是否存在非“正常类”的情形；若存在，应进一步研究其发生的原因，分析是否存在潜在信用风险。

（2）对发行人及其主要子公司的诚信情况进行网络核查。根据沪深交易所的监管要求，需对发行人是否为失信被执行人、重大税收违法案件当事人、安全生产领域失信生产经营单位、环境保护领域失信生产经营单位、电子认证服务行业失信机构、涉金融严重失信人、食品药品生产经营严重失信者、盐业行业生产经营严重失信者、保险领域违法失信当事人、统计领域严重失信企业、电力行业严重违法失信市场主体、国内贸易流通领域严重违法失信主体、石油天然气行业严重违法失信主体、严重质量违法失信行为当事人、财政性资金管理使用领域相关失信责任主体、农资领域严重失信生产经营单位、海关失信企业、失信房地产企业、出入境检验检疫严重失信企业等情况进行查询调查，并完成诚信信息查询情况表。

(3) 对报告期内债务偿还相关的交易进行抽样，取得发行人偿还债务的银行转账凭证底稿并进行核查。

(4) 取得发行人就其信用和履约情况出具的承诺声明。

(5) 可以通过对相关方进行访谈等方式了解发行人的信用状况。

若在整体核查过程中，对发行人信用情况存在疑虑，则可以对发行人日常经营过程中的履约情况进行核查。通过网络查询发行人及其主要子公司的涉诉情况，是否存在因违约而被诉讼的情形。

(四) 地方财政隐性担保

目前监管规定明确禁止地方政府为城投类企业发债担保，监管部门也要求信用评级机构应当完善评级办法，基于企业信用情况开展评级工作，不得将企业信用与地方政府信用挂钩，虚高评级结果，但目前评级机构对城投债的评级分析体系中仍可能考虑地方财政对城投企业的影响。这体现在地方财政实力的分析上，考虑的因素主要包括地方财政总收入、地方财政收入构成、一般预算收入、本级转移支付收入、税收返还等指标。

一方面，评级机构会通过建立评级模型，比较各地区的税收收入、转移支付收入占比及基金收入占比等指标，横向比较地区之间的财政实力，确定地区内的城投债级别；另一方面，现在各个地方政府为了拓宽融资渠道，通常在一个区域内设置多家城投类企业承担建设任务，但这在一定程度上分散了政府的资源和支持力度，所以评级机构会把区域内城投平台的数量、政府注入资本、发行人承担建设项目的数量等方面，作为衡量发行人“所处地位”的指标，也就是发行人在当地的重要性。

虽然承销机构不需要对地方财政对城投企业的影响发表意见，但项目组在综合评价发行人偿债能力时，应当考虑这方面的因素。

四、募集资金运用尽职调查

公司债券募集资金的使用用途包括偿还债务、补充流动资金、项目投资、股权投资或资产收购等。一般公司债券募集资金违规使用的风险以及监管部门关注的重点是债券发行后发行人是否能够合法合规地使用募集资金，如违反规定擅自改变募集资金使用用途。但此类募集资金的违规使用情形，发生于债券存续期或受托管理期间内。对于发行时募集资金运用的尽职调查，主要包括两个方面：一是募集资金用途的合规性；二是募集资金使用安排的合规性。

（一）募集资金用途的合规性

监管部门对募集资金的使用用途存在禁止性规定，首先应关注发行人的募集资金使用用途是否违反这些禁止性规定。例如，公开发行公司债券募集的资金不得用于弥补亏损和非生产性支出，涉及房地产业务的发行人债券募集资金不得直接或间接用于住宅地产开发项目。

其次，对于不同的募集资金投向，核查方式是不同的：

（1）若募集资金用于项目投资，应当获取募投项目的资料，包括但不限于募投项目基本信息、募投项目审批文件、可行性研究报告、项目进展情况、工程阶段性验收文件、已投入资金的投入证明等。其中，募投项目基本信息应当涵盖项目总投资金额、已投资金额、资本金比例等内容；募投项目审批文件应当包括但不限于立项、备案，以及发行人所处地区土地、环保等监管部门出具的批准文件；可行性研究报告应当由有资质的专业机构出具。若核查过程中发现发行人尚未取得上述文件，应调查尚未取得的原因，并由发行人出具声明文件。

在取得上述文件后，项目组应当核查募投项目的资金是否符合国家规定，以及发行人是否就募投项目的基本情况、总投资额、已投资额、资金到位情况、其他资金来源和拟使用募集资金额度等情况进行完整、准确的披露。

（2）若募集资金用于偿还有息债务，应对拟用于偿还有息债务的具体金额、合理性进行核查。第一，应取得发行人拟偿还有息债务清单，内容包括债权人名称、债务金额、到期时间、拟使用募集资金的金额等；第二，项目组应对拟偿还债务的相关借款合同、银行转账凭证等进行核查，以保证信息披露的真实性；第三，应取得发行人对公司财务状况影响情况的说明。

在核查时，项目组应特别关注有息债务的期限、到期金额和贷款用途等，从而判断拟偿还债务的安排是否合理，同时，也应当注意募集资金拟偿还的金额，不得超过本次公司债券存续期内发行人到期的债务规模。

(3) 若募集资金用于补充流动资金，根据监管要求，发行人应当明确具体地披露拟补充流动资金的金额。如果拟投入金额较大，那么应在披露具体用途的同时，量化分析补充流动资金规模的合理性。

发行人在证明补充流动资金规模的合理性时使用现金流预测的，应当取得现金流预测相应的计算依据，如模拟计算表。对于计算表，应对其合理性进行深入细致的分析，分析角度包括但不限于：模拟计算基础所选用的财务数据与发行人报告期末财务报表是否一致、发行人选取的未来增长率是否符合发行人所处行业发展趋势以及发行人自身特点等。

(4) 若募集资金用于股权投资或收购资产，应获取必要的审批或许可文件、股权收购协议、评估报告、审计报告、尽职调查报告、国资审批和备案文件、发行人对被收购企业的业务情况说明等，并应通过访谈或实地走访来了解标的公司或资产的实际运行情况。特别是对于国有企业购买非国有资产或者处置国有资产事项的，则对标的股权或资产进行评估和审计是必要程序。

最后，应当获得发行人出具的关于规范使用募集资金的承诺声明文件，应当特别注意承诺内容的完整性。例如，根据监管要求，城市建设企业应在募集说明书中承诺本次债券不涉及新增地方政府债务，不用于偿还地方政府债务或违规用于公益性项目建设，并声明地方政府对本次债券不承担任何偿债责任，项目组应当注意城市建设企业发行人所出具的承诺是否符合监管要求。

在分析募集资金运用安排时，应结合发行人财务状况进行考量。交易所对于部分债务负担较重的发行人，通常会要求其将募集资金优先用于偿还存量公司债券或其他有息债务，保持合理的融资结构。应当就监管要求与发行人保持沟通，对募集资金使用安排进行调整。

（二）募集资金使用安排的合规性

对募集资金使用安排的合规性核查主要如下：

(1) 核查募集资金规模、募集资金使用用途计划是否经发行人股东大会、股东会、董事会等内部相应授权和决策机制批准通过，即本次债券发行决策文件中是否包含募集资金规模、使用用途等信息。

（2）关注发行人内部是否已制定募集资金管理制度，管理制度的设置是否合理、可行，是否可以覆盖募集资金使用中存在的风险，并应取得发行人盖章版制度文件。

（3）关注发行人对本次债券发行是否已指定募集资金专项账户，用于公司债券募集资金的接收、存储、划转，以及是否在募集说明书等文件中披露了专项账户的管理安排。

（4）关注发行人是否已就债券存续期内募集资金使用计划调整的内部决策权限、决策程序和风控措施进行了相应的安排，并核查相关内容是否已体现或披露在募集资金使用管理制度、募集说明书、债券持有人会议规则及债券受托管理协议等文件中。

（5）将取得的债券持有人会议规则、募集资金账户与偿债资金专户监管协议等文件中的约定内容，与募集说明书中披露的内容进行交叉比对，以保证信息披露的准确性和完整性。

五、增信机制、偿债计划及其他保障措施

发行人可以通过各种增信手段或措施，提高自身信用等级，增进债券信用，降低债券违约率或减少违约损失率，从而降低债券持有人承担的违约风险和损失。增信的手段多种多样，主要的增信方式主要有第三方担保、抵押担保以及质押担保三种。此外，还有提供流动性支持以及差额补偿承诺等增信的方式。抵（质）押担保的增信等级主要取决于到期日抵（质）押担保的资产价值对于债券本息的覆盖率，抵（质）押资产覆盖率越高，违约时债权人的权益保障程度就会越高，违约损失越少，则增信的效果越好。抵押担保常见的抵押物有土地使用权、房屋及其他地上定着物、机器设备等。质押担保常见的质押物有动产质押以及权利质押。采用应收账款作为质押品进行担保时，一般价值应在1.5倍以上，以土地使用权作为抵押品进行担保时，需提供的土地评估价一般在2倍以上。而第三方担保的增信方式一般为发行人主体的债项级别与第三方担保的主体信用等级保持一致，在市场上较多增信方式采用第三方担保的方式进行。

（一）保证人信息记录

1. 针对保证人为法人或其他组织的核查手段包括但不限于：

（1）获取保证人的营业执照、公司章程，若第三方担保为专业担保机构，则还需提供相应的业务资质证明。

（2）获取诚信信息查询文件（包括中国证监会证券期货市场失信信息公开查询平台

查询截图、企业信用报告、国家企业信用信息公示系统查询截图、国家税务总局的重大税收违法失信案件信息公布栏查询截图、中国执行信息公开网失信被执行人信息查询平台查询截图等，可参照上交所制定的诚信信息查询情况表的要求进行查询并获取底稿），同时，对保证人的诚信信息查询动态跟踪，进行定期网络查询。

（3）获取最近1年的财务报告/审计报告（如经审计）及最近1期的财务报告或会计报表，判断是否发生影响其担保能力的重大不利事项。

（4）获取保证人最近1年及1期的财务指标变化及最近1期末对外担保情况（累计对外担保余额、累计担保余额及其占净资产的比例等）的说明性文件。

（5）获取保证人的偿债能力分析文件，至少从保证人的资产负债状况、偿债能力指标、资信状况等综合分析保证人的偿债能力。

（6）对公开市场信用类债券担保履约情况的核查文件，关注是否存在过往违约情形。

2. 针对保证人为自然人的核查手段包括但不限于：

（1）获取保证人签字的与发行人的关系、资产受限情况、代偿能力、对外担保情况等的说明文件。

（2）获取保证人诚信情况查询文件（包括人民银行征信中心个人信用报告、中国执行信息公开网被执行人信息查询平台查询截图），并保持动态跟踪。

（3）获取对担保人进行访谈的访谈记录，访谈内容以担保人的经营状况、财务状况、资信状况、对外担保情况以及对担保合同或担保函的责任条款的确认为重点展开。

对于保证人内部决策程序及担保效力的问题，根据《担保制度的解释》的要求，应当审查公司章程的内容，进而判断该等事项对应的有权机关究竟是董事会或是股东（大）会。

针对保证人内部决策程序及担保效力，核查的内容包括但不限于：取得其公司章程、三会议事规则（如有）和对外担保制度（如有），核查其担保决策制度是否符合《公司法》规定，核查担保出具的程序是否符合其保证人公司章程和内部制度的规定。若担保人的董事会决议为有效决议，则需获取担保人的董事会决议文件；若担保人的股东/股东会决议为有效决议，则需获取担保人的董事会决议以及股东/股东会决议文件。

（二）担保合同或担保函记录文件

针对担保合同或担保函记录文件，采取的核查手段包括但不限于：

（1）获取担保合同或担保函，且关于担保合同或担保函的核查，建议项目组派两名成员或项目组与律师共同见证担保函签署过程、进行担保函的面签/出具过程（视频录像或拍照），并留存担保协议、担保函原件或复印件，此外建议查阅保证人用印审批流程。

（2）若项目组进场前，相关担保协议、担保函已经签署/出具或出现其他难以见证面签的情形，建议项目组至少派两名项目组人员前往发行人、担保方处查阅、扫描其担保协议/担保函，核对担保内容、担保条款，现场分别获取由发行人和担保方书面盖章确认的含担保条款的说明。

（3）在与担保人的访谈中，可就以上事项与担保人进行访谈确认。

（三）抵押或者质押担保情况

针对抵押或者质押担保情况，采取的核查手段包括但不限于：

（1）获取担保物清单及担保物权属证明文件（房屋所有权证、土地使用权证），并持续关注担保物价值和权属，若担保物为土地、房产等，可不定期获取发行人通过自然资源局、房管局取得的权属证明等相关资料，并结合周边地价、物价等对担保物是否减值进行判断。查询截图、减值测试资料作为底稿留痕保存。需充分关注抵押或质押登记/备案程序的真实性。曾有承销商因发行人未实际办理采矿权抵押备案而募集说明书中披露已办理抵押备案登记而被处罚，建议项目组亲自至现场办理抵押或质押登记/备案程序，并在办结后至登记/备案机关进行查询，取得相关抵押或质押登记备案证明文件。

（2）获取担保物的评估报告或其他担保物价值证明文件。不动产需获取评估报告，动产需分析其账面价值/公允价值。有条件的，可对不动产进行现场勘察。

（3）获取抵押或质押合同（包括但不限于担保物名称、账面价值、评估值、担保范围、担保物金额与所发行债券面值总额和本息总额之间的比例）。

（4）获取登记、保管和相关法律手续的办理文件，以及后续登记、保管和发生重大变化时安排的说明文件。

（5）若同一担保物上已设定其他担保，则需获取担保的债务总余额及抵押或质押顺序的说明性文件。

（四）偿债计划及保障措施

2021年以来，沪深交易所陆续发布投资者权益保护的相关法规，新增了投资者权益保护条款和内容，对投资者权益保护进行了明确规定。且《上海证券交易所公司债券发行上市审核规则适用指引第3号——审核重点关注事项（2022年修订）》新增了“发行人经营、财务情况存在本指引重点关注事项或其他重大不利情形，可能严重影响偿债能力的，原则上应当设置增信、财务承诺、行为限制承诺等投资者保护条款，切实保护投资者合法权益”的条款。债券市场对于投资者的保护意识在逐步加强，监管部门意欲通过在申报文件中对违约相关事项予以明确和细化的规定，设置发行人偿债保障措施承诺、发行人行为限制承诺、发行人财务承诺、资信维持承诺、交叉保护承诺、调研发行人等措施，约束发债主体的行为，明确赋予持有人主张债项提前到期清偿的权利，有效保护债券投资者的合法权益。

针对偿债计划及保障措施，采取的核查手段包括但不限于：

（1）获取发行人制定的具体偿债计划及保障措施文件。

（2）设置专项偿债账户的，获取关于偿债资金来源、提取条件设置（包括但不限于提取的起止时间、提取额度）、管理方式、监督安排及信息披露等内容的约定性文件。

（3）获取发行人构成违约情形、违约责任及其承担方式，以及公司债券发生违约后诉讼、仲裁或其他争议解决机制的约定性文件。

六、发行条件相关内容尽职调查

（一）关于发行条件的核查记录及核查文件

针对发行条件相关内容的核查包括但不限于：

（1）针对特定类型的发行人，如果是具有安全生产责任的企业，比如煤矿、非煤矿山、建筑施工、危险化学品、烟花爆竹、民用爆炸物品等高危行业的发行人，需获取是否存在安全生产违法行为的说明文件。如果是从事房地产业务的发行人，需获取自然资源部门、住建部门出具的证明文件或相关网站信息查询截图。若是金融企业，需取得特定行业主管部门出具的监管意见书。

（2）获取报告期内是否存在违法违规及受处罚情况的说明。

（3）获取是否属于负面清单的核查的说明性文件。

（4）对于被采取立案调查的中介机构，应当了解案件调查进展、对涉案中介机构相关业务资格的影响、涉案人员是否为本次债券发行相关的签字人员、涉案行为与其为发行人提供服务的行为是否属于同类业务等，并分析此事项是否对本次债券发行构成实质性影响。

（二）关于前次募集资金使用的核查

关于前次募集资金使用的问题，一直是监管部门关注的重点。《证券法》第 15 条第 2 款中规定，“公开发行公司债券筹集的资金，必须按照公司债券募集办法所列资金用途使用；改变资金用途，必须经债券持有人会议作出决议”。《证券法》第 17 条规定，“有下列情形之一的，不得再次公开发行公司债券：（一）对已公开发行的公司债券或者其他债务有违约或者延迟支付本息的事实，仍处于继续状态；（二）违反本法规定，改变公开发行公司债券所募资金的用途”。《发行与交易管理办法》第 13 条第 1 款中规定，“非公开发行公司债券，募集资金应当用于约定的用途；改变资金用途，应当履行募集说明书约定的程序”。因此，对前次募集资金用途的核查，确保前次募集资金使用的合法合规显得尤为必要。在尽职调查过程中，建议通过获取前次公司债券募集说明书、募集资金专项账户银行对账单、募集资金用于偿还债务、投资项目和补充流动资金的相关合同、对方付款申请、结算单、发行人内部审批单据和银行支付凭证等内部资料，查阅前次公司债券的债券受托管理事务报告及债权代理事务报告等文件中关于募集资金使用的内容，形成对前次募集资金用途是否合法合规、前次募集资金是否用于募集说明书约定的用途的尽职调查结论。

在核查前次募集资金使用情况的过程中，建议关注以下事项：

（1）前次募集资金的核查范围建议包含本次债券募集说明书披露的报告期内存续的公司债券。

（2）募集资金的最终使用人为发行人子公司的，穿透核查子公司用于接收募集资金的银行账户的对账单及其使用募集资金相应的合同及凭证等文件。

（3）募集资金自专项账户划转至一般银行账户后用于补充流动资金的，进一步核查募集资金通过一般银行账户对外支付时的具体用途是否符合约定。募集资金划转至一般银行账户与发行人其他资金混同的，结合相关一般银行账户的余额变动时点、收付款金额合理推断募集资金用途是否符合约定并将分析过程及结论充分记录。鉴于前次募集资金的使用可能跨时长、资料多，建议与发行人及相关债券受托管理人（若可行）进行访谈确认。

第三节

债券受托管理关注事项

《证券法》第 92 条第 2 款中规定“公开发行公司债券的，发行人应当为债券持有人聘请债券受托管理人，并订立债券受托管理协议……债券受托管理人应当勤勉尽责，公正履行受托管理职责，不得损害债券持有人利益”。

公司债券受托管理人制度始于 2007 年中国证监会发布的《公司债券发行试点办法》。2015 年《发行与交易管理办法》进一步完善了受托管理人制度。证券业协会先后制定和修订了《公司债受托准则》《受托协议必备条款》《公司债违约处置指引》等三项自律规则。此外，证券交易所也出台了受托管理人履职规范，公司债券上市规则、非公开发行公司债券挂牌转让规则、公司债存续期信用风险指引、债券市场投资者适当性管理办法等一系列相关规定。

如前所述，目前企业债券没有设立受托管理人制度，而是设立债权代理人一职。同时，企业债券关于债权代理人的规定分散于各个文件中，尚未形成统一的制度规范。在企业债券存续期间，债权代理人与债券主承销商均负有维护债券持有人利益的职责与义务。债权代理人主要负有监督债券资金流向、监督担保人的财务状况、办理抵押质押手续等职责。

银行间市场的受托管理人制度始于交易商协会于 2019 年年底制定的《银行间债券市场非金融企业债务融资工具受托管理人业务指引（试行）》。该指引规定发行人应为债务融资工具的持有人聘请一家受托管理人，明确其 2020 年 7 月 1 日起实施，并配套出台相关细则。但随后交易商协会发布了相关通知，过渡期内，新注册、发行债务融资工具的，相关方自愿聘请受托管理人。因此，目前银行间市场信用债券的受托管理人制度仍是自愿制。同时，在银行间市场受托管理人制度下，后续管理工作由主承销商及受托管理人两个角色分担，银行间市场受托管理人的职责和权利范围小于交易所市场受托管理人的职责和权利。

鉴于公司债券受托管理人制度最为成熟，规则体系和要求最明确，本章节的讨论以公司债券受托管理制度为主。

一、公司债券受托管理人职责

需要说明的是，债券受托管理人和债券承销商是两个不同的法律概念，两者的义务来源和职责范围存在较大差异。实践中，受托管理人通常由本次发行的承销商或牵头主承销商担任，但这并不意味着两者身份的统一，受托管理人可以由承销商以外的第三人担任。承销商在审核及上市挂牌完成前履职，在债券存续期内主要是协助配合受托管理人；受托管理人在债券存续期内履职，审核期间是为了落实存续期管理而提前介入。同时，对于公开发行的债券和非公开发行的债券，其受托管理职责的来源也有一定区别。公开发行债券的受托管理人职责主要由规则规定，非公开发行债券相关事宜则主要由受托管理协议约定。

受托管理人的职责是在债券存续期内，基于债券持有人的委托，勤勉尽责、公正履行管理职责，维护债券持有人权益，持续关注发行人的资信情况，履行信息披露义务，履行风险处置职责（如适用）等。总体上看，债券受托管理人的职责可以分为日常管理职责和风险处置职责（如适用）。

（一）受托管理人的日常管理职责

受托管理人的日常管理职责包括：

1. 持续关注发行人的资信状况，监测发行人是否发生重大事项

《公司债受托准则》中列举了 22 项重大事项，涉及名称、股权结构、控股股东和实际控制人、生产经营状况、董事、监事、高级管理人员、重大资产处置、重大仲裁、诉讼等事件，该等事件可能会对发行人的偿债能力、债券价格或投资者权益产生影响。发生上述重大事项时，发行人应当及时披露临时报告，说明事件的起因、目前的状态和可能产生的后果。受托管理人应在知道或应当知道该等情形之日起 5 个工作日内向市场公告临时受托管理事务报告。

2. 持续关注公司债券增信机构的资信状况、担保物情况以及投资者权益保护机制的实施情况

公司债券增信机构的资信状况、担保物价值和权属情况以及内外部增信机制、偿债保障措施、投资者保护条款等投资者权益保护机制的实施情况均会对发行人的偿债能力产生重要影响。受托管理人应当持续关注上述情况，并按照受托协议的约定对上述情况进行核查。

3. 监督募集资金的使用情况

受托管理人承担监督募集资金使用情况的责任。受托管理人应当在募集资金到达专项账户前与发行人以及存放募集资金的银行订立监管协议，并对募集资金监管账户的接收、存储、划转情况进行监督。在公司债券存续期内，受托管理人应当持续监督并定期检查发行人募集资金的使用情况是否与相关规定及公司债券募集说明书约定一致。实务中，受托管理人因募集资金监管不到位而受到监管处罚的情况时有发生。

4. 履行或督促履行信息披露义务

受托管理人应真实、准确、完整、及时、公平地披露信息，不得有虚假记载、误导性陈述或者重大遗漏，受托管理人披露的信息包括但不限于定期受托管理事务报告、临时受托管理事务报告、中国证监会及自律组织要求披露的其他文件，此为受托管理人履行信息披露义务。同时，受托管理人应督促发行人履行信息披露义务，在发生可能影响发行人偿债能力或者债券价格的重大事项时，或者存在关于发行人及其债券的重大市场传闻情况时，发行人应当按照相关规定及时提交并披露临时报告，说明事件的起因、目前的状态和可能产生的后果。

5. 督促履约、召开持有人会议等其他职责

受托管理人有督促发行人按时履约的职责。其应当至少提前20个工作日掌握公司债券还本付息、赎回、回售、分期偿还等的资金安排，督促发行人按时履约，并将债券兑付资金安排等情况报告证券交易场所和证券登记结算机构。

当出现可能影响债券持有人重大权益或其他约定情形时，受托管理人应根据规定和约定及时召集债券持有人会议，并督促发行人或相关方落实会议决议。

6. 信用风险管理职责

受托管理人的信用风险管理是指在公司债券存续期内持续动态监测、排查、预警债券信用风险，及时主动采取有效措施防范、化解信用风险和处置违约事件，以及投资者依法维护合法权益的行为。根据交易所的要求，受托管理人应当在履职过程中，重点加强债券信用风险管理，履行以下风险管理职责：建立债券信用风险管理制度，设立专门机构或岗位从事信用风险管理相关工作；对受托管理的债券持续动态开展监测、排查，进行风险分类管理；发现影响还本付息的风险事项，及时督促发行人或其他相关机构披露相关信息，进行风险预警；按照规定或约定披露受托管理事务报告，必要时召集债券持有人会议，及时披露影响债券还本付息的风险事项；协调、督促发行人、增信机构等采取有效措施化解信用风险或处置违约事件；根据相关规定、约定或投资者委托，代表投资者维护合法权益，以及法律、行政法规、部门规章、业务规则等规定或者协议约定的其他职责。

（二）风险处置职责（如适用）

若发行人发生潜在违约（偿还公司债券本息存在重大不确定性）或实质性违约（发行人未能按期足额偿还公司债券本息、法院受理发行人破产申请或因发生募集说明书等约定的情形导致公司债券提前到期且发行人未能按期足额偿付本息）的情形，受托管理人应履行风险处置职责。

根据相关规定，风险处置职责包括如下内容。

1. 潜在违约时，采取要求发行人追加担保等措施

根据相关规定，当受托管理人预计发行人不能偿还债务时，应当要求发行人追加担保，督促发行人等履行受托协议或公司债券募集说明书中约定的投资者权益保护机制与其他偿债保障措施，或者可以依法申请法定机关采取财产保全措施，并应当在受托协议中约定相关费用的承担方式及财产保全担保的提供方式。发行人按照受托管理人或债券持有人会议决议要求追加担保的，受托管理人应当督促并协助发行人及时签订担保合同、担保函，办理担保物抵/质押登记工作。受托管理人应当对保证人和担保物的状况进行了解和调查，并督促、提醒担保物保管人妥善保管担保物，避免担保物价值降低、毁损或灭失。

除追加担保外，受托管理人可以根据相关规定与约定或债券持有人会议决议授权，作为债权人代表依法申请法定机关采取财产保全措施，或是协助发行人与持有人协商采用一种或多种措施处置违约风险，包括但不限于以下方式：与债券持有人协商调整公司债券基本偿付条款，包括调整兑付价格、利率、时间以及债项担保等影响持有人收回本息的条款、发行置换债券、进行债券转售等。

2. 实质违约时，采取落实偿债措施等

根据相关规定，当发行人不能偿还债务时，受托管理人应当以书面形式督促发行人、增信机构（如有）和其他具有偿付义务的机构等落实相应的偿债措施。发行人不能按期兑付债券本息，或出现募集说明书约定的其他违约事件，受托管理人可以接受全部或部分债券持有人的委托，以自己的名义代表债券持有人提起、参加民事诉讼、仲裁或者破产等法律程序，或者代表债券持有人申请处置抵/质押物。

若人民法院启动发行人重整、和解或者破产清算法律程序，则受托管理人应当持续关注并披露法院处理情况，并根据其代表的债券持有人的授权参与发行人重整、和解或者破产清算。

3. 勤勉处理债券持有人与发行人之间的谈判或者诉讼事务

在公司债券存续期内，受托管理人应当勤勉处理债券持有人与发行人之间的谈判或者诉讼事务。如前所述，更多的谈判或诉讼情况可能会发生发行人潜在违约或实质违约的情形，在此情形下，受托管理人可以接受全部或部分债券持有人的委托，以自己的名义代表债券持有人提起、参加民事诉讼、仲裁或者破产等法律程序，或根据债券持有人的授权参与发行人重整、和解或者破产清算。

二、公司债券受托管理关注事项

（一）关于募集资金使用情况的监管

募集资金使用问题一直是债券发行与存续期间重点监管的领域之一，也是监管处罚的“重灾区”。近年来，由于监管规则关于募集资金使用灵活度的增加以及市场主体合规意识的增强，募集资金使用的规范性有所提高。根据《证券法》第 15 条第 2 款的规定，公开发行公司债券筹集的资金，必须按照公司债券募集说明书所列资金用途使用；改变资金用途，必须经债券持有人会议作出决议。公开发行公司债券筹集的资金，不得用于弥补亏损和非生产性支出。根据《发行与交易管理办法》第 13 条第 1 款规定，非公开发行公司债券，募集资金应当用于约定的用途；改变资金用途，应当履行募集说明书约定的程序。同时，发行人应当指定专项账户，用于公司债券募集资金的接收、存储、划转。

从近年来的监管案例来看，债券募集资金问题大致可以分为如下两类：

（1）发行人未按照募集说明书约定的用途使用，出现转借他人、购买理财产品、不遵守承诺或其他违规情形。

（2）募集资金专项账户管理不规范，如未签订或未及时签订监管协议、监管协议中未明确专户账号/未指定专项账户，使用基本账户/一般账户存放债券资金、存放募集资金的账户同时存放非募集资金并支付公司日常经营款项、募集资金由募集专项账户划转至非募集账户，并通过非募集账户陆续使用募集资金。

如果发行人在募集资金使用方面出现上述违规问题，受托管理人很可能会因为未能及时发现、督促或披露违规情形而被处罚。结合上述规定和监管案例，我们认为受托管理人在募集资金使用方面应当注意如下几点：

（1）受托管理人应当定期或不定期查询募集资金监管账户，获取相应的账户对账单，并结合从发行人处取得的募集资金用于偿还债务、投资项目和补充流动资金的相关合同、付款申请、结算单、发行人内部审批单据和银行支付凭证等内部资料进行核查，核查募集资金是否根据募集说明书约定进行使用。

（2）若募集资金自专项账户划转至一般银行账户后用于补充流动资金，则需进一步核查募集资金通过一般银行账户对外支付时的具体用途是否符合约定。募集资金划转至一般银行账户与发行人其他资金混同的，结合相关一般银行账户的余额变动时点、收付款金额合理推断募集资金用途是否符合约定并将分析过程及结论充分记录。

（3）若募集资金的最终使用人为发行人子公司，应穿透核查子公司用于接收募集资金的银行账户的对账单及其使用募集资金相应的合同及凭证等文件。

（4）做好对发行人的培训和督导工作，提前告知发行人有关募集资金使用的注意事项，如募集资金使用的“红线”、补充流动资金的范围、变更募集资金用途的方式等细节，使得发行人在合法合规的基础上，提高资金使用效率。

（二）关于受托管理人信息披露义务的履行和对发行人信息披露义务的督导

如前所述，根据相关规定，受托管理人应真实、准确、完整、及时、公平地披露信息，不得有虚假记载、误导性陈述或者重大遗漏，受托管理人披露的信息包括但不限于定期受托管理事务报告、临时受托管理事务报告、中国证监会及自律组织要求披露的其他文件。同时，受托管理人应督促发行人履行信息披露义务，在发生可能影响发行人偿债能力或者债券价格的重大事项，或者存在关于发行人及其债券的重大市场传闻时，发行人应当按照相关规定及时提交并披露临时报告，说明事件的起因、目前的状态和可能产生的后果。实践中，债券风险事件往往伴随着受托管理人未能履行信息披露义务或未能督促发行人履行信息披露义务。下面我们将从年度报告和临时报告披露的角度，探讨受托管理人信息披露义务的履行和对发行人信息披露义务的督导方面的注意事项。

1. 关于年度报告的披露

根据相关规定，年度受托管理事务报告应当至少包括受托管理人履职情况、发行人经营与财务状况、债券募集资金使用的核查情况、发行人偿债意愿和能力分析、增信措施的有效性分析、债券本息偿付情况、债券持有人会议召开情况、可能影响发行人偿债能力的重大事项及受托管理人采取的应对措施等。

在披露年度受托管理事务报告或审核发行人拟披露的定期报告时，首先，应关注拟披露的年度受托管理事务报告、定期报告与审计报告（如有）、评级报告（如有）等报告的一致性，以及年度受托管理事务报告与定期报告之间的一致性。其次，要通过公开信息查询对发行人情况进行监控并核实拟披露信息，如通过天眼查、企查查、启信宝、预警通等第三方信息平台查询发行人情况、通过查询裁判文书网、中国执行信息公开网等网站查询发行人诉讼纠纷情况、获取征信报告核查发行人贷款和担保等情况。最后，通过发行人提供的银行流水、记账凭证、银行回单、资金审批、重要合同核查、函证等方式查询募集资金使用情况。

2. 关于临时报告的披露

《公司债受托准则》第12条中列举了可能会对发行人的偿债能力、债券价格或投资者权益产生影响的22项重大事项，涉及发行人基本情况、资产负债、内部管理、负面信息等方面，发生上述重大事项时，发行人需要及时披露临时报告，受托管理人亦应履行临时受托管理事务报告披露义务。除此之外，涉及本次债券有关的暂停上市、恢复上市、终止上市、不符合上市条件、偿债保障措施发生变更、主体或债券信用评级发生变化、中介机构发生变更等，也涉及临时报告的披露。实践中，受托管理人往往会制作相关问询表格，要求发行人按月对是否发生了上述应披露的重大事项进行自查并承诺，但这项调查工作依赖于发行人的配合程度，只能作为日常受托管理事务的辅助管理手段。

受托管理人应采取更为主动的调查方式去监控发行人的重大事项情况，如定期或不定期通过天眼查、企查查、启信宝、与预警通等第三方信息平台进行发行人情况监控；通过查询中国裁判文书网、中国执行信息公开网等网站查询发行人诉讼纠纷情况；通过发行人提供银行流水、函证等方式查询募集资金使用情况。

结合近年来监管机构对债券发行人自查的相关要求，根据《债券信披办法》的规定，监管机构重点关注的内容包括：中介机构重大变动；关键人员重大变动；生产经营重大变动；存续债务重大变动；涉嫌违法违规情况；债券增信重大变动等。结合监管处罚，债券受托管理人对发行人的募集资金使用情况、募集说明书相关约定或承诺的情况、偿债计划的变化情况、发行人重大资产变化、发行人偿债能力变化等均应当重点关注。

（三）关于信用风险监控职责

在合规性监控之外，受托管理人承担着对发行人及相关债券信用风险监控的重要职责。交易所制定的《公司债存续期信用风险指引》对受托管理人的信用风险监测职责进行了明确规定。根据上述指引，受托管理人应当通过多种方式和渠道，持续动态收集可能影响债券信用状况的信息，及时准确掌握债券信用变化情况，并鼓励受托管理人结合发行人业务模式、所处行业特性等因素，有针对性地建立债券信用风险监测指标体系或模型，运用风险监测技术手段强化风险持续动态监测。上述指引同时规定了受托管理人根据债券信用风险监测和分析结果，可以将债券划分为正常类、关注类、风险类及违约类，并规定了分类标准和不同的核查要求。

实践中，监管部门往往要求受托管理人通过多方式、多渠道、常态化开展信用风险监测、分类和排查工作，如 2022 年某地证监局强调要重点排查监测大体量发行主体、弱资质民营企业、债券二级市场价格异动、受疫情影响严重主体的违约风险，并提出要根据当前经济形势和行业发展状况，适当加大公司债券信用风险摸排频次；另有某地证监局提醒密切关注股票质押等引发的股债交织风险、发行人其他违约或违规行为引发的交叉违约风险以及疫情冲击风险等。

第五章

资产证券化业务尽职调查关注事项

第一节

资产证券化业务概述

一、资产证券化业务的现状

我国资产证券化业务迅速发展，在金融市场中占据重要地位。从 2014 年 11 月中国证监会发布《资产证券化业务管理规定》及其配套工作指引，以及原银监会发布《关于信贷资产证券化备案登记工作流程的通知》开始，通过完善制度、简化程序、加强信息披露和风险管理等措施，我国资产证券化业务进入了飞速发展阶段，涌现出信贷资产证券化、企业资产证券化、资产支持专项票据、保险资产支持计划等齐头并进、业务规模互相赶超的状态。

但是，整体而言，由于我国资产证券化业务起步时间较晚，其监管规则缺乏统一标准，发行市场各自独立，裁判规则仍处在从无到有的过程，缺乏可循的制度和先例。

就监管层面而言，我国资产证券化业务存在四套监管体系，分别是人民银行和银保监会监管的信贷资产证券化、中国证监会监管的企业资产证券化、交易商协会监管的资产支持票据（ABN）以及银保监会监管的保险资产支持计划。各套监管规则都缺乏统一的业务指引和监管规则。立法层面，《证券法》虽然首次明确规定了资产支持证券的地位，但是对于其发行和交易的管理办法，则授权国务院按照《证券法》的原则进行规定。

实践中，资产证券化业务出现了监管趋严和司法裁判规则开始构建的趋势。一方面，在陆续出台各类规范性文件的同时，2020 ~ 2022 年各监管机构出具的涉及资产证券化业务的罚单数分别为 4 张、20 张和 14 张，体现了注册制背景下监管力度的加强。另一方面，在司法审判中，也陆续有投资者针对资产支持证券发行中涉及的虚假陈述等问题提起民事赔偿诉讼。在此监管体系和法律环境下，重新梳理资产证券化业务尽职调查中的疑难点就更具有现实意义。

二、资产支持证券的概念

了解资产证券化的概念，有利于准确理解资产证券化的交易设计。资产证券化的两个重要特征为：

第一，资产属性。资产证券化基于资产产生的未来现金流，而非主体信用。因此基础资产需要锁定或打包，即便在循环购买的情况下，一般也需要提前锁定资产筛选的标准（入池标准）。

第二，风险隔离。由于资产证券化的核心在于依托资产信用而非主体信用，故一般情况下需要构建特殊目的载体（Special Purpose Vehicle，SPV）来进行风险隔离。

基于以上对证券化特征的分析，笔者认为：资产证券化是指这样一种融资技术，它将缺乏流动性但具有未来现金流的资产打包，建立资产池（基础资产），并通过结构性重组方式（结构化、风险隔离），将其转变成可以在金融市场上销售和流通的证券。资产支持证券即为在证券市场发行的基于上述资产或资产池支持的证券。

三、资产支持证券的类型

如前所述，基于不同的监管体系以及资产证券化的两个重要特征，当下资产支持证券可分为人民银行和银保监会监管的信贷资产支持证券化、中国证监会监管的企业资产支持证券化、交易商协会监管的资产支持票据以及银保监会监管的保险资产支持计划。

（一）信贷资产支持证券化

信贷资产证券化是指银行业金融机构作为发起机构，将信贷资产信托给受托机构，由受托机构以资产支持证券的形式向投资机构发行受益证券，以该财产所产生的现金支付资产支持证券收益的结构性融资活动。主要监管规范为人民银行和原银监会颁布的《信贷资产证券化试点管理办法》等。

信贷资产证券化的基础资产为信贷资产，包括住房抵押贷款、汽车贷款、消费信贷、信用卡账款、企业贷款等。

（二）企业资产支持证券化

企业资产证券化是指证券公司面向境内机构投资者推广资产支持的受益凭证，发起设立专项资产管理计划，用所募集的资金按照约定购买原始权益人能够产生可预期稳定现金流的特定资产，并将该资产的收益分配给受益凭证持有人的专项资产管理业务活动。主要依据的监管规范为中国证监会《关于证券公司开展资产证券化业务试点有关问题的通知》《资产证券化业务管理规定》等。

如上所述，证券公司资产证券化业务一般以专项资产管理计划（以下简称专项计划）作为特殊目的载体，证券公司以计划管理人身份负责设立和管理。

在实际操作中，企业资产证券化由于发起人的行业覆盖范围广泛，其基础资产类型也非常多元，目前大致可以分为债权类、未来经营收入类、房地产信托投资基金类（Real Estate Investment Trusts，REITs）、其他类。债权类包括供应链资产（应收账款、保理融资债权）、商业物业抵押贷款（Commercial Mortgage-Backed Securities，CMBS）、小额贷款债权、融资租赁债权等基础资产；未来经营收入类包括基础设施收费、保障房等基础资产；其他类包括如知识产权等。

本文关于资产证券化业务的性质、参与主体、发行条件和程序、尽职调查关注事项等研究与探讨均是指企业资产证券化业务。

（三）资产支持票据和资产支持商业票据

资产支持票据，是指非金融企业在银行间债券市场发行的，由基础资产所产生的现金流作为还款支持，约定在一定期限内还本付息的债务融资工具。主要规则是交易商协会《银行间债券市场企业资产证券化业务规则》及《银行间债券市场企业资产证券化业务信息披露指引》。

资产支持商业票据通常是大型企业、金融机构或多个中小企业把自身拥有的、将来能够产生稳定现金流的资产出售给受托机构，由受托机构以这些资产作为支持基础发行的商业票据。

与普通资产支持证券主要依靠内部增级机制不同，资产支持商业票据更多使用的是外部增级方式。典型的资产支持商业票据项目通常会设置特定交易的信用增级、整个项目的信用增级、特定资产池的流动性支持以及整个项目的流动性支持。

（四）保险资产支持计划

保险资产支持计划是指保险资产管理公司等专业管理机构作为受托人设立的支持计划，以基础资产产生的现金流为偿付支持，面向保险机构等合格投资者发行的受益凭证。主要监管规范为原中国保监会《资产支持计划业务管理暂行办法》及相应修改。

四、资产证券化业务的性质

（一）法律法规关于资产证券化业务性质的规定

根据《资产证券化业务管理规定》第2条第2款的规定，证券公司开展资产证券化业务需具备资产管理业务资格。

但2018年4月由人民银行、银保监会、中国证监会、国家外汇管理局联合发布实施的《资管指导意见》又明确排除了资产证券化产品。中国证监会2018年10月发布的《证券期货经营机构私募资产管理业务管理办法》第2条第3款进一步明确规定："证券期货经营机构非公开募集资金开展资产证券化业务，由中国证券监督管理委员会另行规定。"由此可见，在监管规范层面上，资产证券化业务与私募资产管理业务法规的适用又有所区别。

2018年7月中国证监会发布的《内控指引》正式实施，《内控指引》第2条第2款第5项将资产证券化业务表述为"具有投资银行特性的业务"。根据该规定，依据资产管理牌照开展资产证券化业务的证券公司，须按照投行业务的三道防线等内控管理要求规范资产证券化业务的开展。

随着2019年《证券法》的修改，资产支持证券被明确纳入"证券"范畴，资产证券化业务的性质再次激发业界讨论。

（二）资产证券化业务性质的不同观点

不同法律属性对应不同法律关系和不同的管理人责任：投资银行业务，主要受证券法约束，法律和监管规则更强调保护强制性公共法益；资产管理业务主要是信托法律关系，主要受合同法、信托法和基金法约束，强调的是投资者和受托人的合同关系，是一种私法益。实践中，对于资产证券化业务的属性有三种观点：观点一认为资产证券化业务属于投行业务；观点二认为资产证券化业务属于资管业务；观点三认为资产证券化业务兼具投行和资管双重属性。

1. 资产证券化业务属于投行业务

此种观点的主要理由为：第一，《证券法》中，资产支持证券与资产管理产品是并列概念。第二，资产证券化业务中券商对拟出售基础资产及其相关主体履行尽职调查义务、核查信息披露职责，具有鉴证作用，是明显的投资银行类业务属性；而资管产品投资其他标准化产品，管理人主要做的是投资分析和必要投资尽职调查，投资尽职调查和其他标准化产品发行一方的尽职调查职责及责任承担有本质区别。第三，从监管规则的角度来看，资产证券化业务被纳入投行业务内部控制指引进行规制，与其他投行业务内控管理架构一致，都有三道防线如质控、内核等设置，与资产管理业务内控管理要求不同。第四，资产证券化业务存续过程主要集中于对基础资产运行情况及相关义务主体的管理、关注与监督；而资产管理业务存续过程主要集中于对受托的投资者财产进行投资和管理，由此可见资产证券化产品业务属性更多的是基于基础资产转让所形成的债权类融资行为，和资管业务属性"主动投资"的逻辑不同。

2. 资产证券化业务属于资管业务

此种观点的主要理由为：第一，从业务载体看，企业资产证券化的开展要求具备特定客户资产管理业务资格，使用"资产支持专项计划"作为特殊目的载体。第二，从法律关系看，管理人通过"募投管退"的专业管理承担管理责任，而不是传统意义上的保荐承销责任。第三，从监管实践看，资产支持证券与其他资管业务产品一样都需纳入基金业协会备案监管。

3. 资产证券化业务兼具投行和资管双重属性

笔者认为，投行业务和资管业务的本质区别在于：投行业务是基于融资端的中介业务，通过尽职调查、核查信息披露等手段提高融资端的可信赖性，对融资发挥鉴证增信作用，其收费对象也主要是实际融资人；资管业务是基于投资端对投资人投入资产或资金进行管理的业务，通过管理人的管理实现投入资产或资金的增值，其收费对象主要是投资人或在资管产品中提取。

基于以上界定，笔者认为，资产支持证券既具有投行业务属性又具有资管业务属性。主要理由为：

第一，资产证券化业务中券商确定实际融资方，之后对融资方拟出售基础资产及其相关主体履行尽职调查义务，属于卖方业务，具有明显的投行类业务属性。

第二，资产证券化与债券、股票的不同之处在于其没有天然的发行人，必须依赖相应载体才能发行。在现有制度框架下，资产证券化对特殊目的载体的依赖决定了管理人角色存在的必要性，单纯的中介业务无法满足这一要求。

第三，管理人及特殊目的载体同时承担了募集资金、对投资人承担管理责任的角色，这有别于保荐承销项下发行人及中介机构承担的责任。

第四，参考REITs新规。中国证监会发布的《公募投资基金指引》对REITs产品交易结构的设计为：计划管理人设立基础设施资产支持证券，基金管理人对应设立公募基础设施投资基金，以公募基础设施投资基金募集资金认购基础设施资产支持证券全部份额。REITs产品被分为资产支持证券与公募基金两个阶段，资产支持证券管理人通过对基础资产及相关主体的尽职调查为拟出售的资产支持证券提供鉴证增信保障，具有明显的投行业务属性；公募基金管理人通过募集资金、认购资产支持证券、管理退出的方式实现投资人资金的增值，属于资管业务。

综上所述，笔者认为，资产支持证券兼具投行和资管双重属性，专项计划设立阶段即资产支持证券形成过程的工作具有投行业务属性，而专项计划的“募投管退”工作属于资管业务属性。当然这种时间的划分也不是泾渭分明的，实践中作为投行业务以证券承销方式销售资产支持证券也存在产品存续期管理职责，同样作为资管属性的管理人也需要对投资产品履行投资尽职调查。

五、资产证券化业务的参与主体及其法律关系

根据资产证券化的交易结构及相应交易文件，资产证券化的主要参与主体及其法律关系如下：

（一）原始权益人、管理人、托管人、重要债务人

原始权益人是指按照法定及约定向专项计划转移其合法拥有的基础资产以获得资金的主体。原始权益人又分为一般原始权益人和特定原始权益人，特定原始权益人是指业务经营可能对专项计划以及资产支持证券投资者的利益产生重大影响的原始权益人。

管理人是指设立专项计划，为资产支持证券持有人之利益对专项计划进行管理及履行其他法定及约定职责的证券公司、基金管理公司子公司。

托管人是指为资产支持证券持有人之利益，按照规定或约定对专项计划相关资产进行保管，并监督专项计划运作的商业银行或其他机构。

重要债务人是指单一应收账款债务人的入池应收款本金余额占资产池的比例超过

15%，或者债务人及其关联方的入池应收款本金余额占资产池的比例超过20%的债务人。

在法律关系上，需关注如下要点：

第一，原始权益人和投资者之间并无直接的法律关系。由于原始权益人与管理人之间签订《基础资产买卖协议》将基础资产出让给管理人，所以形式上原始权益人只和管理人之间存在买卖关系。

第二，在专项计划的设立发行阶段，管理人会与投资者签订《认购协议》等交易文件，所以在此阶段，管理人和投资者之间会构成销售和认购资产支持证券的法律关系，对应资产支持证券的发行。

在专项计划的存续期间，管理人与投资者之间的关系构成典型的有偿委托或者信托法律关系。管理人为投资者的利益管理专项计划，投资者通过持有人会议及其他方式对管理人履行管理专项计划资产的职责进行监督，必要时可通过更换管理人维护自身权益。

第三，基础资产债务人和投资者之间并无直接的法律关系。因为债务人原本是原始权益人的债务人，在资产证券化业务中，原始权益人会将其针对此等债务人的债权作为基础资产出让给管理人，但投资者并不会直接面对债务人。所以在债务人违约时，投资者将无法穿透追究债务人的法律责任。

（二）律师事务所、评级机构

律师事务所是指对资产证券化参与主体的资质及权限，交易文件的有效性及合规性，基础资产真实性、合法性、权利归属及负担情况，基础资产转让行为合法性，风险隔离，信用增级安排的有效性及合法性，循环购买安排合法性等专项计划重大事项出具法律意见的法律顾问机构。

评级机构是指对原始权益人信用风险及法律风险、基础资产信用风险，交易结构、现金流及管理人、托管人履约能力进行分析，得出评级结果，出具评级报告的具备资格的信用评级机构。

在法律关系上，律师事务所和评级机构虽然和投资者之间并无直接的合同关系，但是都构成《证券法》第160条规定的证券服务机构，应当按照相关业务规则提供服务并承担相应的法律责任。

（三）服务机构（如有）、销售机构（如有）

服务机构是指管理人聘请的为专项计划基础资产提供资金回收、文件资料保管、客户关系管理等服务的具备资质、经验和持续服务能力的机构。服务机构在实践中一般为原始权益人或其关联方。

在法律关系上，由于服务机构是管理人聘请为专项计划基础资产提供服务的，所以服务机构和管理人之间可能会构成委托法律关系。但是，服务机构与投资者之间并无直接的合同关系，如果服务机构存在履职不当，那么投资者仅可要求管理人追究其责任，或者自行主张侵权责任。

销售机构是指管理人聘请的代为销售专项计划资产支持证券份额的机构，可能因违反适当性义务等法定或约定义务而承担赔偿责任。

（四）增信机构（如有）

增信机构是指以担保、抵/质押、差额补足、债务加入等方式为专项计划优先级预期本金及投资收益的实现提供保障的机构。

增信机构是与管理人签订担保协议等交易文件，因此一般情况下投资者无法直接要求增信机构履行相关约定，仅能要求作为担保协议权利人的管理人对增信机构主张相关权利。

六、企业资产支持证券发行的条件和程序

企业资产支持证券发行的条件主要集中体现在对管理人和基础资产的要求上，企业资产证券化业务应由证券公司、基金管理公司子公司通过设立特殊目的载体开展，同时开展资产证券化业务的证券公司须具备客户资产管理业务资格，基金管理公司子公司须由证券投资基金管理公司设立且具备特定客户资产管理业务资格。对于资产支持证券的基础资产则从正反两方面予以限定，从正面看基础资产应当权属明确，可以产生独立、可预测的现金流且可特定化，从反面看基础资产不属于基金业协会确定的负面清单范围。

资产证券化业务程序一般以客户融资需求为起点，可以分为五个阶段：

1. 初步业务活动。管理人业务人员通过对客户的了解与评估，确定交易结构如原始权益人、基础资产等关键要素，之后完成立项、利益冲突核查等管理人内部程序，与客户签署业务合同。

2. 尽职调查与内部核查阶段。(1) 进一步完善交易结构，对基础资产及交易涉及的相关主体展开尽职调查、编制申报文件。(2) 履行内部核查程序包括但不限于底稿验收、质控审核、质量控制报告、现场核查（如需)、关联交易核查（如有)、合规现场检查（如有)、内核机构审核（议)。

3. 申报反馈阶段。向资产证券化业务交易场所如沪深交易所提交申报文件，根据交易所的反馈意见核查相关事项、补充披露相关信息、修改申报文件。在这个阶段可能出现管理人主动撤回项目申报的情况。

4. 设立与发行阶段。资产支持证券申报文件完成交易所备案与发行前备案（如有变化)，即可进行发行；资产支持证券发行完成后还需履行基金业协会的备案程序，才可以在交易场所挂牌交易。

5. 存续期阶段。资产支持证券存续阶段管理人或管理人委托的资产服务机构履行管理基础资产、回收基础资产现金流、按约定分配专项计划收益，同时存续阶段资产支持证券管理人持续关注资产证券化业务相关主体及基础资产相关情况。

第二节

资产证券化业务尽职调查关注事项

一、资产证券化业务参与人的尽职调查

（一）原始权益人

原始权益人分为一般原始权益人和特定原始权益人，特定原始权益人是指业务经营可能对专项计划以及资产支持证券投资者的利益产生重大影响的原始权益人，特定原始权益人又可以进一步分为基础资产未来现金流的实现依赖于其持续正常经营的特定原始权益人（主要适用于基础资产为未来经营收益的情况），和对专项计划或者资产支持证券投资者负有还本付息义务的特定原始权益人如差额补足义务人、债务加入人等，不同类型的原始权益人尽职调查关注的侧重点也有所不同。对一般原始权益人主要关注其存续状态、业务资质、经营情况、对基础资产的权利，而对于两类不同的特定原始权益人虽然监管机构未作进一步区分，且在申报文件及信息披露方面适用统一标注，但显然二者关注的侧重点应结合不同类型基础资产构建的资产支持证券而有所区别。

（二）底层资产相关主体

在资产证券化业务复杂的交易结构中，有时基础资产并不直接产生现金流，比如信托受益权，其现金流的实现依赖于基础资产指向的具体直接产生现金流的资产，我们将这种在资产证券化业务中基础资产指向的直接产生现金流的资产称为底层资产，对于底

层资产相关主体的尽职调查可以参照基础资产相关主体，另外需要特别关注相关交易文件中对于基础资产和底层资产的设计，是否满足已将底层资产对应权利转移至基础资产的条件。

（三）资产服务机构

资产服务机构，一般为实际融资人或者其关联方，也可是其他具有服务能力的专业机构或相关机构。对于资产服务机构的尽职调查侧重于两个方面，一方面是其业务资质、业务历史开展情况、管理效果及内部控制、风险防范等，核查其是否具备相应的服务能力；另一方面则是资产服务机构自身资产与其所管理资产（基础资产）的隔离状况，尤其是其自身经营性现金流与所管理资产（基础资产）现金流回款的隔离状况。

（四）增信机构

增信机构如差额补足人、流动性支持人、债务加入人、担保人等增信主体，对于增信主体的尽职调查则主要关注其增信效果，需要充分核查其资信水平及履约能力。通常来说，核查的内容包括基本情况、历史沿革与股权结构、公司治理、组织架构及人员设置、主营业务及财务情况、所在行业情况及行业竞争地位分析、历史信用表现及资本市场公开融资情况、主要债务情况、授信使用状况、对外担保及资产受限情况等。此外，需要重点关注增信主体是否已经就提供的增信措施履行内部授权审批程序。

（五）托管银行、法律顾问等专业服务机构

对于该类主体的尽职调查主要关注其资质资格，专业素质与胜任能力，独立性和客观公正。如对其基本情况、资信水平、相关业务资质、过往经验、业务管理制度、业务流程、风险控制措施以及其他可能对证券化交易产生影响的因素进行调查。

二、基础资产真实性核查问题

基础资产底层类型一般包括物权、股权、债权（如贷款债权、租金债权等）、应收账款、基础设施收费收益权、私募基金份额或信托受益权等。

基础资产真实性核查，就是核查专项计划对应的基础资产是否客观真实存在、是否如企业陈述、涉及的相关交易是否正常履行等，可通过对基础资产形成的全过程和涉及的合同、协议和相关文件进行核验，并结合实地走访基础资产相关的经营场所、访谈经营人员、走访和访谈上下游、翻查原始文件、查询公开信息（如有）等方式综合验证。

具体到不同类型的基础资产及现金流的真实性核查，又可根据其特征采取相应的核查手段与关注侧重点。如物的真实，应现场核查物的现状，存在及折旧情况，核查物的权属和登记情况，获得物的合同及价款支付情况。又如，权利的真实，应核查权利登记情况，权利对应合同签署情况，权利金支付情况，权利的主体，权利的范围，权利是否已足额支付有效对价，权利是否超过有效期等。再如，现金流的真实，应核查主体经营范围，现金流产生的合同文件、定价文件，现金流收款账户历史流水文件，现金流支付主体存续真实性等。

对于专项计划项下涉及基础资产买卖等合同的真实性核查方面，首先，可注意收集并妥善保管企业内部同意签署基础资产相关合同的内部会议纪要、审批和决议文件的盖章原件，而该等会议纪要、审批和决议文件应注意与企业章程及内部授权审批等文件进行核对，核查其层级效力等是否适格。其次，相关合同签署过程的真实有效性尤为重要，可以通过面签、公证、录像、特定平台或电子通信方式（根据最高人民法院的解释，通过电子邮件、电子数据交换、网上聊天记录、博客、微博、手机短信、电子签名、域名等形成或者存储在电子介质中的信息应认定为电子数据，可作为证据）、访谈和电话确认等多种方式和手段结合来见证、留痕，确保真实性。对基础资产合同等重要文件的签署，实操中建议可在获得决议文件（签章和日期）后，派两名及以上人员（如能带律师更好）前往现场进行面签和双录（录音和录像），签字前进行适当访谈（访谈内容包括身份确认、事项确认、内部决策确认等）。

三、基础资产转让核查问题

（一）基础资产重复转让问题

实践中，物权转让登记的顺位具备明确易查性，基础资产重复转让问题，主要存在于基础资产为应收账款债权中。在实操过程中，对应收账款资产的重复转让核查存在一定的难度，可以从以下两个方面去进行分析：

首先，结合原债权人的业务规模，对其报表中的应收账款科目和其在市场中此类资产的融资规模进行判断，原债权人是否存在“一物多卖”的可能性。

其次，在人民银行征信中心的登记系统中进行核查，是否有同一笔应收账款存在登记信息，这是目前相对来说有一定公信力的渠道和较为简便的核查方式。同时，在受让应收账款后，应当及时在人民银行征信中心系统中进行转让登记，以对抗善意第三人。

（二）应收账款转让通知债务人问题

《民法典》第546条第1款规定，“债权人转让债权，未通知债务人的，该转让对债务人不发生效力”。可见通知债务人是对债务人发生效力的前提要件，实践中，除债权人通知外，往往还要求取得债务人知悉债权转让通知的回执确认文件，主要是为了减少涉及三方的法律纠纷与推诿扯皮。

沪深交易所在《企业应收账款资产支持证券挂牌条件确认指南》中就通知债务人要求和未通知的披露及风险缓释措施等都作了相同规定：“应收账款转让应当通知债务人及附属担保权益义务人（如有），并在相关登记机构办理应收账款转让登记。若存在特殊情形未进行债权转让通知或未办理转让登记，管理人应当在计划说明书中披露未进行转让通知或未办理转让登记的原因及合理性，充分揭示风险，设置相应的权利完善措施进行风险缓释。”

具体到应收账款资产证券化产品的实操中，往往很多时候并不能取得债务人的确权文件或者不具有可操作性，主要结合实际中已出现的几种情况进行分析讨论。

第一，专项计划的实际偿付依赖原债权人。如在一些专项计划中，专项计划的兑付主要依赖于原债权人作为原始权益人的强主体信用，其本身对通知债务人的环节配合或者协调意愿较低。此种情况下，若强主体信用的原债权人在进行债权转让后，依旧对该笔资产转让的偿付进行了兜底增信，则可以在产品材料中对债权转让已经通知债务人的情况进行披露并设置相应的风险缓释措施。

第二，如果专项计划的偿付主要依赖于底层债务人，此种情况下应当取得底层债务人的明确确权文件，并核查确权文件的真实性、有效性，同时要求底层债务人改变还款路径，到期后直接将资金支付到监管账户，以避免债务人的资金与原债权人的资金出现混同。比如现在市场上常见的房地产反向供应链的产品，其实质的融资人为核心企业房地产公司，其工程施工方或者货物服务供应商主要是为了尽快拿到其应回收的应收账款，而配合其进行了融资。

第三，还有些专项计划，涉及成千上万笔应收账款，在债权转让的时候通知债务人确认存在实际的不可操作性。即使在专项计划中约定风险缓释措施，设置权利完善事件，在出现风险后通知债务人进行直接还款至受让人处也不具有操作性。比如小贷资产，底层资产笔数太多无法进行通知；或者购房尾款就算通知了，基于购房款项的监管账户特性，也无法直接向受让人支付资金。这类情形主要还是依赖于原债权人作为基础资产转让方的主体信用和偿付能力。

总体来看，在专项计划层面首先要判断具体偿付来源主要依赖于原债权人还是底层债务人，并结合基础资产的具体情况，综合确定开展业务时是否强制要求取得债务人对于债权转让的确权文件以及取得比例，同时做好相应的信息披露以及风险缓释措施。

四、基础资产抽样代表性核查问题

对于入池资产符合笔数众多、资产同质性高、单笔资产占比较小等特征的，可以采用抽样尽职调查的方法。如何保证抽取样本具有代表性，即样本特征能够代表总体特征，是抽样调查的重要关注问题。笔者认为可以考虑以下几方面。

1. 选择科学合理的抽样方法

统计学抽样方法包括简单随机抽样、分层抽样、系统抽样等，资产支持证券业务常用的抽样方法为分层抽样。笔者认为，分层的目的，一是为了保证抽取的样本可以覆盖划分的各层，如覆盖借款人的不同年龄区间；二是同一层内的资产同质性更高，从而使各层抽取的样本更能够代表各层特征。

2. 设置合理的分层标准

总体的入池资产具有复合特征，理论上按照一定的分层变量，可以将总体分成几个相对同质的层。选择分层标准时，应结合入池资产特征，选择对资产特征有重要影响的变量，以这些变量（组合）为标准，对总体入池资产进行分层。比如承租人类型、租赁合同格式版本、业态类型等变量对租赁合同特征有重要影响的，可以选择将上述变量纳入分层标准。

3. 确定适当的抽样比例，着重抽样调查有重要影响的基础资产

基金业协会发布的《企业应收账款资产证券化业务尽职调查工作细则》第 8 条和《融资租赁债权资产证券化业务尽职调查工作细则》第 10 条对相关资产的抽样比例进行了规定：原则上，入池资产笔数在 50 笔以上，1 万笔以下的，抽样比例应当不低于 5%，且笔数不低于 50 笔；入池资产笔数在 1 万至 10 万笔之间的，抽样比例应当不低于 5‰，且笔数不低于 200 笔；入池资产笔数在 10 万笔及以上的，可结合基础资产特征和对筛选基础资产所依赖的技术系统进行测试验证的结果，自行确定抽样规模，且笔数不低于 300 笔。抽样比例系抽样样本的应收账款总金额占入池资产应收账款总金额的比重。

具体的抽样比例，应在满足规则的前提下，结合所调查的基础资产特征进一步确定，且各层样本比例分布应与总体分布保持一致。对于有重要影响的基础资产应着重抽样调查，如选择合同金额最大的前X笔。

4. 保证抽样的随机性

控制抽样过程，并予以记录。

5. 循环购买的抽样规则

关注循环购买的抽样规则，是否与初始购买的抽样规则保持一致。如果循环购买的基础资产，较初始基础资产发生较大变化，那么要关注初始抽样规则是否适用循环购买情况。

6. 借鉴审计抽样方法

虽然通常是管理人和律师对样本是否具有代表性发表明确意见，但鉴于抽样方法更广泛应用于审计工作，因此建议券商内部应由具备会计、审计专业能力的人员科学设计合理的抽样规则，并予以记录，对抽取样本的代表性予以论证。

五、基础资产现金流预测核查方式及其有效性问题

现金流预测在整个资产支持证券中是非常核心的部分，基础资产结构设计及定价等都依托于现金流预测。由于预测需基于基础资产基本资料、历史运营情况等，在会计学中反映的是过去的交易和事项，因此对未来的现金流预测有一定的借鉴意义，但同时有着较多的影响因素和不确定性，从而会造成一定的偏差。

基于交易所要求基础资产现金流预测遵循合理、谨慎的原则，笔者就债权类、收费收益权类基础资产的核查方式及要点总结如下，以供参考：

1. 债权类基础资产现金流预测及核查

（1）收集原始资料数据。现金流预测的基础资料来源于原始权益人，管理人需通过核查原始债权合同及其他资产基础信息，获得包括资产名称、债权类型、期限、起始日、到期日、债权总额、应收债权余额、还本方式、所属行业、资产信用等方面信息。

（2）核查现金流预测假设因素、预测方法和预测结论，并核查其合理性。管理人需核查现金流预测因素，包括基础资产违约率、违约回收率、展期率、提前偿还、预期收益率变动和相关税费是否由专项计划承担等，以确定该因素对基础资产现金流的影响。核查计划说明书和现金流预测报告中是否披露预测假设因素、预测方法和预测结论，并结合基础资产相关历史数据，分析预测方法和相关指标设置的合理性。

（3）大而集中基础资产。如果基础资产金额集中在少数借款人或有限行业里，应该对其进行单独测算，测算在这些大额债务人违约时，对基础资产池现金流的影响。

（4）小而分散基础资产。对于小而分散的债权基础资产，需核查筛选标准，对基础资产进行抽样核查。确保筛选基础资产时，没有使用任何会对管理人受让基础资产现金流预测产生重大不利影响的筛选程序，基础资产的质量在重大方面不低于该原始权益人在其一般业务过程中同类资产的平均水平。

（5）核查现金流压力测试的假设条件、压力因素、各压力情形可承受的违约率情况。其中，压力因素可以包括市场利率变化、基础资产违约率、违约回收率及其回收时间、违约时间分布、展期率、早偿率、损失率、循环购买安排及预期收益率等指标。管理人应当在计划说明书中披露各压力情形下的现金流覆盖情况。

（6）遵守宏观经济、行业规律来判断。如果需要更深入分析，那么现金流预测可以参考的资料包括但不限于行业资讯、分析资料、专业报告及政府文件等。同时考虑包括宏观政策调控因素、经济环境、债权特征以及偿还顺序、担保情况、区域司法环境、债务人行业分布、资产服务商的能力以及抵/质押资产情况。

2. 收费收益权类基础资产现金流预测及核查

与一般债权类基础资产关注信用违约对现金流造成的冲击不同，收费收益权现金流稳定程度取决于特定原始权益人未来的生产经营运营能力，并受宏观行业地域等因素影响较大。收费收益权类基础资产的现金流预测主要是基于历史现金流表现，并结合未来存续经营中可能遇到的变化进行预测。

（1）考虑历史数据。收费收益权类基础资产应充分考虑原始权益人历史经营收入数据、特许经营授权情况、维持基础资产运营所必要的成本及税费支出、原始权益人及资产服务机构资信状况及持续经营能力等因素。由于很多基础设施收费权项目没有长期的历史现金流可供参考，可根据类似的资产证券化案例进行现金流预测，需要重点关注类比案例中的异同点。

（2）结合业务模式、所处行业、宏观政策综合判断。结合原始权益人业务模式、所处行业发展前景、宏观政策对现金流进行预测，遵循行业自然规律，判断哪些因素可能造成现金流上调或下降，比如电力收费需考虑弃风率及风电平价进程推进后的电费下降，又如公交收费收益权需考虑当地的人口数量、票价、出行方式、运行总里程及生产总值水平等。

六、基础资产定价公允性、合理性核查问题

基础资产购买价款通常与资产支持证券的募集资金规模相匹配，而根据基础资产类型不同，基础资产的公允价值分别采用不同定价依据，如依据股权评估价值、房地产评估价值、或在现金流预测基础上进行折现定价，债权类资产一般依据本金来定价。

在资产证券化的实践中，一般都会使用超额覆盖等内部增信措施，体现在基础资产的转让上，表现为基础资产的折价购买。在进行折价购买时，应当特别注意基础资产购买价款的公允性。

关于价格的明显不合理性，最高人民法院司法解释进行了规定。根据《全国法院贯彻实施民法典工作会议纪要》第9条的规定，对于《民法典》第539条规定的明显不合理的低价或者高价，人民法院应当以交易当地一般经营者的判断，并参考交易当时交易地的物价部门指导价或者市场交易价，结合其他相关因素综合考虑予以认定。转让价格达不到交易时交易地的指导价或者市场交易价70%的，一般可以视为明显不合理的低价；对转让价格高于当地指导价或者市场交易价30%的，一般可以视为明显不合理的高价。当事人对于其所主张的交易时交易地的指导价或者市场交易价承担举证责任。根据《最高人民法院关于审理买卖合同纠纷案件适用法律问题的解释（2020修正）》第26条第1款的规定，买受人已经支付标的物总价款的75%以上，出卖人主张取回标的物的，人民法院不予支持。综上所述，鉴于基础资产购买价款一般都由买方在专项计划设立日当日或次日一次性支付，基础资产的购买价款一般不应低于基础资产的公允价值的75%。

笔者认为，在避免基础资产的交易价格存在“明显不合理价格”的前提下，从谨慎勤勉的角度出发，计划管理人还应当以不低于自己购买基础资产时的标准来履行注意义务，合理评估基础资产价值，并结合基础资产的现金流回收风险确定基础资产的公允价值。基础资产的购买价格不应高于基础资产的公允价值。如果基础资产转让的价款违反了公允性的要求，则可能存在因违反法律规定导致基础资产的转让后期被撤销的风险。

七、外部担保增信的核查问题

增信，常见于金融领域，非严格意义上的法律术语，实践中一般指增进信用，在企业资产证券化业务中具体来讲，主要是指为增进资产支持证券信用评级，尽可能减少资产支持证券兑付风险的一类措施。专项计划增信分为内部增信和外部增信，内部增信如

结构化分层、超额现金流覆盖等依赖于专项计划交易结构设计，外部增信则往往依赖物或主体的信用，分为担保类增信和非担保类增信。企业资产证券化业务中，常见的担保类增信有物权担保（如不动产或动产的抵/质押、应收账款或股权或其他权利的质押等）、金钱担保（如预留在专项计划并受到监管的保证金、权利维持费等）、保证担保（如原始权益人或第三人提供的差额支付承诺、保证担保、回售和赎回承诺、有追索的保理等）。实践中的专项计划交易结构设计由企业提供底层物业运营维好承诺函等，笔者认为此类文件属于一种运营承诺，无主债权对应存在，不构成担保类增信。

为避免歧义，本处主要探讨企业资产证券化业务中的外部担保类增信。根据《民法典》的规定，合同生效的要件包括：行为人具有相应的民事行为能力；意思表示真实；不违反法律或者社会公共利益。对于担保文件的效力及风险，实践中主要包括三种：（1）担保主体出具文件的审批程序瑕疵或担保资产权属性瑕疵，担保主体抗辩签署主体不具备合法授权，或者签署该文件不属于担保主体的真实意思表示，导致担保文件的效力问题。（2）主债权文件的效力瑕疵，或者担保内容违反法律或社会公共利益，导致担保文件效力出现问题。主债权一般分为两种，一种为基础资产属于债权性质，另一种为构建对优先级本金和预期收益进行差额补足的债权。前者的真实性和有效性属于基础资产尽职调查范围，后者的主债权文件和担保文件内容往往由律师起草，律师对其有效性发表意见。故本点在此处暂不讨论。（3）担保文件的真实性，比如签章或签字的真实性存在问题，相关主体否认该文件效力。对担保文件的真实性核查，实践中往往需要采取双人现场核查、当面签章签字、录音录像等方式，来减少相关文件签字签章不真实的风险。鉴于该问题非担保文件存在的特殊问题，而是一般合同、承诺、授权等法律文件均有可能出现的普遍性问题，故在本处暂不作讨论，本处只结合第一点予以整理。

1. 担保人的担保审批程序核查

企业资产证券化业务中，提供外部担保类增信的主体主要为公司企业法人。尽职调查过程中应对照担保人公司章程调查对外担保的全部审批程序文件，且不得违反《公司法》关于担保审批程序的规定。按照《公司法》第16条的规定，公司向其他企业投资或者为他人提供担保，依照公司章程的规定，由董事会或者股东会、股东大会决议。公司为公司股东或者实际控制人提供担保的，必须经股东会或者股东大会决议。前款规定的股东或者受前款规定的实际控制人支配的股东，不得参加前款规定事项的表决。该项表决由出席会议的其他股东所持表决权的过半数通过。

如果担保人为其全资子公司开展经营活动提供担保，按照《担保制度的解释》第11条的规定，如果担保人主张未按《公司法》关于公司对外担保的规定作出决议，该抗辩法院不予支持。但上市公司不适用此条。

如果担保人是上市公司（及其控股子公司）或专业担保机构，所对应的担保程序和尽职调查文件有不同。

（1）担保人是上市公司

担保人是上市公司的，应调查担保人与被担保人的关系：按照《规范上市公司担保问题的通知》的规定，如果被担保人是上市公司的控股股东，或者是上市公司持股50%以下的其他关联方，或者是任何非法人单位或个人，该担保属于法规禁止范围。

同时，应调查上市公司对外提供担保的审批程序：应对照上市公司章程调查对外担保的全部审批程序文件。按照《规范上市公司担保问题的通知》的规定，上市公司对外担保应当取得董事会全体成员2/3以上签署同意，或者经股东大会批准。如果被担保人是上市公司的股东、实际控制人及其关联方，按照《上市公司章程指引（2022年修订）》第41条第5项的规定，该担保应该经股东大会审议。

如果是上市公司或上市公司控股子公司对外提供的担保，应调查上市公司对外提供担保的信息披露程序：按照《担保制度的解释》第9条的规定，上市公司应该公开披露关于担保事项已经董事会或者股东大会决议通过的信息。如果相对人未根据上市公司公开披露的该信息，与上市公司订立担保合同，上市公司有权主张担保合同对其不发生效力，且不承担担保责任或者赔偿责任。如果担保人是上市公司已公开披露的控股子公司，则同样适用前述公开披露程序。按照《规范上市公司担保问题的通知》的规定，上市公司控股子公司应在其董事会或股东大会作出决议后及时通知上市公司履行有关信息披露义务。

（2）担保人是专业担保机构

如果是金融机构开立保函或者是以为他人提供担保为主营业务的担保公司提供担保，按照《担保制度的解释》第11条的规定，可以不按《公司法》关于公司对外担保的规定作出决议。如果是金融机构的分支机构开立保函，则应调查开立保函是否在其营业执照记载的经营范围内，或者是否经过从事担保业务的上级机构的有效授权。

此外，金融机构或专业担保公司，一般不得为其控股股东、实际控制人提供融资担保。

（3）非典型保证合同

2019年9月11日，最高人民法院审判委员会民事行政专业委员会第319次会议原则通过的《九民纪要》第23条规定：法定代表人以公司名义与债务人约定加入债务并通知债权人或者向债权人表示愿意加入债务，该约定的效力问题，参照本纪要关于公司为他人提供担保的有关规则处理。第91条规定：信托合同之外的当事人提供第三方差额补足、代为履行到期回购义务、流动性支持等类似承诺文件作为增信措施，其内容符合法律关于保证的规定的，人民法院应当认定当事人之间成立保证合同关系。其内容不符合法律关于保证的规定的，依据承诺文件的具体内容确定相应的权利义务关系，并根据案件事实情况确定相应的民事责任。

根据上述规定可以看出，"债务加入"及内容符合法律关于保证的规定的第三方差额补足、代为履行到期回购义务、流动性支持等类似承诺文件应当参照担保相关要求履行内部决策程序。

2. 担保人的担保限额核查

《公司法》第16条第1款规定，公司章程对投资或者担保的总额及单项投资或者担保的数额有限额规定的，不得超过规定的限额。

对于上市公司，按照《规范上市公司担保问题的通知》第2条第2款第2项的规定，上市公司对外担保总额不得超过最近一个会计年度合并会计报表净资产的50%，上市公司不得直接或间接为资产负债率超过70%的被担保对象提供债务担保。

对于融资担保公司，按照《融资担保管理条例》第15条第1款、第16条的规定，融资担保公司的担保责任余额不得超过其净资产的10倍。融资担保公司对同一被担保人的担保责任余额与融资担保公司净资产的比例不得超过10%，对同一被担保人及其关联方的担保责任余额与融资担保公司净资产的比例不得超过15%。

另外，实践中不同的担保机构，比如融资担保公司和信用增进公司，对应的外规和内部风控合规指标也有所不同，如《企业债管理条例》《信用增进机构业务规范》《信用增进机构风险管理规范》。

笔者认为，上述比例或金额的限额规定或各项合规风控指标，属于外规对公司内部管理的规范要求，非构成影响担保文件效力的实质性要件。但鉴于上述外规违反也会侧面反映担保机构的内部管理能力，影响担保实现的可能性。因此，尽职调查过程中，应调查担保机构的内控管理情况，要求担保机构出具合规情况说明（如上市公司本笔担保对应担保总额、单笔担保数额、担保比例等符合法规和公司章程规定的说明，专业担保机构各项指标是否合规、是否存在近3年重大违法违规情况的说明等），并尽可能收集相关数据或报告底稿以对照印证说明是否有依据。

3. 担保资产的权属真实性核查和担保登记办理

对于物权担保，担保人是否有权以该资产出具担保，是构成该笔担保是否有效的前提条件。业务部门应对担保人是否对对应的担保资产有完整的所有权，是否存在转让或担保限制，予以充分尽职调查。实践中，因政策要求，地方主管部门或其他有权机构对某些主体以其持有的股权或房地产或其他资产的对外担保在事先批复或合同中予以限制的，在提供担保前，应获得该地方主管部门或其他有权机构的同意。

物权担保的生效，除了担保合同外，往往需要登记或交付。对于不动产抵押、知识产权中的财产权质押、应收账款质押、基金份额质押、股权质押等，登记是担保设立生效的构成要件。对特殊动产抵押，登记是担保具备公示对抗效力的构成要件。对于汇票、本票、支票、债券、存款单、仓单、提单等，有权利凭证则交付是担保设立生效的构成要件，无权利凭证则登记是担保设立生效的构成要件。对于普通的动产质押，交付是担保设立生效的构成要件。故为了避免担保效力存在瑕疵，在签署担保合同时，应对担保登记或交付的主体和时间予以明确约定，并在合同签订后及时办理担保登记或交付。鉴于可能不同地区担保登记主管机关对不同资产的登记主体有不同要求，在办理担保前，应对担保登记政策予以充分尽职调查和预先沟通，确保担保登记的可行性。对于交付设立质押的动产或单据，应事先委托代为保管的机构，确保交付的可行性。

4. 实践中的问题

（1）对物权担保，约定了担保登记但未及时办理，或因担保登记政策沟通不充分，导致在登记中出现了障碍。

（2）签署担保合同时对担保资产转让或担保的限制未予以充分尽职调查，导致担保权最终无法实现。

（3）对非典型的保证合同，是由如原始权益人或第三人出具的差额支付承诺、回售和赎回承诺等具有保证性质的文件，忽视了出具主体的内部股东会或董事会审批程序文件。

（4）对上市公司控股子公司对外出具担保，只获取该子公司的对外担保决议，忽视上市公司对该笔担保通过子公司内部股东会或董事会决议的公开披露文件，或者上市公司以其对外担保总额度披露文件代替前述单笔担保通过内部审批程序的公开披露文件。

八、内部增信的核查问题

内部增信包括现金流超额覆盖、次级收益留存、优先劣后分级及次级自持、不合格基础资产赎回、信用评级降低触发保护性条款、加速归集、提前清偿等机制，本处主要介绍现金流超额覆盖、次级收益留存、优先劣后分级及次级自持的内部增信机制。

1. 现金流超额覆盖机制

现金流超额覆盖又称现金流覆盖倍数，是指基础资产产生的现金流除以资产支持证券优先级预期收益（含本金）的比率。对现金流超额覆盖的核查应结合现金流预测，对于资产支持证券存续期内有预期收益分配，尤其是次级资产支持证券有收益分配的情况，应重点核查每期预测现金流对于当期将支付预期收益的覆盖倍数，同时核查每期预测现金流在当期是否可以收回。

2. 次级收益留存机制

次级收益留存机制是指资产支持证券存续期内存在预期收益分配，尤其是次级资产支持证券有收益分配的情况，由于预测现金流入与预期收益支出在时间上的不匹配，尤其是在资产支持证券到期时将支付的本金金额巨大，所以对于前期现金流收入不是全部用来分配，而是留存一部分资金在收益分配账户中用于之后期间的分配。通过设置次级资产支持证券的收益留存机制，以保障专项计划存续期间内优先级资产支持证券的收益分配。专项计划可在每个预期到期日，将届时专项计划账户内的全部资金优先偿付专项计划涉及的应纳税费、当期应分配的优先级资产支持证券本息。分配后若有剩余资金，将剩余资金中按照下一预期到期日应分配的优先级资产支持证券本息的一定比例作为留存收益，扣除留存收益后仍有资金剩余的方才分配给次级资产支持证券持有人。留存收益存于专项计划账户中用于下一特定期间的分配，并在每个预期到期日重新计算、提取。通过该等分配安排，每个特定期间基础资产产生的现金流总是优先偿付对应特定期间的优先级资产支持证券本息，且当期的留存收益可为下一特定期间的优先级资产支持证券本息偿付提供资金支持，增强了对优先级资产支持证券本息偿付的保障力度。实际融资人一般不愿意接受该种增信方式，因为资金留存于收益分配账户中会增加融资人的融资成本。次级收益留存机制作为一种风险应对机制，提示我们在核查资产支持证券的收益时要关注是否存在预测现金流入与预期收益支出在时间上的不匹配的风险、每期净现金流入与将支付本息之间的覆盖倍数，尤其关注最后一期本金支付时的覆盖倍数及资金来源。

3. 优先劣后分级及次级自持

将资产支持证券按照偿付顺序的先后分为不同证券品种，优先级等较高档次的资产支持证券在本息偿付上享有优先权，原始权益人或者借款人及其关联方作为最低档次资产支持证券持有人，为较高档次资产支持证券提供增信支持。相关监管规则要求原始权益人或借款人及其关联方作为最低档次资产支持证券持有人的持有比例不得低于所有档次资产支持证券发行规模的5%且不得转让。

九、不同类型基础资产构建的资产支持证券的核查

企业资产证券化业务的基础资产分为四大类：（1）债权类基础资产：如应收账款、小额贷款应收债权、融资租赁债权、保理融资债权、购房尾款债权、信托受益权（底层资产为信托贷款）、委托贷款债权、商业物业抵押贷款等；（2）未来经营收入类基础资产：基础设施收费（高速公路、供水热电、污水处理、交通客票等）、保障房、物业费、商业物业租金等；（3）REITs类基础资产：写字楼、酒店、购物中心、物流仓储、工业园区、数据中心、养老医疗、基础设施等；（4）其他类基础资产：知识产权如商标、专利等无形资产。

构成企业资产证券化业务基础资产应符合如下标准：

（1）基础资产可以特定化；（2）基础资产的形成和存续真实、合法；（3）基础资产权属明确，不存在纠纷，原始权益人有合法权利转让基础资产；（4）基础资产不存在权利限制，或者已安排在基础资产转让时解除权利限制；（5）基础资产具有可转让性；（6）基础资产未被列入基金业协会确定制定的负面清单。

对于在专项计划设立阶段尚不能确定的基础资产，其除了满足上述标准外，为了减少基础资产的不确定性，还应当满足以下条件：

（1）基础资产形成的交易主体均系根据中国法律在中国境内设立且合法存续的法人或其他机构。

（2）基础交易合同的交易主体具有订立基础交易合同所需的资质、许可、批准和备案（如适用法律规定为必需）。

（3）基础资产对应的交易具有真实的交易背景，基础交易合同及其他相关法律文件

在适用法律的情况下均合法及有效；并且，原始权益人真实、完整、合法、有效地拥有基础资产的所有权。

（4）原始权益人已经完全、适当履行基础交易合同项下的合同义务且基础资产债务人已确认其对基础交易合同项下的义务，并且不享有商业纠纷抗辩权。

（5）基础资产债务人在基础交易合同项下不享有任何扣减、减免、抵销其应履行基础资产项下义务的权利（为避免疑义，前述扣减、减免或抵销其应履行基础资产项下义务的权利包括但不限于基础资产债务人因原始权益人提供的产品或服务不符合约定的产品或服务质量要求而主张扣减、减免或抵销的权利）。

（6）基础资产未被列入负面清单。

（7）基础资产上未设定抵押、质押等担保权利，亦无其他权利负担。

（8）基础资产交易合同未对基础资产的转让作出禁止性或限制性约定。

（9）基础资产不涉及国防、军工或其他国家机密。

（10）基础资产不涉及任何未决的诉讼、仲裁、执行或破产程序，未被采取任何查封、扣押、冻结等司法保全或强制措施。

基础资产标准主要分为三类，一是符合法律法规及规范性文件关于基础资产的要求；二是有关基础资产及相关主体和交易文件法律适用司法管辖资质资格的条件要求，一般限定交易文件适用中国法律、接受中国司法管辖；三是关于风险控制方面的要求，比如对债务人的资产负债率、信用等级作出规定，它会根据不同产品及其风险偏好设置不同的条款。

以下我们以应收账款（含正反供应链）、知识产权、REITs类、购房尾款、商业物业抵押贷款、基础设施收费、保障房、小额贷款、融资租赁等不同类型的资产为例，展开介绍企业资产证券化业务的核查关注要点。

（一）供应链资产证券化

供应链金融与资产证券化的结合，催生出了供应链资产证券化产品。供应链资产证券化主要采用“1+N”的模式，“1”为核心企业，偿付能力强；“N”为服务核心企业的上下游企业，多为中小企业。供应链资产证券化本质是核心企业的上下游企业基于真实的商业交易，将核心企业的信用转化为自身的信用，出售未来的现金流收益，从而实现较低成本的现时融资。目前交易所市场上发行的供应链资产证券化产品主要分为三种类型：应收账款类资产证券化、正向保理类资产证券化、反向保理类资产证券化。

1. 交易结构

类型一：应收账款类资产证券化

应收账款类资产证券化是指企业在正常的经营过程中因销售商品、产品、提供劳务等业务，对购买方享有的应收账款债权。单一供应链的核心企业作为原始权益人将其所拥有的对多个下游中小企业的贸易类应收账款债权按照一定的标准出售给专门设立的特殊目的载体。特殊目的载体将应收账款汇集成一个资产池，并以此为抵押经过信用增级和评级后，在金融市场上发行具有固定收益工具特征的资产支持证券，用资产池中的应收账款的回收额来偿还资产支持证券的本金和利息。

典型的应收账款类资产证券化交易结构如下图5－1：

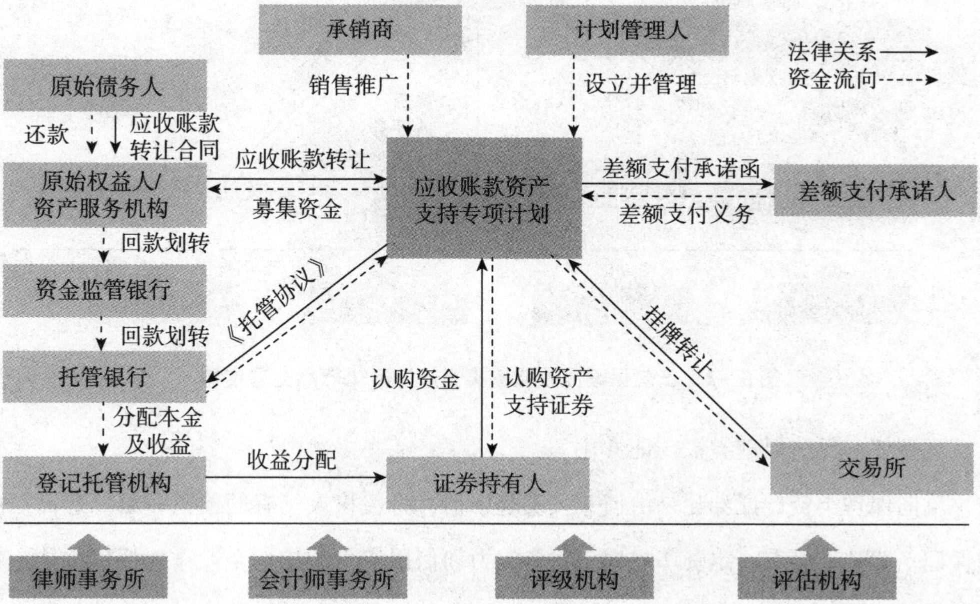

图5－1　应收账款类资产证券化产品交易结构

类型二：正向保理类资产证券化

正向保理类资产证券化是由债权人申请融资将其债权转让给保理商的保理形式。保理公司与核心企业合作，核心企业向保理公司推荐适合的融资人。作为初始债权人的各供应商因向债务人（核心企业）销售商品或提供劳务而对债务人享有应收账款债权。保理商作为原始权益人与初始债权人签订保理协议，就债权人对债务人享有的应收账款债权提供保理服务，并受让该应收账款债权。保理公司开展保理业务受让销售合同项下应收账款后，从保理合同债权中筛选出能产生独立、稳定、可预见现金流的保理资产，并依据应收账款的账期、保理融资利率以及保理类型对每笔保理资产进行梳理、审查和预估，把合格的保理债权作为基础资产设立专项计划。

典型的正向保理类资产证券化产品交易结构如下图5－2：

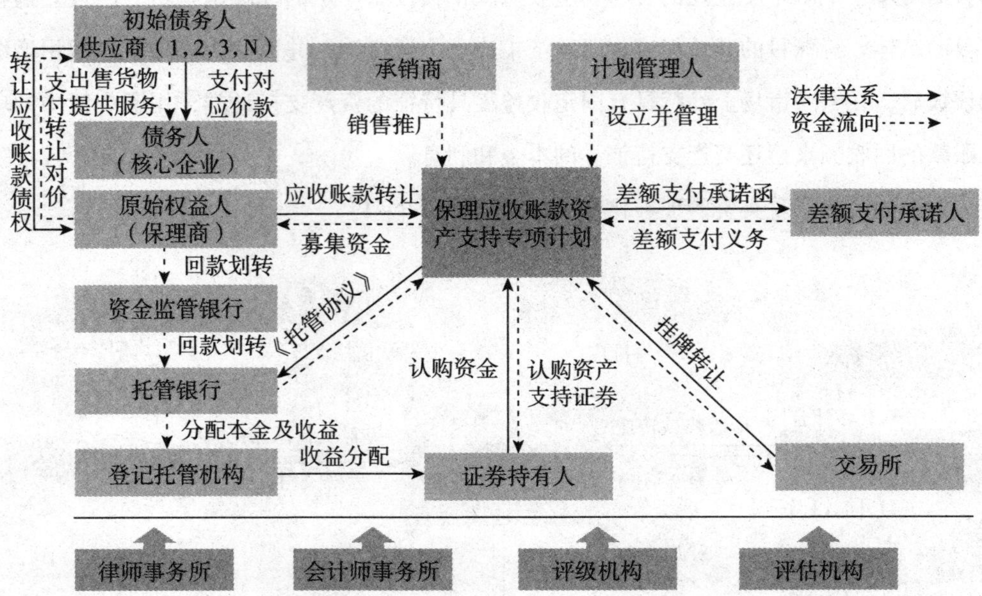

图5－2　正向保理应收账款类资产证券化产品交易结构

类型三：反向保理类资产证券化

反向保理类资产证券化是由债务人发起申请，将债权人享有的债权转给保理商。反向保理一般选取具有一定资产规模、财务实力和信用实力的核心企业作为授信主体，将授信额度拆分给上游供应商使用进行保理融资。债权人因向供应链核心企业及其下属公司提供货物买卖或劳务服务等基础交易而对核心企业及其下属公司享有未到期应收账款债权，债务人通过出具付款确认书的方式作出到期付款承诺，供应链核心企业对其下属公司的债务提供共同付款承诺。原始权益人商业保理公司与多数债权人签订保理协议，就债权人对供应链核心企业及其下属公司享有的应收账款债权提供保理服务，并统一归集受让该等未到期的应收账款债权。经债权人同意，该等债权可由原始权益人转让予专项计划。

典型的反向保理类资产证券化产品交易结构如下图5－3：

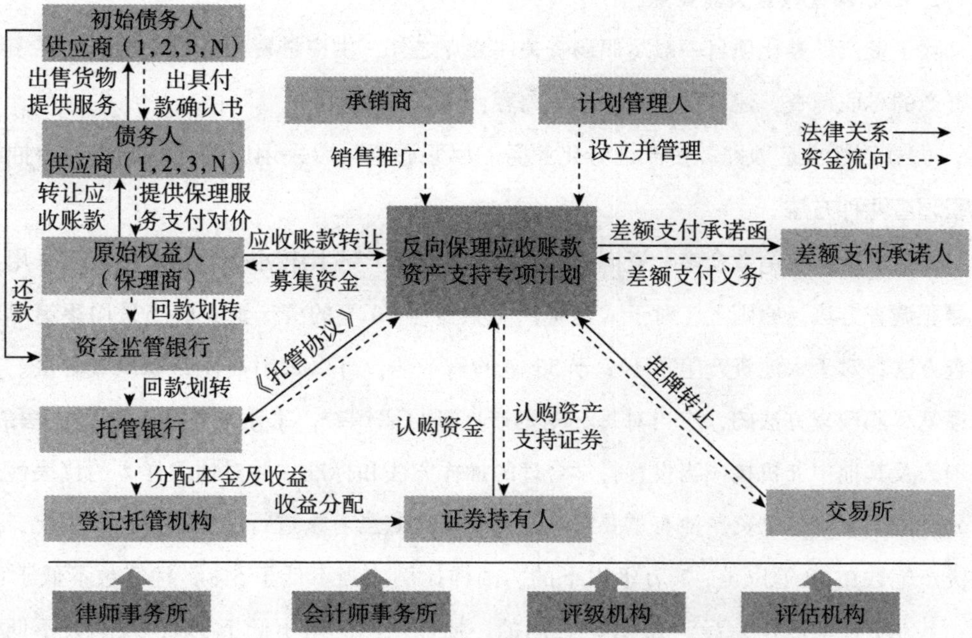

图5－3　反向保理资产证券化产品交易结构

以反向保理应收账款为例，交易结构概述如下：

①初始债权人/供应商因与初始债务人进行货物贸易、服务贸易（包括但不限于咨询、设计）及/或境内工程承包/分包等基础交易而对初始债务人享有应收账款债权。

②就初始债务人的目标应收账款债权而言，初始债务人向初始债权人出具付款确认书A，对目标应收账款债权进行确认，并承诺在相应的应收账款债权到期日前一个工作日清偿其应付款债务；就加入债务人的目标应收账款债权而言，在初始债务人向初始债权人出具付款确认书A的前提下，加入债务人通过向初始债权人出具付款确认书B，同意以债务加入的方式作为共同债务人对目标应收账款债权承担到期付款义务。

③原始权益人向初始债权人提供保理服务而受让其享有的目标应收账款债权。初始债权人同意原始权益人将该等债权转让予专项计划。初始债权人及原始权益人分别就债权转让事宜向债务人发出应收账款债权转让通知书，并取得债务人出具的书面回执。

④计划管理人通过设立专项计划向资产支持证券合格投资者募集资金，与原始权益人签订《基础资产买卖协议》并运用专项计划募集资金购买原始权益人从初始债权人受让的目标应收账款债权，同时代表专项计划按照专项计划文件的约定对专项计划资产进

行管理、运用和处分。

2. 尽职调查核查关注要点

除了资产证券化项目一般尽职调查关注要点之外，供应链资产证券化的核心在于基础资产的尽职调查，建议重点关注以下内容：

（1）对企业应收账款资产证券化业务的尽职调查可以采用逐笔尽职调查或者抽样尽职调查两种方法

入池资产符合笔数众多、资产同质性高、单笔资产占比较小等特征的，可以采用抽样尽职调查方法。原则上，对于入池资产笔数少于50笔的资产池，应当采用逐笔尽职调查方法；对于入池资产笔数不少于50笔的资产池，可以采用抽样尽职调查方法。采用逐笔尽职调查方法的，应当对每一笔资产展开尽职调查。采用抽样尽职调查方法的，管理人及其他中介机构应当设置科学合理的抽样方法和标准，并对抽取样本的代表性进行分析说明。对基础资产池有重要影响的入池资产应当着重进行抽样调查。原则上，入池资产笔数在50笔以上，1万笔以下的，抽样比例应当不低于5%，且笔数不低于50笔；入池资产笔数在1万至10万笔之间的，抽样比例应当不低于5‰，且笔数不低于200笔；入池资产笔数在10万笔及以上的，可结合基础资产特征和对筛选基础资产所依赖的技术系统进行测试验证的结果，自行确定抽样规模，且笔数不低于300笔。抽样比例系抽样样本的应收账款总金额占入池资产应收账款总金额的比重。

此外，尽职调查过程中还应注意核查目标应收账款债权的债权到期日应早于专项计划预期到期日，但晚于专项计划设立日，且目标应收账款债权上未设定抵押、质押等担保权利，亦无其他权利负担，可依法转让；不涉及国防、军工或其他国家机密；不涉及预付款及建设工程质量保证金的情形。

（2）供应链资产证券化应收账款确权在尽职调查中可从以下方面核查

①应收账款的真实性是重要的调查内容，尽可能收集应收账款产生过程中的基础文件，实地查验核实资金流、物流、信息流、商流是否属于四流合一，如已形成的贸易合同、收发货凭证、结算单、增值税专用发票，债务人的记账凭证等，并与原件进行对比核实，以明确应收账款对应债务人经营行为的客观存在。以工程款应收账款债权为例，在核查应收账款债权形成的真实性时，应当核查工程合同文件、招投标文件、银行流水单、结算单等文件的关联性和一致性，多维度交叉验证拟入池应收账款的真实性、准确性、完整性。比如，核查工程合同文件时需审查关注双方是否签署盖章、合同文件是否

完整。核查结算单时需审查关注债务人是否签字盖章，或是否有监理单位或其他主体签章。了解债权人履行合同项下义务的完成情况，合同约定的付款条件的满足情况，是否存在属于预付款的情形。应收账款的真实性核查需多与债务人、会计师沟通，确认核查逻辑与口径，以确保核查的准确性。

②了解债权人的业务实质及企业应收账款的确认方法，并结合拟入池应收账款形成的基础文件及实际情况进行分析，确定应收账款符合企业会计准则的规定，可以认定为会计上的应收账款。

③核查基础合同、发票及记账凭证金额，对应收账款的数额、付款日期等进行认定。

④以签署《确认协议》的形式，确认债权人同债务人就应收账款的真实性、准确性、具体数额、付款日期以及对该笔应收账款不存在法定或约定的抗辩事由和抵销情形。

⑤就拟入池的应收账款，至人民银行征信中心动产融资统一登记公示系统、国家企业信用信息公示系统、中国裁判文书网等查询平台进行查询，保证拟入池应收账款未进行过质押、抵押、转让、诉讼、仲裁、被法院查封等情况，并在转让前保持持续关注，转让后及时办理转让登记手续。

⑥个别应收账款债权基础合同可能会约定合同项下的权利义务均不得转让，但该等应收账款债权入池不受影响。在《民法典》生效以前，依据原《中华人民共和国合同法》第79条的规定，若存在债权限制条款转让的约定，一般的处理方式为获取债务人的豁免函，在获取债务人的豁免函后，该等资产方可入池。在《民法典》生效以后，依据其第545条第2款第2句的规定，当事人约定金钱债权不得转让的，不得对抗第三人。因此，应收账款债权均为金钱之债，债权限制转让条款不影响基础资产转让行为的效力，存在债权限制转让条款的资产可以入池。

（3）核查过程应注意基础资产的分散度不是监管部门的强制要求，有些情况可以豁免

豁免情形一：基础资产涉及核心企业供应链应付款等情况的，资产池包括至少10个相互之间不存在关联关系的债权人且债务人资信状况良好。

豁免情形二：原始权益人资信状况良好，且专项计划设置担保、差额支付等有效增信措施。符合条件并被免于债务人分散度要求的，管理人应当在计划说明书中披露基础资产池集中度较高的原因及合理性，充分揭示风险，设置相应的风险缓释措施。

（4）循环购买设计

应收账款的账期应当与资产支持专项计划的期限匹配，但在实践操作中，由于应收账款期限通常短于专项计划的存续期间，一般在半年以内，为了支持长期证券，通常采取循环的交易模式，以维持资产池在专项计划存续期间内的规模。循环期内，SPV 回收的应收账款现金流在支付完投资者利息后，不会支付给证券的本金，而是购买新的应收账款，以维持资产池的规模。在证券的整个存续期内包含两个子期间：循环期和本金摊还期。在循环期内，只向投资者支付利息而不偿还本金，循环期通常持续 18 个月至 48 个月。在本金摊还期，新的现金流不再用于购买新的应收账款，而是向投资者偿还本金。在这种情况下，管理人应当定期和不定期对入池资产的运行状况、现金流回款情况等进行核查和动态监测，在合格资产规模不足时，及时进行信息披露并采取风险缓释措施。

（5）循环购买的风险及风险缓释措施

循环购买由于其交易结构的复杂性，有一些区别于传统静态池资产证券化的需要特别关注的风险。

①基础资产质量下降的风险

对于循环期新入池的基础资产质量的控制主要取决于两点：一是筛选方严格按照入池标准执行，二是管理人的尽责程度。这里的筛选方一般会委托原始权益人作为资产服务机构进行循环期内新增资产的筛选工作，在这种情况下的入池标准的严格程度以及资产服务机构的尽责程度将决定新入池资产的质量。另外，管理人在计划存续期内应该持续关注基础资产违约率、回收率及损失率等触发风险的因素。

②循环期备选合格资产不足导致整体资产收益率下降的风险

若在特定循环购买日未进行新增基础资产的购买，则专项计划账户内用于循环购买的资金发生闲置，会导致资产池的整体收益率降低，从而可能影响优先级预期收益的兑付。针对前述风险，一般项目组会约定一定的风险缓释措施，比如规定“提前摊还事件”，如果连续多个循环购买日未进行循环购买，专项计划账户或信托账户的闲置资金达到一定的比例，那么基于提前摊还事件的触发，导致循环购买提前终止，进入摊还期，从而避免投资者的损失进一步扩大。

3. 市场案例

应收账款类资产证券化市场案例见下表 5－1：

表 5－1　应收账款类资产证券化市场案例

项目	内容
专项计划名称	一冶集团应收账款资产支持专项计划
原始权益人/资产服务机构	中国一冶集团有限公司
计划管理人	长江证券（上海）资产管理有限公司
保证人、差额支付人	中国冶金科工股份有限公司
基础资产	基础资产清单所列的由原始权益人在专项计划设立日转让给计划管理人的，原始权益人依据借款合同对借款人享有的本息请求权和其他权利及其附属担保权益（共涉及 13 笔贷款）
分层	设置了优先级与次级，次级比例 5%
评级	优先级 AAA
产品期限	1.72 年
发行利率	优先级票面利率 3.17%
还本方式	过手摊还

（二）知识产权资产证券化

知识产权是指民事主体对智力劳动成果依法享有的专有权利，是一种无形财产权。知识产权资产证券化作为资产证券化业务中的一种，开展的核心是基于无形的知识产权形成稳定、可预期、可特定化的现金流。知识产权资产证券化实质是发起机构（通常为创新型中小企业）将其拥有的知识产权或其衍生债权，移转到特设载体，再由此特设载体以该等资产作担保，经过重新包装、信用评价等，以及信用增强后，通过发行可以在市场上流通的证券来进行融资。就市场上已发行的知识产权资产证券化的交易模式而言，主要可以分为四种类型：知识产权质押小额贷款模式、“专利/商标二次许可”模式、知识产权融资租赁模式、知识产权供应链金融模式。

1. 交易结构

类型一：知识产权质押小额贷款模式

（1）构建思路

由专利权人（科技型中小企业）向小额贷款公司等放款机构申请贷款，以其拥有的知识产权进行质押，定期偿还本息。小额贷款公司作为原始权益人，以该等应收本息作为基础资产构建预期现金流，转让给专项计划发行资产支持证券。本质上属于知识产权质押贷款。

（2）交易结构

典型知识产权质押小额贷款模式资产证券化交易结构如图5－4：

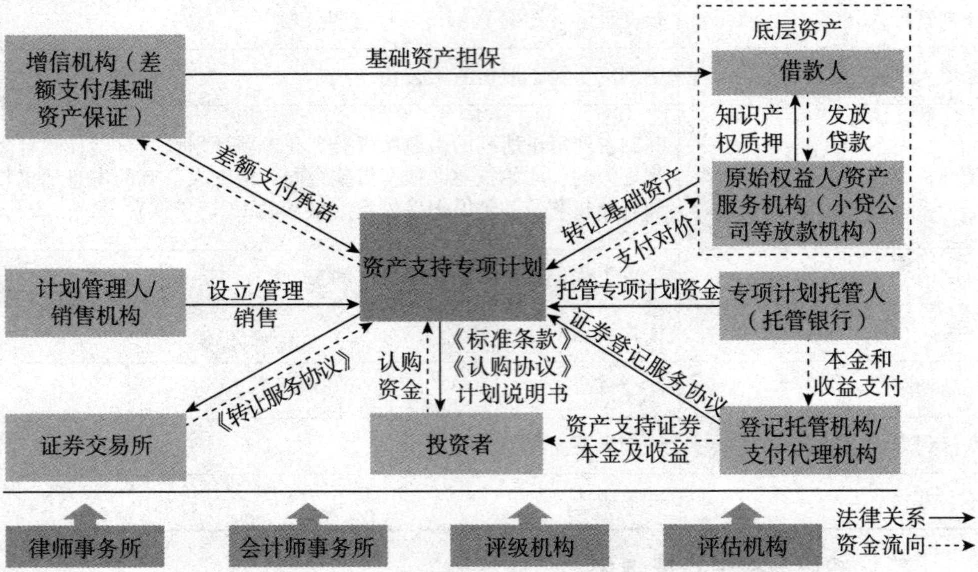

图5－4 知识产权质押小额贷款模式资产证券化交易结构

类型二："专利/商标二次许可"模式

（1）构建思路

第一次专利许可构建：由专利权人（科技型中小企业）作为许可方，以独占许可专利的方式，将特定专利授予被许可方（融资租赁公司或知识产权运营中心等机构）实施专利。被许可方一次性向专利权人支付第一次专利许可对应的专利许可使用费，并相应取得特定专利的约定权益及再许可权利。

第二次专利许可构建：基于第一次专利许可合同，融资租赁公司或知识产权运营中心等机构取得特定专利的约定权益及再许可权利，并成为第二次专利许可构建中的许可方，以独占许可专利的方式，将特定专利授予被许可方（科技型中小企业）实施专利。被许可方相应取得基于该等特定专利生产专利产品的权利，并根据第二次专利许可合同的约定，定期向许可方支付第二次专利许可对应的专利许可使用费。许可方（融资租赁公司或知识产权运营中心等机构）作为原始权益人，以该等许可使用费应收账款作为基础资产，构建现金流，转让给专项计划发行资产支持证券。

（2）交易结构

典型“专利/商标二次许可”模式知识产权资产证券化交易结构如图5-5：

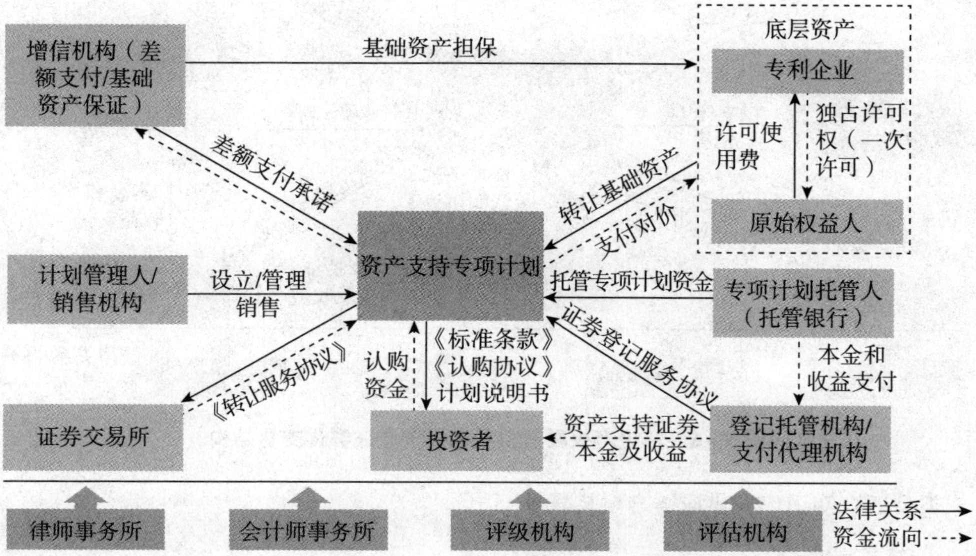

图5-5　“专利/商标二次许可”模式知识产权资产证券化交易结构

类型三：知识产权融资租赁模式

（1）构建思路

承租人将知识产权资产出售给租赁公司实现融资，然后承租人再与租赁公司签订融资租赁协议租回该知识产权的使用权，并按协议约定分期支付知识产权租赁租金。租赁期内租赁公司保持对知识产权的所有权，租赁期满时承租人具有将该知识产权买回的选择权。租赁公司作为原始权益人，以该等知识产权融资租赁对应的租金债权作为基础资产，构建现金流，转让给专项计划发行资产支持证券。需注意的是目前无形资产是否能作为租赁标的物在法律上仍存在一定的分歧。

（2）交易结构

典型知识产权融资租赁模式资产证券化交易结构如图5-6：

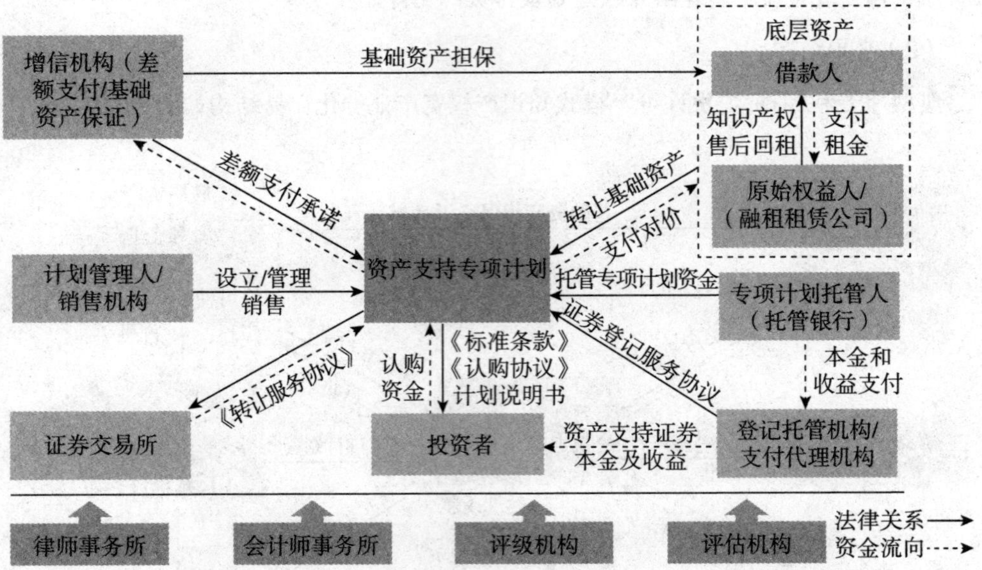

图 5－6　知识产权融资租赁模式资产证券化交易结构

类型四：知识产权供应链金融模式

（1）构建思路

债权人（供应商）向核心企业（采购方）提供境内知识产权服务贸易而产生应收账款债权。债权人将该等应收账款债权转让给保理公司。由保理公司作为原始权益人，以该等债权的偿还作为基础资产，构建现金流，转让给专项计划发行资产支持证券。该模式对核心企业的资信情况要求较高。

（2）交易结构

典型知识产权供应链金融模式资产证券化交易结构如图 5－7：

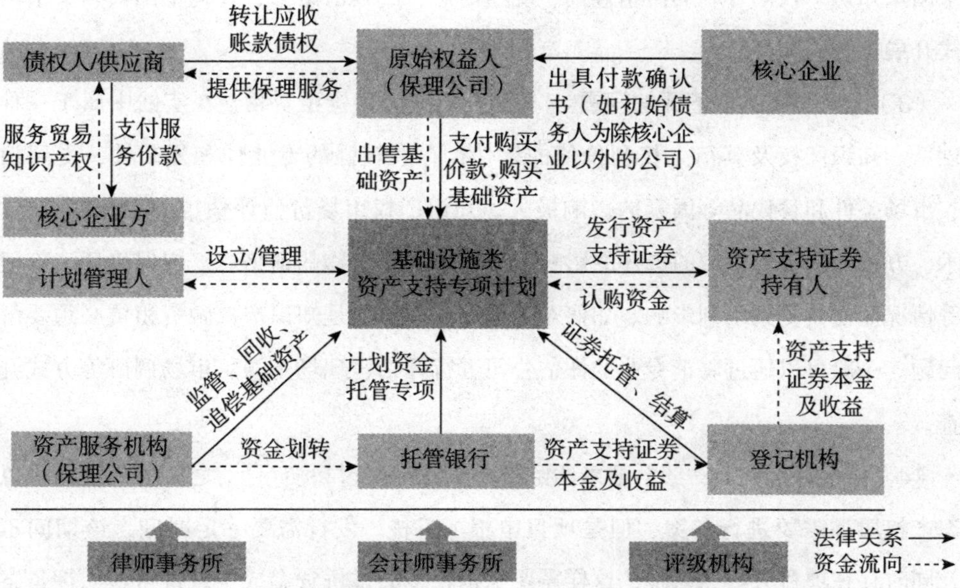

图 5-7　知识产权供应链金融模式资产证券化交易结构

2. 尽职调查核查关注要点

（1）无形资产租赁可能不被认定为融资租赁法律关系的风险。需注意的是，目前无形资产是否能作为租赁标的物在法律上仍存在一定的分歧。我国现行的法律法规为知识产权作为融资租赁标的设置了不小的障碍。无论是 2020 年 5 月 26 日银保监会颁布的《融资租赁公司监督管理暂行办法》还是 2014 年 3 月 13 日原中国银监会发布的《金融租赁公司管理办法》，都没有明确放开知识产权作为融资租赁标的。同时，有些政府文件鼓励创新融资租赁模式。比如，《国务院"十三五"国家知识产权保护和运用规划》中提出，促进知识产权高效运用，创新知识产权运营模式和服务产品。福建、山西、天津、上海、厦门等多地均出台了相关政策。知识产权融资租赁业务，实际上得到了中央和地方政府的大力支持。

（2）知识产权法律制度建设尚不健全。受知识产权特征所决定，目前主要存在着权利人的权属与权益的不确定性，专利质押无法对抗专利存量许可，可重复利用（授权）性，知识产权在不同权利人间具有可分割性，产权范围的不稳定性以及提前终止、无效、侵权、强制许可等法律风险，所以，核查知识产权权属是否清晰需确认其是否存在权属纠纷、权属不明、共同所有等情形；核查知识产权权属是否存在权利负担（如质押、授权情况）；是否存在与知识产权相关的诉讼纠纷。一般可以通过取得权属证书、登录国家知识产权局专利局网站查询、现场走访、出具承诺书、查询中国裁判文书网等方式开展核查。

（3）知识产权的价值评估问题。知识产权作为融资租赁物，在实践中属于一种大胆创新。知识产权及其衍生权利价值的评估，存在较强的专业性和复杂性，受到消费者、市场条件和替代品等因素的影响极大。知识产权市场价值评估也会受到评估立场、技术、方法、模型、参数的选择的影响，同时由于租赁物的适格性、担保价值、价值贬损等情况而使其受到不利影响。如何对其进行合理估值是知识产权融资租赁必须要解决的问题。一般可以通过聘请专业的评估公司进行评估、现场走访、市场调研等方式开展核查。

（4）合格基础资产一般会要求原始权益人先给付过桥资金。之后的一次许可以及知识产权质押需要进行备案，但是项目申报、审核、发行需要一定时间，该期间不可控，同时存在项目失败的风险，这样需要承担较多的过桥资金成本或许可、质押备案无效。为了缓释相关风险，建议同监管机构沟通相关操作节点并进行披露，目前一些项目可以在申报后、发行前发放过桥资金，发行成功后再及时进行知识产权许可、质押备案。

此外，还应注意核查知识产权的真实性、合法性、有效性，不存在被启动无效宣告程序或其他权利负担等情形。专利已获得国家知识产权局审查批准，商标已获得国家知识产权局商标局核准注册。入池知识产权保护期限可以覆盖底层合同期限。知识产权为权利人与其他方共有的，质押需取得共有方同意。

3. 市场案例

类型一：知识产权质押小额贷款模式案例，如表5－2：

表5－2　知识产权质押小额贷款模式资产证券化市场案例

项目	内容
专项计划名称	坪山区—长江楚越—高新投知识产权—1期资产支持专项计划
原始权益人/资产服务机构	深圳市高新投小额贷款有限公司
计划管理人	长江证券（上海）资产管理有限公司
保证人、差额支付人	深圳市高新投融资担保有限公司

续表

项目	内容
基础资产	基础资产清单所列的由原始权益人在专项计划设立日转让给计划管理人的、原始权益人依据借款合同对借款人享有的本息请求权和其他权利及其附属担保权益（共涉及12笔贷款）
分层	设置了优先级与次级，次级规模100万元
评级	优先级AAA
产品期限	12个月
发行利率	优先级票面利率4.00%
还本方式	每季度付息，到期一次性还本并支付最后1期利息

类型二："专利/商标二次许可"模式案例，如表5-3：

表5-3　"专利/商标二次许可"模式知识产权资产证券化市场案例

项目	内容
专项计划名称	中技所—中关村担保—长江—1期知识产权资产支持专项计划
原始权益人/资产服务机构	中国技术交易所有限公司
计划管理人	长江证券（上海）资产管理有限公司
保证人、差额支付人	北京中关村科技融资担保有限公司
基础资产	原始权益人依据专利许可协议对专利客户及专利权人享有的第二次专利许可协议项下专利许可使用费支付请求权，第一次专利许可协议项下专利许可使用费返还请求权，违约金支付请求权，损失赔偿或补偿请求权，其他从权利及附属担保权益
分层	设置了优先级与次级，次级规模100万元
评级	优先级AAA
产品期限	不超过36个月
发行利率	优先1票面利率3.9%；优先2票面利率4.4%
还本方式	每季度付息，到期还本并支付最后1期利息

类型三：知识产权融资租赁模式案例，如表5-4：

表5-4 知识产权融资租赁模式资产证券化市场案例

项目	内容
专项计划名称	第一创业—文科租赁1期资产支持专项计划
原始权益人/资产服务机构/第一差额支付承诺人	北京市文化科技融资租赁股份有限公司
第二差额支付承诺人	北京市文化投资发展集团有限责任公司
计划管理人	第一创业证券股份有限公司
基础资产	租赁租金（涉及51项知识产权，租赁合同10份，承租人13个）
分层	设置了优先级与次级，次级规模0.37亿元，次级占总规模5%
评级	优先级AAA
产品期限	30个月
发行利率	优先1票面利率5.10%；优先2票面利率5.40%；优先3票面利率5.50%
还本方式	过手摊还

类型四：知识产权供应链金融模式案例，如表5-5：

表5-5 知识产权供应链金融模式资产证券化市场案例

项目	内容
专项计划名称	中信证券—爱奇艺知识产权供应链金融资产支持专项计划3期
原始权益人/资产服务机构	天津聚量商业保理有限公司
差额支付承诺人	中证信用融资担保有限公司
共同债务人	北京爱奇艺科技有限公司
计划管理人	中信证券股份有限公司
基础资产	供应商与北京奇艺世纪科技有限公司和北京爱奇艺科技有限公司签署的有关境内服务贸易（包含知识产权服务贸易，如电影、电视剧和综艺节目等版权/著作权许可使用或委托制作）及其他服务等交易的合同性法律文件而产生的应付账款

续表

项目	内容
分层	设置了优先级与次级，次级规模0.3亿元，次级占总规模5%
评级	优先级AAA
产品期限	12个月
发行利率	优先级票面利率4.50%

（三）REITs类资产证券化

REITs，是一种通过发行股份或收益凭证汇集资金，并委托专门的投资机构进行房地产投资经营管理的一种信托基金。类REITs产品是在我国现有的金融市场、法律制度等背景下，衍生出的一种类似于REITs，以不动产为基础、采用非公开方式发行的资产证券化产品。

1. 交易结构

市场上发行的类REITs产品，主要采用的交易结构类型包括："专项计划+私募基金""专项计划+信托（财产权信托/单一资金信托）""专项计划"等。

类型一：专项计划+私募基金

"专项计划+私募基金"是一种典型的类REITs交易结构。在这种交易结构下，原始权益人初始实缴资金不需要支付全部出资资金，承担的资金压力相对较小，因而被较常采用。但是根据2020年12月中国证监会发布的《私募基金若干规定》，以及该类私募基金的备案的要求，"专项计划+私募基金"交易结构的类REITs项目的审批、发行和备案随之受到影响，这种交易结构的使用受到了限制。

在"专项计划+私募基金"交易结构下，原始权益人认缴全部基金份额，并实缴一部分出资；专项计划设立后，向原始权益人收购其持有的全部基金份额，并向私募基金履行剩余资金缴纳出资义务。私募基金通过设立特殊目的载体，并通过股权置换、吸收合并的方式持有项目公司股权，然后通过发放股东借款完成对项目公司的债权投资。典型的设置私募基金的双特殊目的载体交易结构如图5-8：

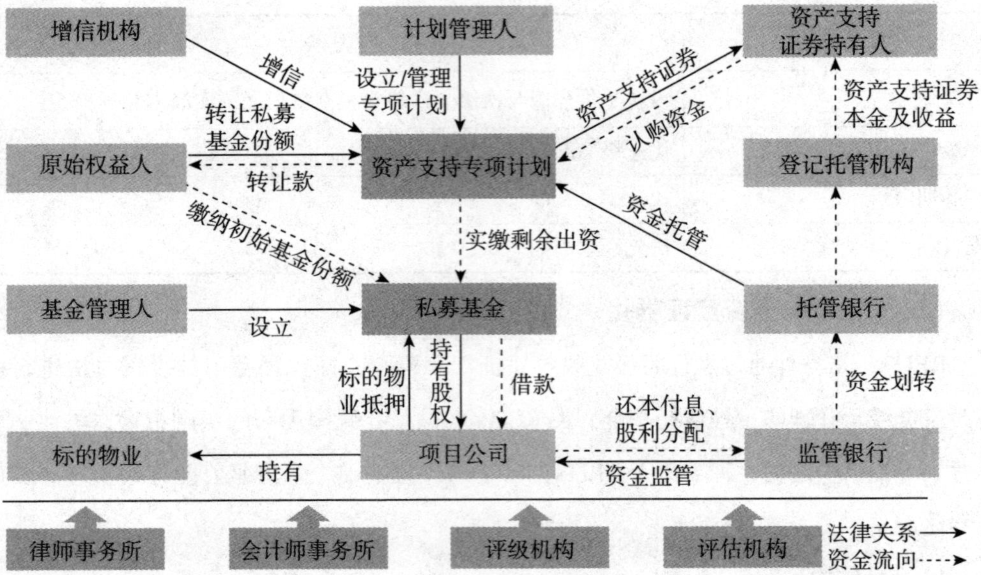

图5-8　设置私募基金的双特殊目的载体交易结构

类型二：专项计划+信托（以单一资金信托为例）

在“专项计划+单一资金信托”交易结构下，原始权益人将资金委托给信托公司成立单一资金信托，从而拥有信托受益权。信托资金一部分用于向项目公司发放信托贷款；另一部分用于实缴出资设立特殊目的载体，并通过股权置换、吸收合并的方式，使单一资金信托最终持有项目公司的股权。专项计划设立后向原始权益人购买信托受益权，成为信托计划的信托受益权人。但是，受到资金成本、信托监管等因素的影响，市场上采用该类交易结构的类REITs项目相对较少。典型的设置信托计划的双特殊目的载体交易结构如图5-9：

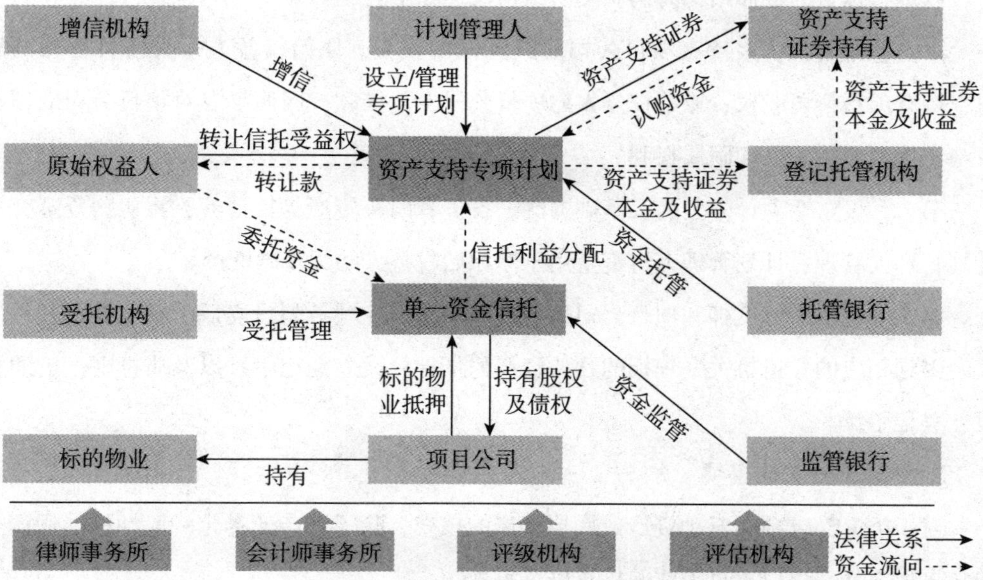

图5－9　设置信托计划的双特殊目的载体交易结构

类型三：专项计划（单特殊目的载体结构）

2022年上交所和深交所均已经发行了单特殊目的载体结构的类REITs项目，在“专项计划＋私募基金”交易结构受到限制的情况下，单特殊目的载体结构成为类REITs项目的新选择。典型的单特殊目的载体交易结构如图5－10：

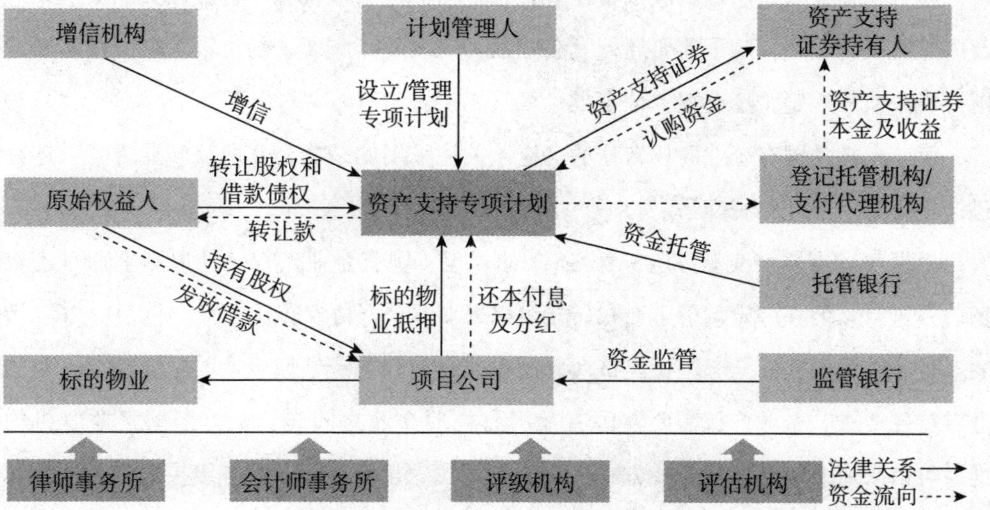

图5－10　单特殊目的载体交易结构

以单特殊目的载体结构为例，交易结构概述如下：

第一，原始权益人持有项目公司股权和标的债权。原始权益人作为项目公司的股东，持有项目公司股权；原始权益人向项目公司发放借款，因而享有对项目公司的债权及与该债权相关的一切附属权利。

第二，设立专项计划，购买基础资产。投资者购买资产支持证券，将认购资金交由计划管理人管理；计划管理人将资金用于向原始权益人购买基础资产。

第三，标的物业抵押和项目公司运营收入质押。专项计划设立后，项目公司在约定时间内到相应的登记机关办理标的物业资产的抵押权设立登记手续以及质押财产的质权设立登记手续。

2. 尽职调查关注事项

对于类 REITs 项目基础资产或底层资产的核查，除了资产证券化一般性的尽职调查关注事项之外，还应重点关注并核查以下事项：

（1）对标的股权的核查

对标的股权的核查，主要关注标的股权的法律权属、权利限制情况，以及项目公司股权转让的合法合规性及公允性等问题。

第一，通过获取相关的工商登记材料，核查项目公司的法律权属情况，核查项目公司股权是否存在质权以及任何其他第三方权利限制或权利负担的情况。

第二，核查是否已经就股权转让事宜履行内部授权审批程序，并出具相关决议。涉及国有股权转让的，除了需要履行《公司法》和公司章程要求的决策程序，还需要遵守国有资产监管规定，经有权单位审批。

第三，涉及国有企业股权转让的，应该关注采用的是非公开协议转让方式，还是通过产权交易所公开挂牌交易。

根据《国有资产交易办法》第 31 条的规定，国有企业产权转让原则上通过产权市场公开进行，但在一定情形下产权转让可以采取非公开协议转让方式，包括：(1）涉及主业处于关系国家安全、国民经济命脉的重要行业和关键领域企业的重组整合，对受让方有特殊要求，企业产权需要在国有及国有控股企业之间转让的，经国资监管机构批准，可以采取非公开协议转让方式；(2）同一国家出资企业及其各级控股企业或实际控制企业之间因实施内部重组整合进行产权转让的，经该国家出资企业审议决策，可以采取非公开协议转让方式。

第四，核查项目公司股权作价是否公允。通过获取评估机构对项目公司股权的估值报告，将股权评估值与股权转让价款进行对比，核查项目公司股权转让价格是否公允。此外，对于国有股权转让的，根据《国有资产交易办法》第31条的规定，属于可以采取非公开协议转让方式进行产权转让的两种情形，按照《公司法》、企业章程履行决策程序后，转让价格可以资产评估报告或最近1期审计报告确认的净资产值为基础确定，且不得低于经评估或审计的净资产值。

（2）对标的债权的核查

在标的债权核查过程中，通过获取相关的借款合同、发放借款的划款凭证等材料，核查标的借款发放的合法合规性、借款本金及利率的约定以及物业抵押等方面内容。

此外，在设置股权和债权比例时，通常会从税务筹划的角度考虑应纳企业所得税额扣除的问题。《关于企业关联方利息支出税前扣除标准有关税收政策问题的通知》（财税〔2008〕121号）第1条规定，“在计算应纳税所得额时，企业实际支付给关联方的利息支出，不超过以下规定比例和税法及其实施条例有关规定计算的部分，准予扣除，超过的部分不得在发生当期和以后年度扣除。企业实际支付给关联方的利息支出，除符合本通知第二条规定外，其接受关联方债权性投资与其权益性投资比例为：（一）金融企业，为5∶1；（二）其他企业，为2∶1”。

对于采用“专项计划＋私募基金”交易结构的类REITs项目，根据2020年中国证监会发布的《私募基金若干规定》的规定，私募基金管理人不得直接或间接将私募基金财产用于借（贷）款、担保、明股实债等非私募基金投资活动；除非私募基金以股权投资为目的，按照合同约定为被投企业提供1年期限以内借款、担保，但是这种情况下还应满足借款或担保到期日不得晚于股权投资退出日且借款或担保余额不得超过该私募基金实缴金额的20%的要求。该规定发布后，私募基金可以发放的股东借款规模和期限都受到了很大的影响，从而也影响了“专项计划＋私募基金”交易结构的运用。

（3）对标的物业的核查

标的物业类型通常包括写字楼、购物中心、公寓/租赁住房、工业厂房/园区、物流仓储、基础设施等，对标的物业的主要核查内容介绍如下：

①标的物业法律权属及权利限制情况

第一，通过获取项目公司对标的物业的权属证明文件，核查其产权是否权属清晰，并核对证书记载信息的一致性，以及土地使用权期限是否可以覆盖专项计划期限等。

第二，通过获取相关合同，核查标的物业是否存在法定或约定不得转让的情形。根据人民银行征信中心出具的企业信用报告、不动产登记中心出具的不动产登记信息查询结果告知单以及原始权益人出具的书面说明及确认文件等，核查标的物业及现金流是否存在抵/质押等权利限制。通过查询中国裁判文书网、中国执行信息公开网等，核查是否涉及诉讼、仲裁、破产或执行程序。

②标的物业实物状况

核查标的物业所在城市及所处地段，所在区域的交通、商业、公共服务设施配套及功能定位，标的物业装修、用途，以及周边物业的竞争情况等。

③标的物业建设审批情况

核查标的物业是否已经完成竣工验收，工程建设质量及安全标准是否符合要求，是否已按规定完成立项、规划、用地、环评、节能审查、施工及竣工验收的审批、核准、备案或登记等手续。

④标的物业的运营情况

第一，关注标的物业是否属于《证券化负面清单指引》范畴。

第二，核查标的物业运营方是否持有相关经营证照、环保和消防类证照等，核查标的物业实际用途是否与证载用途一致。

第三，通过获取租赁合同、相关租金支付凭证等，核查租期、租金价格、租户类型、租户集中度、租金支付方式、现金流、出租率、收缴率和退租率等情况。核查租赁合同时，应关注租赁合同承租人和出租人盖章是否齐备，租赁合同是否已经备案；存在关联交易的，需要关注关联交易是否具备商业实质、租赁价格是否公允。

⑤标的物业估值

房地产评估机构需要出具对标的物业的房地产评估报告或资产评估报告，应关注评估机构是否具备住房和城乡建设部核准的房地产估价机构一级资质；评估机构选用的评估方法是否合理，是否根据《信托物业评估指引》等相关要求对物业进行评估。

3. 市场案例

类 REITs 项目市场案例见表 5 - 6：

表 5－6　类 REITs 项目市场案例

项目	内容
专项计划名称	渤海汇金—济南城投—泉城更新 1 期租赁住房资产支持专项计划
原始权益人	济南泉城城市更新投资有限公司
计划管理人	渤海汇金证券资产管理有限公司
差额补足义务人/流动性支持机构/优先收购权人	济南城市投资集团有限公司
基础资产	基础资产系指由“原始权益人”转让给“计划管理人”的，“原始权益人”持有的“标的股权”和“标的债权”
标的物业估值	1.213 亿元
发行规模	1.2 亿元
分层	优先级（83.33%）/权益级（16.67%）
评级	优先级 AAA
产品期限	18 年
发行利率	优先级票面利率 3.80%
还本付息方式	优先级按年付息，到期一次还本/权益级期间不支付利息，到期一次还本，享受剩余收益

（四）购房尾款资产证券化

购房尾款资产证券化是指在商品房销售经营过程中，项目公司与购房人签订房屋买卖合同，项目公司收取购房人支付一定比例首付款后，依合同对购房人享有的对剩余购房价款的应收账款债权及其附属权利为基础资产的资产证券化产品。

购房尾款资产证券化基础资产的实质为债权类资产，最终还款来源为购房人向商业银行和/或住房公积金管理中心申请的贷款。但是，应注意的是，由于房地产销售绝大部分采用预售制，房地产企业在收到首付款或购房尾款时，在会计上尚未达到确认收入的条件，因而相应款项在账面上确认为预收账款。

1. 交易结构

常见的购房尾款资产证券化交易结构见图 5－11：

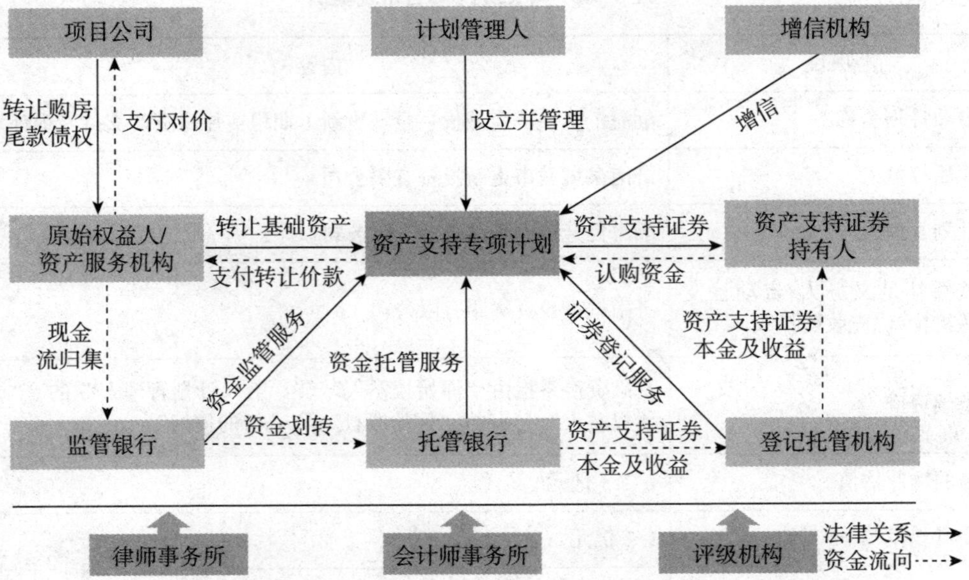

图 5-11　购房尾款资产证券化交易结构

交易结构概述举例：

第一，设立专项计划。投资人通过签订认购协议，将认购资金委托计划管理人管理，成立专项计划，投资人取得资产支持证券。

第二，转让基础资产。原始权益人与项目公司签订合同，受让项目公司享有的应收账款债权，即基础资产；然后专项计划购买原始权益人持有的基础资产。

第三，增信措施。增信机构出具文件，提供差额支付承诺等增信措施。

第四，资产服务机构将各项目公司转付的归属于专项计划的基础资产回收款部分转至收款账户，并从收款账户依次转置监管账户、专项计划账户。

2. 尽职调查核查事项

除了资产证券化一般性的尽职调查关注事项之外，购房尾款 ABS 还应重点关注并核查以下事项：

（1）原始权益人

对于房地产业务相关的原始权益人，除了一般的核查要求外，还应核查：

第一，通过获取相关资质证明，核查房地产业务相关原始权益人是否具备相应的房地产业务资质。

第二，核查是否存在违反国务院办公厅《关于继续做好房地产市场调控工作的通知》规定的行为，是否存在被自然资源部门查处且未按规定整改的情形。核查方式包括对原始权益人相关人员进行访谈；通过查询项目公司所在地的地方自然资源局网站、房地产开发项目所在地的住房和城乡建设及物价管理部门网站以及政府主管部门网站等，核查原始权益人是否存在公开披露的闲置土地、非法转让土地、捂盘惜售及哄抬房价等相关行政处罚信息。

第三，核查是否满足《关于试行房地产、产能过剩行业公司债券分类监管的函》中对于发行人的其他要求。

第四，应注意核查原始权益人有权机构是否已经就开展资产证券化融资相关事宜出具有效决议。

（2）购房尾款资产证券化项目基础资产的核查要点

第一，通过获取基础资产对应的购房合同、购房发票、首付款支付凭证或按揭银行回单、购房人的身份证明材料、网签备案截图等材料，核查材料的齐备性、信息的一致性等，确认基础资产的真实性。

第二，通过获取项目公司的资质证明，核查项目公司是否具有房地产公司开发、销售资质；通过访谈、公开信息查询等方式，核查项目公司是否存违反《国务院办公厅关于继续做好房地产市场调控工作的通知》规定的行为，是否存在被自然资源部门查处且未按规定整改的情形；核查项目公司是否已就应收账款债权转让协议事宜获得合法有效的内部授权，并签署相关内部决议文件。

第三，专项计划设立前，核查原始权益人是否已经与项目公司签署应收账款转让合同或类似合同，且转让对价已支付完毕，确认原始权益人已经依法取得基础资产。

第四，通过查阅基础资产对应的开发贷款合同、信托贷款合同等融资文件，核查是否存在限制项目公司利用购房尾款进行融资的情形，如果存在，则应能通过专项计划相关安排解除此类限制。另外，一般会在《基础资产买卖协议》中约定，基础资产可以进行合法有效转让、购房合同中无禁止转让条款等类似表述。

第五，核查开发贷款或资金监管等协议是否存在对房屋预售资金回流路径、支用比例等方面的限制性条款，并核查判断是否可能造成应收购房尾款截留风险。通常来说，原始权益人或其关联方出具承诺，如果出现资金截留情况，将以自有资金及时补足。

第六，实务中购房尾款资产证券化项目基础资产转让时，通常并不会通知债务人

（购房人），而是约定在权利完善事件发生后再发出权利完善通知。因此，应收账款债权转让通知购房人前，不对购房人发生应收账款债权转让的效力。

第七，核查基础资产是否存在权利负担或限制的情形。核查方式包括查询基础资产对应的购房合同、融资合同等文件；查询人民银行征信中心动产融资统一登记公示系统，核查项目公司是否存在转让、质押基础资产的登记信息。此外，由原始权益人出具基础资产不存在权利负担或限制的承诺。

第八，核查基础资产是否涉及诉讼、仲裁或其他纠纷。通过访谈、公开信息查询等方式，核查基础资产是否涉及诉讼、仲裁或其他纠纷；核查项目公司是否已经按照房屋合同履行相应义务，是否存在购房人因售房人履行售房义务等瑕疵而要求减少支付购房尾款或退房等主张。此外，由原始权益人出具不涉及诉讼、仲裁或其他纠纷的承诺。

第九，核查入池基础资产对应的楼盘项目情况，如所在城市、项目名称、已出售比例、历史回款、入池资产金额及占比、房屋类型等情况。

（3）循环购买

为解决购房尾款与专项计划存续时间不匹配的问题，通常会设置循环购买机制，在循环购买期内，初始/前次循环购买基础资产到期形成回收款后扣除相关税费和优先级预期收益，再被用于循环购买新增基础资产。

计划管理人应核查原始权益人是否存在足够的可供循环购买的基础资产。比如，专项计划拟入池的楼盘所在区域出现重大政策变化等情形，有可能导致相关楼盘销售不利，进而导致专项计划在循环购买时资产不足。对于循环购买资产不足的风险，专项计划应设置相应的风险防范措施，如设置提前结束循环购买期事件、提前终止条款等，为专项计划顺利兑付提供保障。

循环购买期内，计划管理人应对各次拟循环购买的基础资产进行尽职调查。通常来说，循环购买基础资产的合格标准及核查要求与初始入池基础资产的要求相同。

3. 市场案例

购房尾款资产证券化项目市场案例见表5-7：

表 5 – 7　购房尾款资产证券化项目市场案例

项目	内容
专项计划名称	招商资管—碧桂园资产支持专项计划
原始权益人/资产服务机构/差额支付承诺人/回售义务人/赎回权利人	碧桂园地产集团有限公司
计划管理人	招商证券资产管理有限公司
基础资产	基础资产系指基础资产清单所列的由原始权益人在专项计划设立日、循环购买执行日转让给计划管理人的，原始权益人依据应收账款转让合同及购房合同对购房人享有的要求其支付购房款所对应的债权及其附属权益
分层	优先 A1（52%）/优先 A2（40%）/次级（8%）
评级	优先级 AAA
产品期限	优先 A1 级 1 年/优先 A2 级 2 年（第一年末设有利率调整、回售赎回选择权）/次级 2 年
发行利率	优先 A1 级票面利率 5. 90%/优先 A2 级票面利率 6. 10%
还本方式	优先 A1 级到期一次性还本/优先 A2 级循环期不还本，摊还期按季过手摊还本金

（五）CMBS

1. 概述及主要交易结构

CMBS，即商业物业抵押贷款资产证券化（Commercial Mortgage-Backed Securities），是指以商业物业进行抵押贷款形成的债权作为基础资产或基础资产现金流来源的资产支持证券，其中该商业物业进行抵押贷款形成的债权以其未来的租金、管理费等经营收入作为主要偿债来源。

CMBS 的基础资产或基础资产现金流来源系标的商业物业抵押贷款形成的债权，故 CMBS 的核心是标的债权的形成及其顺利回收。根据我国现行监管规则，担任资产支持证券管理人的证券公司或基金管理公司子公司并不具有贷款发放资质，因此目前市场上 CMBS 的标的债权通常通过两种方式形成。

（1）单特殊目的载体模式。通过银行等具有贷款发放主体资格的机构向借款人发放委托贷款，形成只有专项计划的单特殊目的载体结构，此时专项计划项下基础资产为单一债权。但是，2018 年 1 月原中国银监会发布的《委托贷款管理办法》第 10 条对委托贷款的资金来源、资金用途等进行了规范，明确商业银行不得接受受托管理的他人资金、银行的授信资金、具有特定用途的各类专项基金、其他债务性资金以及无法证明来源的资金发放委托贷款，并要求商业银行加强风险隔离和业务管理。此后通过委托贷款形成单特殊目的载体结构的产品几乎不再使用，目前市场上可采取的单特殊目的载体结构主要集中于由法人主体直接向借款人进行借款这一模式，交易结构如图 5－12：

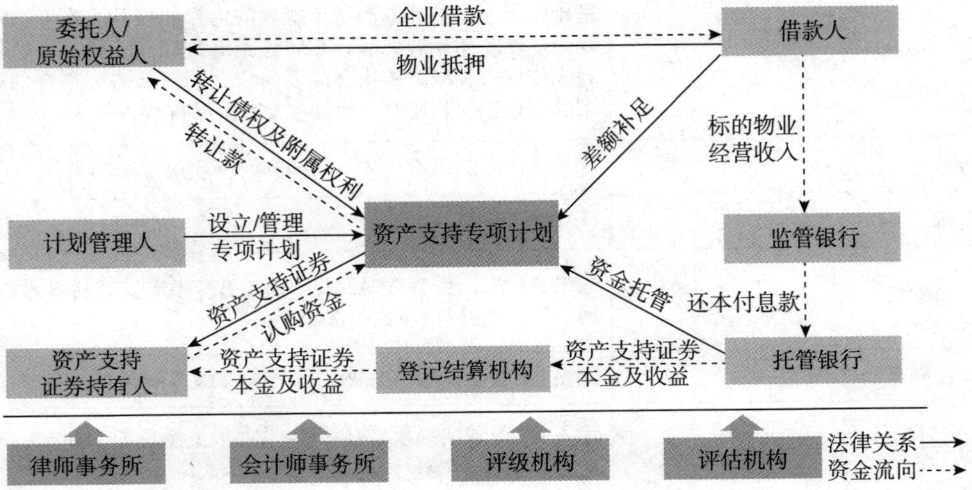

图 5－12　单特殊目的载体模式的 CMBS 交易结构

交易结构说明：

①原始权益人将向借款人发放企业借款，借款人将持有的标的物业进行抵押担保并提供实际控制人保证担保等其他增信措施（如有），原始权益人享有该债权及相应担保等附属权利。

②资产支持证券投资者认购专项计划，专项计划成立后以专项计划资金向原始权益人购买其持有的企业借款债权及相关附属权利。

③在专项计划存续期间，标的物业的经营收益作为委托贷款的主要还款来源，并归集至监管银行账户。

（2）双特殊目的载体模式。通过信托公司成立信托计划向借款人发放信托贷款设立资金信托，或将已形成的借款债权作为委托资产设立财产权信托，形成信托计划和专项计划的双特殊目的载体结构，此时专项计划项下基础资产为单一信托受益权。以设立财产权信托为例，交易结构如图 5－13：

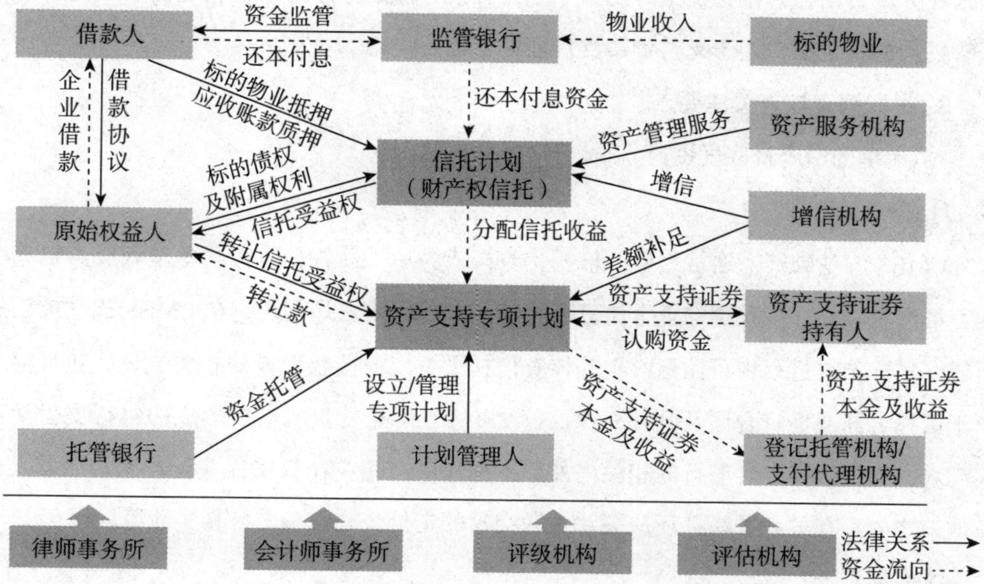

图 5－13 双特殊目的载体模式的商业物业抵押贷款资产证券化交易结构

交易结构说明：

①专项计划设立前，原始权益人将其作为债权人对借款人享有的债权及与该等债权相关的一切附属权利（如有）作为委托资产设立财产权信托，该财产权信托以标的债权等财产权利作为信托利益来源。

②借款人以其运营标的物业而产生的租金、管理费等经营收入向信托计划提供质押担保，以其持有的标的物业的不动产所有权向信托计划提供抵押担保。

③资产支持证券投资者认购专项计划，将认购资金以专项资产管理方式委托计划管理人管理，专项计划成功设立后，购买原始权益人持有的信托受益权。

④借款人的关联方作为增信机构，向信托计划提供保证担保等增信措施，或作为专项计划的差额支付承诺人，承诺对专项计划基础资产产生的现金流不足以支付资产支持证券的预期收益、未偿本金及专项计划约定的其他费用（如有）的部分承担差额补足义务。

⑤专项计划存续期间，资产服务机构（可由借款人担任）定期将标的物业运营产生的租金、管理费等经营收入归集至监管账户，监管银行对监管账户实施监管。

⑥借款人按照相关约定支付标的债权的利息和本金，信托计划收到借款人偿还的标

的债权本息后以信托利益分配的方式全部分配给信托受益人，即专项计划，专项计划管理人在分配日向托管银行发出分配指令，托管银行根据分配指令将相应资金划拨至登记托管机构的指定账户用于支付资产支持证券本金及收益。

2. 尽职调查核查关注要点

（1）基础资产及底层资产

①基础资产

CMBS的基础资产通常为单一信托受益权或为单一债权，除应具备基础资产权属明确，可产生独立、可预测的现金流且可特定化等基本要求外，还应在CMBS成立前已经形成。尽职调查过程中可注意收集并核查信托受益权或债权形成的相关凭证，包括但不限于信托合同或借贷合同及其补充协议（如有）、信托贷款或借贷形成的银行支付凭证或流水、相关合同签署履行的相关内外部审批程序及相应授权文件等；若原始权益人与借款人之间存在关联关系，还应关注关联交易的定价公允性与交易真实性等。

②底层资产

CMBS因其交易结构，现金流最终偿付来源于底层资产标的物业的经营收入，因此标的物业及其现金流的尽职调查尤为重要，可从以下方面展开核查：

第一，标的物业的权属。通过获取借款人对标的物业的权属证明文件，核查其产权是否完整清晰，是否存在权利限制、权利负担或其他法律瑕疵等情形，土地使用权剩余期限能否覆盖CMBS的存续期等。

第二，标的物业的状态。首先，标的物业存在空置、待开发或在建等情形的，不得违反负面清单的相关规定。其次，标的物业的运营模式成熟，运营状态安全稳定，消防、环保、建设质量与安全标准等符合相关要求。再次，标的物业的实际用途与相关审批文件批复、规划的用途一致，若存在不一致的情形应核实原因及其合理性与相应的法律依据，并就此进行充分的披露与风险揭示，设置相应的风险缓释措施。最后，对标的物业处置价值的评估过程应合理可靠，包括评估机构及评估方法的选取等。

第三，标的物业现金流。标的物业应通过稳定的运营产生可持续、可预测的现金流。通过收集标的物业出租等经营合同，核实该等合同的真实性、合法性、有效性，尤其涉及关联交易的，应关注关联交易背景的真实性，根据合同条款中关于租金等费用的收取安排与标的物业的经营收入、银行流水进行交叉比对，核查包括关联交易在内的标的物业出租等经营定价的公允性、标的物业历史出租率、租金等经营收入的回收率、交易对方的风险分散性、空置率、转租率、租期等情况，并以此进一步核实未来现金流预测的可靠性与合理性。

第四，还可关注基础资产与底层资产及其现金流是否存在抵/质押等权利负担或其他权利限制，若存在，应提前设计解除相关权利负担或权利限制的方案及时限，确保专项计划成立时已解除，并取得相关证明文件。

（2）主要主体

①原始权益人。无论CMBS采取何种交易结构，穿透后原始权益人均对借款人持有债权，故应关注原始权益人是否具备对借款人形成债权的相应资信能力。

②借款人。借款人应具有持续经营能力，其财务状况、资信情况、外部融资情况、内部控制机制等均不存在负面情形，偿债能力正常，业务开展满足相应的监管与行业要求，合法合规。

③增信机构（如有）。增信机构可通过向借款端提供担保或通过直接向专项计划进行差额补足或提供现金流支持等方式提供增信。对增信机构除核查其财务状况、资信情况等增信能力方面的情况外，若与借款人无关联关系，则建议进一步核查是否存在反担保等情况。

④标的物业运营与资产服务机构。实际操作中借款人作为标的物业持有人可继续运营标的物业，也可另行聘请第三方进行标的物业的运营与管理。无论是借款人自身还是第三方机构，均应具备相应的商业物业运营管理能力与经验且资信良好。同时，资产服务机构还应按照相关协议的约定，负责为标的物业运营收入资金的归集、运营收入情况的监控、运营收入及支出等资金信息的相关记录与保存等提供相应的服务。

此外，相关主体所在行业，比如房地产行业等有相应核查要求或关注重点的，还应对照予以核查。

（3）增信措施

①底层资产现金流提供质押担保。CMBS以单一信托受益权或单一债权为基础资产，应当依据穿透原则对应和锁定底层资产即标的物业的现金流，向专项计划项下基础资产对应的借款提供质押，且该现金流还应当具备风险分散的特征。

②标的物业抵押。根据标的物业的区域、地理位置、经营状况、物业类型、承租人的资信情况与集中度等因素综合确定标的物业抵押率与专项计划优先级资产支持证券规模。一般来说，CMBS在产品设计时建议抵押率可不超过70%，具体还可根据标的物业

实际情况设置更为严格的抵押率。

③保证担保、差额补足及流动性支持等。保证担保可通过向借款端提供或对差额支付义务人提供；差额补足可设置为对优先级资产支持证券本息提供差额支付义务；流动性支持为借款人的日常运营提供流动性资金支持，从而对其正常经营标的物业提供保障。

④现金流的覆盖与归集。覆盖方面，标的物业现金流对优先级资产支持证券的覆盖可通过净现金流或经营收入等方式进行测算，无论采取何种测算方式，现金流应可覆盖优先级资产支持证券本息，若无法覆盖，则可通过对优先级证券再次切分并对应设置不同的还本付息与信用补足安排。比如，优先 A 类资产支持证券本息兑付后，现金流对优先 B 类资产支持证券覆盖倍数不足 1 倍，那么此时应设置差额补足等信用补足安排。

归集方面，基础资产及底层资产的现金流回款路径、各类账户的设置与权限、资金划转的时间安排与条件、归集周期等要素均应清晰明确。其中，底层资产现金流在归集时，应设置专项账户进行监管，且该账户应注意与借款人或资产服务机构的其他账户进行有效隔离，避免资金混同、挪用或盗用等情形的发生。

3. 相关案例

CMBS 市场案例如下，见表 5－8：

表 5－8　CMBS 市场案例

项目	内容
基础资产类型	财产信托受益权
专项计划期限	18 年，附回售安排，优先级资产支持证券持有人有权选择将所持有的优先级资产支持证券份额全部或部分回售
证券品种	优先（95%）/次级（5%）
抵押率	57.16%
增信措施	1. 标的物业应收账款质押 2. 标的物业抵押担保并跟踪评估 3. 借款人控股股东提供差额支付及流动性资金支持承诺
标的物业情况	商场，位于深圳，采用比较法（40%）、收益法（60%），单位面积估值5.2 万元/平方米

续表

项目	内容						
现金流覆盖情况	第 1 期	第 2 期	第 3 期	……	第 70 期	第 71 期	第 72 期
标的物业可分配经营性净现金流	2133. 10	2164. 32	2424. 33	……	16, 278. 76	16, 801. 24	17, 395. 33
优先级本息合计	2109. 25	2109. 25	2109. 25	……	5189. 75	5121. 00	3852. 25
可分配现金流对优先级本息的覆盖倍数	1. 01	1. 03	1. 15	……	3. 14	3. 28	4. 52

（六）基础设施收费资产证券化

1. 概述及交易结构

基础设施类资产证券化，是指证券公司、基金管理公司子公司作为管理人，通过设立资产支持专项计划开展资产证券化业务，以燃气、供电、供水、供热、污水及垃圾处理等市政设施，公路、铁路、机场等交通设施，教育、健康养老等公共服务产生的收入为基础资产现金流来源所发行的资产支持证券。

基础设施类资产证券化的基础资产根据基础设施收费权的转让是否受到限制，可分为合同债权类基础资产和收费收益权类基础资产。合同债权类基础资产系基于原始权益人依据其与特定用户签署的合同而享有的按期收取基础设施使用费或服务费的合同债权及其从权利。收费收益权类基础资产指以基础设施收费权为基础权利，享有的该基础权利现有或未来产生的现金流入的收益的权利，系根据收费权这一基础权利并按照基础资产的可转让性而拟定的一项约定权利。合同债权类基础资产一般用户比较稳定，有相对稳定的现金流，可以和原始权益人签署合同，比如自来水、天然气、电力等基础资产。收费收益权类基础资产则可能不存在固定用户，无法签署合同，现金流的稳定性在一定程度上不如合同债权类基础资产，如高速公路收费收益权。不同类型的基础资产在尽职调查时关注点不尽相同，比如自来水、天然气、电力比较关注居民及企业数量，而高速公路收费收益权则侧重车流量及汽车保有量等因素。常见的基础设施类资产证券化交易结构如图 5－14：

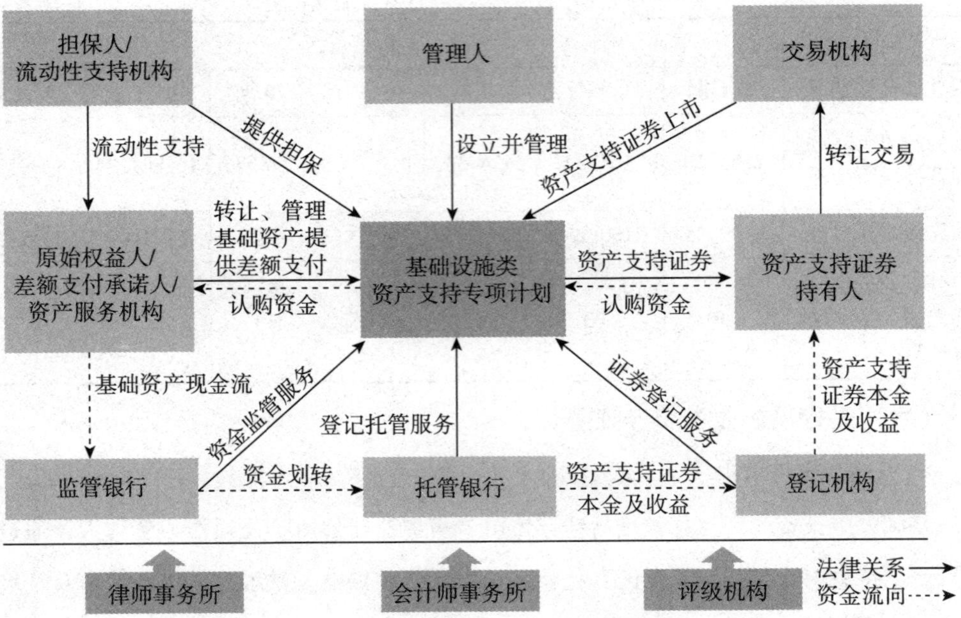

图 5－14　基础设施类资产证券化交易结构

交易结构说明：

①管理人将专项计划所募集的认购资金用于向原始权益人购买基础资产。

②原始权益人作为资产服务机构，负责对基础资产进行管理，包括但不限于基础资产对应的收费收入的回收和催收、现金流回款的资金管理、将基础资产现金流入划至资金归集账户等，以保证基础资产不存在或受到任何重大损害。

③监管银行对归属于专项计划基础资产的现金流进行监管，保证资金的安全；管理人对专项计划资产进行管理；托管人对专项计划资产进行托管。

④当发生任一差额支付启动事件时，差额支付承诺人按照约定将差额资金划入专项计划账户；担保人对差额支付义务提供不可撤销的连带责任保证担保，当发生任一担保启动事件时，将担保履约款划入专项计划账户。

⑤原始权益人出现资金周转困难时，在专项计划存续期内，流动性支持机构给原始权益人提供流动性资金支持，确保其生产经营活动的正常开展。

⑥托管人根据分配指令，在分配日划出相应款项分别支付专项计划费用、资产支持证券当期收益和当期优先级资产支持证券本金。

2. 尽职调查核查关注要点

（1）基础资产及现金流

①基础资产、底层资产应完整清晰、合法、有效、真实，已履行必要的审批或核准程序，系从第三方受让的，应获取相关交易合同及交易流水，核查交易对价是否公允且是否已真实有效取得。

基础资产、底层资产及相关资产（如管道、设备、路面资产、土地等）应不附带抵/质押等权利负担或者其他权利限制。但鉴于基础设施行业属于重资产行业，为提高资产效用，基础资产、底层资产或相关资产往往存在因融资租赁或银行贷款而形成抵/质押等权利负担的情况，由于基础资产或底层资产上存在权利负担或者其他权利限制可能影响原始权益人的持续经营及基础资产现金流的持续性，若已经存在权利负担或者其他权利限制，应提前设计解除相关权利负担或权利限制的方案及时限，确保基础资产向专项计划转让不存在限制，并取得相关证明文件。基础资产或底层资产在解除时可利用募集资金偿还存量债务，或原始权益人以自有资金/自筹资金提前偿还存量债务等方式进行。

相关资产（如管道、设备、路面资产、土地等）若通过已发生的融资租赁或银行贷款取得的资金规模大于专项计划融资规模，此时通过偿还存量债务解除权利限制具有较大难度且不经济，这种情形下应综合相关资产的特征、处置变现能力、基础资产的垄断性与排他性等因素，分析相关资产存在的权利限制预期是否会对专项计划优先级兑付产生较大不利影响，并通过增信措施及风险缓释设置控制相关风险。

②基础资产对应的经营活动应真实合规。市政设施、交通设施等基础设施收费权，如燃气、供电、供水、供热、污水及垃圾处理等市政设施收费，高速公路通行费等交通设施收费，均普遍实行政府定价或政府指导价，因此通过对基础资产的相关费用收取协议、资金流水、发票等的核查，核实基础资产的运营是否真实合规，是否符合物价政策等相关规范性要求。

③基础资产、底层资产的运营应当依法取得相关特许经营等经营许可或资质，且能覆盖专项计划期限。经营资质在专项计划存续期内存在展期安排的，应取得相关主管单位关于经营资质展期的书面意向函，通过访谈相关经办人员核查历史展期情况及相关流程，对展期安排及相应的风险缓释措施进行充分披露。同时，实际操作中某些地区由于历史原因可能存在未签署特许经营协议的情形，此情形下应取得主管单位确认特许经营

资质的书面文件，并核查是否因特许经营相关事宜受到任何主管部门的行政处罚，或被要求中止经营相关业务。

④现金流来源稳定且可预测。基础设施资产支持证券的基础资产现金流主要依赖于基础设施收费等未来经营收入，其现金流应当来源于特定原始权益人基于政府和社会资本合作（Public-Private Partnership，PPP）项目、国家政策鼓励的行业及领域的基础设施运营维护，或者来自从事具备特许经营或排他性质的燃气等市政设施，公路等交通设施，教育、健康养老等公共服务所形成的债权或者其他权利。对于电影票款、不具有垄断性和排他性的入园凭证等未来经营性收入，不得作为基础资产现金流来源。物业服务费、缺乏实质抵押品的商业物业租金（不含住房租赁）参照执行。

现金流来源于污水处理费、垃圾处理费、政府还贷高速公路通行费等收费的，实行收支两条线管理，应当取得地方财政部门或有权部门按约定划付购买服务款项的承诺或法律文件，约定明确的现金流返还账户，并由管理人对现金流返还账户进行监管与控制。

此外，还应结合基础资产或底层资产所处区域、行业政策、供需季节性波动、价格指导、历史收缴率等因素或指标，对基础资产及底层资产的集中度风险与现金流预测的可靠性进行分析，若集中度较高应进行充分的信息披露与风险揭示，并设置相应的风险缓释措施。若特定原始权益人经营现金流入扣除向专项计划归集的基础资产现金流后无法覆盖维持其持续运营必要的成本、税费等支出，对相关资产的控制及运营能力存在潜在不利影响，则应设置合理可行的运营保障措施，如控股股东提供流动性支持等，并进行充分的风险揭示。

（2）相关主体

①特定原始权益人标准。基础设施类资产支持证券的原始权益人在专项计划存续期间的持续经营对基础资产现金流有直接影响的，应对其业务资质、运营能力及运营状况、资信状况等进行核查。业务开展方面，应满足相关主管部门监管要求，已经取得相关特许经营等经营许可或其他经营资质，基础资产或底层资产相关业务正式运营满2年，具备资产运营能力且符合主体评级达AA级及以上，主体评级未达到的，则应通过专项计划设置担保、差额支付等有效增信，提供担保、差额支付等增信机构的主体评级为AA级及以上。资信状况方面，最近两年不存在因严重违法失信行为，被有权部门认定为失信被执行人、失信生产经营单位或者其他失信单位，并被暂停或限制进行融资的

情形。

②增信机构。重要现金流提供方（如有）最近两年内不存在因严重违法失信行为，被有权部门认定为失信被执行人、重大税收违法案件当事人或涉金融严重失信人的情形。

（3）增信措施

①底层资产或相关资产抵/质押。底层资产、相关资产应当向专项计划或其相关方进行质押、抵押以保障基础资产现金流的回收，其授权、批准等手续应当齐备，并在相关登记机构办理质押、抵押登记。基础资产为收费收益权的，收费收益权应当向专项计划质押。相关资产若由于特殊情形未能进行抵/质押，则应充分核查合理性并进行完整的信息披露，设置相应的风险缓释措施，该等风险缓释措施应基于专项计划的原始权益人资质较好，基础资产现金流可实现超额覆盖，并设置了差额支付承诺、担保等信用增级安排，且原始权益人承诺不以相关资产为第三人提供新的抵/质押担保。

②加速归集机制。设定加速归集事件，在该等事件发生后，基础资产现金流按照加速归集机制设置的频率加速归集至专项计划账户，且可进一步设置在加速归集事件消失后，归集频率也不再恢复。该等加速归集事件可设定为原始权益人未按约定按时足额向监管账户划付基础资产产生的回款、原始权益人或担保人信用评级大幅下调、原始权益人违反相关资产抵/质押承诺以及其他可能损害投资者权益的事件。

此外，增信措施还可设置证券品种分层设计、次级留存机制、差额支付及担保等，鉴于前文内外部增信的核查部分已作探讨，此处不再赘述。

3. 案例

基础设施资产证券化市场案例见表5－9：

表5－9 基础设施资产证券化市场案例

项目	内容
原始权益人	×××供水公司
基础资产	原始权益人作为自来水供水企业因进行自来水供水业务而享有的供水收费收益权
基础资产类型	基础设施收费—供水
证券品种	优先级（94.94%）/次级（5.06%）

续表

项目	内容
发行期限	7 年
增信措施	1. 优先级/次级分层 2. 次级留存 3. 现金流超额覆盖：基础资产现金流对优先级证券各兑付日本金和预期收益的覆盖倍数最低为（1.18）倍 4. 原始权益人的差额补足 5. 第三方担保和流动性支持承诺
相关资产	供水设备、管网提供抵押

（七）保障房资产证券化

1. 概述

保障性住房包括安置房、经济适用房、两限商品房和公共租赁住房与廉租住房，上述类型按照供应方式分为购置型保障房和租赁型保障房两类。围绕保障房的资产证券化产品供应方式的不同也可分为两类：一类是底层资产为存量不动产物业（租金），如保障性租赁住房公募 REITs；另一类是底层资产为保障房的未来销售收入，集中于购置型保障房。

购置型保障房包含经济适用房、两限商品房和安置房。经济适用房的销售价格管理模式是以保本微利为原则定价，销售对象为符合各地规定标准的低收入家庭。两限商品房的销售管理模式为土地挂牌出让时限定房屋价格且限定销售均价的上限，销售对象为符合地方规定的中低收入家庭。安置房是政府在进行城市建设时，对被拆迁住户（含征地拆迁房屋的农户）进行安置所建立的房屋，其价格根据《拆迁补偿安置协议》及相关政府部门价格指导文件确定。从上述介绍可发现，安置房具有相对明确和稳定的购房主体，购房资金主要来自拆迁补偿款和购房者自负的差额部分（如有），现金流具有一定的稳定性和可预测性，其销售收入是理论和实践中适宜开展证券化融资的主流底层资产类型。

2. 主流交易结构及其演变

保障房资产证券化交易结构最早采用过单一特殊载体目的结构，即基础资产是保障房相关合同债权，地方政府作为直接或间接债务人对保障房资产证券化项目承担还款义务。2014 年基金业协会发布的《证券化负面清单指引》明确禁止将直接或间接债务人为地方政府的资产作为基础资产开展证券化业务，上述合同债权作为基础资产的产品不再满足监管要求。

此后，保障房资产证券化的主要还款来源为项目的市场销售收入。为缓释现金流的不确定风险，交易结构上采取双特殊目的载体模式。其中，以委托贷款债权为基础资产的双特殊目的载体模式也逐渐被淘汰，主要原因：一是在 2018 年原中国银监会发布《商业银行委托贷款管理办法》后，委托贷款资金来源和用途受到严格限制，通道成本上升；二是市场投资人对该模式合规性的分歧。

主流的保障房资产证券化双特殊目的载体交易结构为以信托收益权或信托财产权为基础资产、将保障房定价销售收入作为还款来源的模式。具体而言为设立资金信托，向保障房建设企业发放信托借款，或者信托公司以借款债权设立财产权信托。保障房建设企业以保障房的收入作为还款来源并提供差额支付，保障房建设企业母公司或其他主体提供担保。该模式将保障房销售回款转化为信托收益权，提高了基础资产现金流的稳定性和独立性。设置信托计划的双特殊目的载体交易结构如图 5－15：

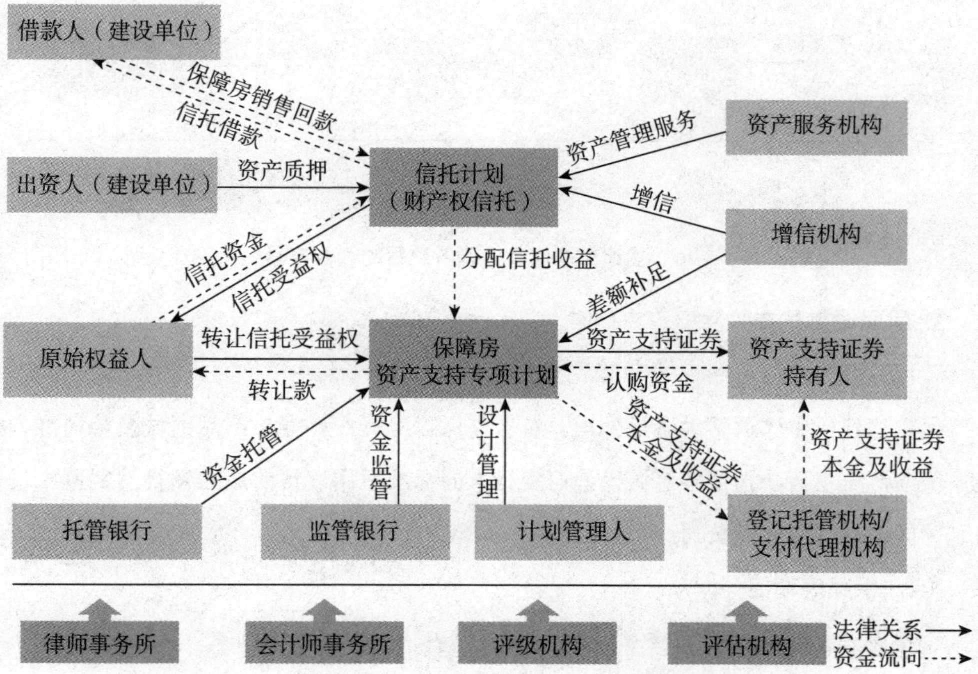

图 5－15　设置信托计划的双特殊目的载体交易结构

2020 年以来，银保监会对具有影子银行特征的信托融资坚持从严从紧的监管导向，严格限制通道类业务，导致通道类信托融资成本持续攀升。市场为控制业务成本，探索出以关联借款债券直接转让的交易结构，该种结构为直接以关联方借款作为基础资产，将关联方借款债权直接转让至专项计划的单特殊目的载体模式。构建关联借款的单特殊目的载体交易结构如图5-16：

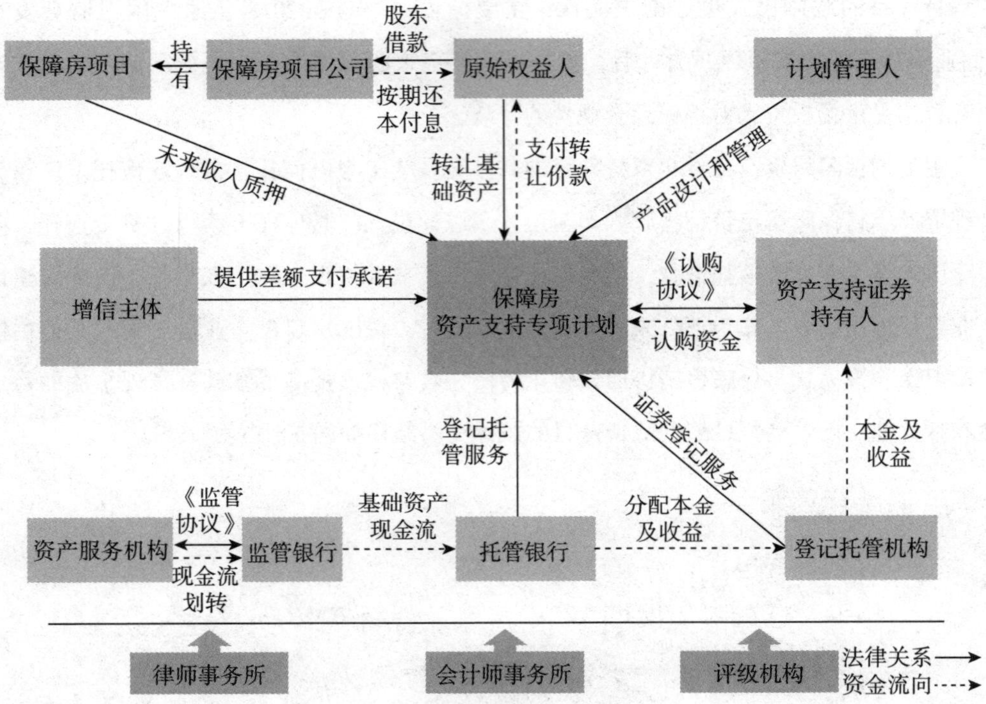

图5-16　构建关联借款的单特殊目的载体交易结构

3. 尽职调查核查关注要点

（1）适格主体

保障房建设主体通常为城投公司，对参与保障房资产证券化产品的城投公司准入标准一般参照交易所公司债券对城投公司发行人的标准适用。目前成功发行的案例中最低级别为区级保障房建设公司。

（2）保障房项目

①建设进度要求：

《证券化负面清单指引》附件第4条第2项中规定，待开发或在建占比超过10%的基础设施、商业物业、居民住宅等不动产或相关不动产收益权属于负面清单的范畴，但是，当地政府证明已列入国家保障房计划并已开工建设的项目除外。虽然该规定对保障房项目待开发和在建占比进行了豁免，但实务中为保障项目发行后的销售回款进度，通常筛选已竣工或完工进度在90%以上的保障房项目。

监理公司可对项目进度出具说明性文件，从项目投资进度、形象工程等多角度论证。

②项目建设手续要求：

针对在建安置房项目，需要具备可行性研究报告、立项批复、环境影响评估报告、国有土地使用权证、建设用地规划许可证、建设工程规划许可证、建设工程施工许可证；针对已经竣工的安置房项目，需要取得竣工验收意见书，建议已办理完成部分销售许可证。

③项目参与方资质要求：

建设主体需具备房地产开发企业资质证书；涉及拆迁的，拆迁主体需具备房屋拆迁许可证、委托拆迁（征收）协议书等确保拆迁资格；代建方需具备工程造价咨询企业乙级资质证书、委托代建协议等确保代建资格；施工方需具备建筑企业资质证书和建设工程施工合同等确保施工资格。

④土地性质为划拨地的要求：

保障房土地性质如果为划拨，尽职调查中需重点关注标的项目出售的合法合规性、产证办理有无障碍，如果需要补缴土地出让金，则须披露补缴金额和补缴义务人，并核查补缴事宜是否告知被拆迁户并取得对方同意等。

土地为划拨性质的，相关主体还需要出具书面说明，承诺将严格按照法律法规的规定向主管部门提交申请、按期足额缴纳土地出让金、完成土地性质转变手续等各项义务。

⑤销售计划与拆迁安置进度：

底层资产所涉保障房需有明确的销售计划和现金流回笼安排，安置主体对安置房进行统一购置需形成合法有效的授权。为达到上述目的，相关安置文件需齐备，如《拆迁补偿协议》《保障房建设、区征地中心及业主单位签订三方协议》等。

保障房资产证券化具有资产公益性和销售对象特殊性的特征，尽职调查中需重点关注入池保障房未来的安置对象情况，包括但不限于拆迁对象、拆迁协议签署进度及后续安排、相关机构提供拆迁补偿款的保管及代理结算是否需要取得被拆迁户同意等。尽职调查中建议梳理未来拟安置对象，并对拟安置对象户数大于本次可安置房源的数量提供确认性文件。

（3）关于重复融资的核查

根据《关于认真做好公共租赁住房等保障性安居工程金融服务工作的通知》的要求，各省、自治区、直辖市可以指定一家省级保障房安居工程建设融资平台公司，采用“统筹”模式注册发行债务融资工具，募集资金通过委托贷款转给合并报表范围外、同一区域内承担保障性安居工程建设任务的企业使用。此外，从事保障性建设项目的企业还可以在政府核定的保障房建设投资额度内，通过发行公司债券进行项目融资。

因此，需要考察保障房项目是否纳入“统贷”或者由银行提供专项借款。拟入池保障房项目有存量融资，且对未来销售回款和归集有限制的（如优先归还贷款、进入指定账户、收入质押等)，则需要就相关限制与银行等金融机构债权人沟通，可在申报前取得金融机构出具的提前还款同意函，在专项计划发行后提前偿还相关贷款。

产品相关主体有已发行、待发行、在申报公司债券项目的，需关注入池保障房项目是否被作为募投项目重复融资。

（4）常见增信安排

保障房资产证券化的第一还款来源为保障房销售收入，但其回款稳定性受当地政府财政情况、拆迁安置进度和地区经济影响较大，因此需提供多种内外部增信方式，相应内外部增信方式的核查要点可参见前文。

4. 相关案例

保障房资产证券化市场案例如表5－10：

表5－10　保障房资产证券化市场案例

项目	内容
专项计划名称	招商创融—南京大阳沟保障房资产支持专项计划
原始权益人/债权人	南京城建历史文化街区开发公司
保证人/差额补足承诺人	南京旅游集团
债务人/资产服务机构/出质人	南京白下危旧房改造开发公司
信托公司/受托人/质押权人	陕国投信托
计划管理人	招商证券

续表

项目	内容
底层资产	债务人因销售标的安置房而取得的、专项计划存续期间的销售收入
基础资产类型	原始权益人依据信托合同对陕国投·南京御嘉财产权信托享有的信托受益权
证券品种［规模（亿），加权平均年限（年），票息（%）］	优先 A1 级（1.8/0.89/3.94）、优先 A2 级（2.6/1.9/4.1）、优先 A3 级（2.6/2.89/4.2）、次级（0.4）

（八）小额贷款资产证券化

1. 概述和交易结构

小额贷款资产证券化即以可产生持续稳定现金流的贷款债权为基础资产，其类型通常可分为原始权益人依据借款合同对借款人享有的债权及其附属权利，或助贷通道类消费金融贷款中原始权益人享有的通过单一资金信托发放信托贷款而形成的信托贷款债权及附属担保权益等。但是在小额贷款公司的发展中，部分小额贷款公司不良率高，涉及不规范经营、“医美贷”等，监管对于小额贷款公司发行小额贷款资产证券化融资进行了一定程度上的限制。目前市场发行占比较高的产品主要为电商平台如阿里系、京东系等主导的消费金融类如借呗、京东白条等，以下主要讨论消费金融类资产证券化。

电商平台开展此项业务的优势主要在于以下两点：首先，天然存在的消费场景。消费者在电商平台购物时，电商平台提供的延期支付或分期付款是最直观便捷的缓解支付压力的方式。通常来讲，电商的主要消费群体偏年轻，虽然具有消费潜力但收入水平有限，而他们普遍拥有“先消费再付款”的新消费观，完全吻合消费金融的核心理念。此外，相关调查表明，有场景的消费贷款比没有场景的消费贷款用户还款表现好，逾期率低。其次，用户数量及用户信息所形成的大数据支撑。电商平台消费贷款依托大数据分析，例如，京东金融征信数据的来源较为多元化，不仅包括内部数据，还包括上百个外部数据源。

传统的小额贷款资产证券化项目常见交易结构如图 5－17：

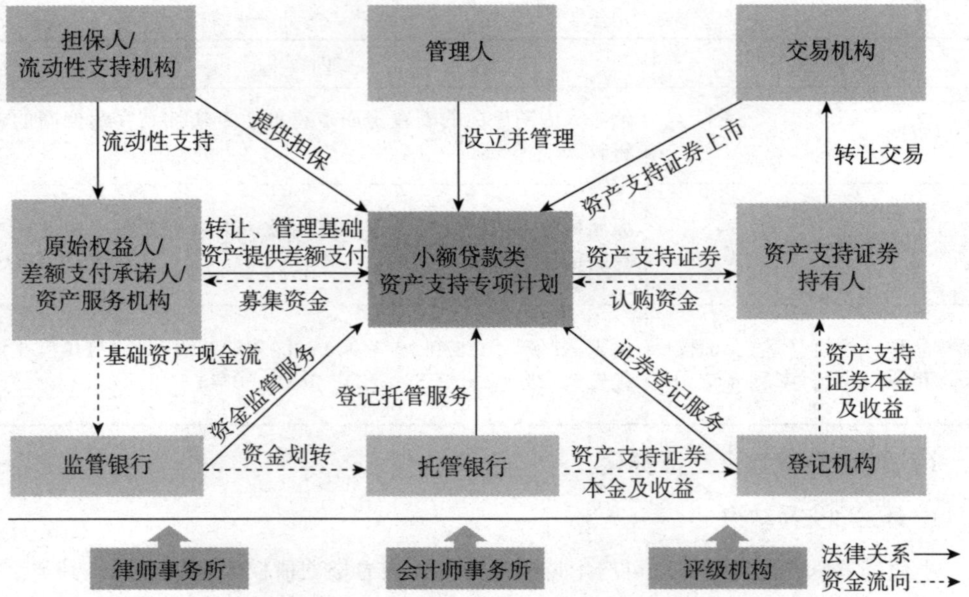

图 5-17　传统小额贷款资产证券化交易结构

消费金融类小额贷款资产证券化项目常见交易架构如图 5-18：

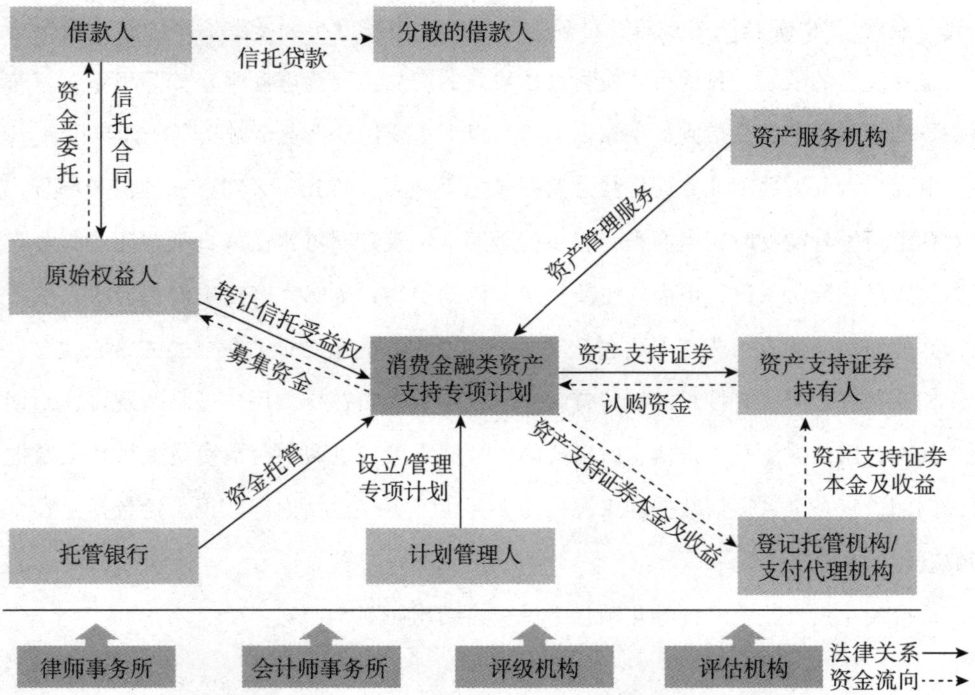

图 5-18　消费金融类资产证券化交易结构

以消费金融类小额贷款资产证券化为例，交易结构概述如下：

①基础资产的形成。原始权益人通过信托公司设立资金信托计划，信托计划向借款人发放信托贷款，形成信托贷款债权。原始权益人作为信托计划持有人享有信托受益权。

②设立专项计划。管理人向合格投资者募集资金设立资产支持专项计划并发行资产支持证券，投资人取得资产支持证券。

③购买基础资产。管理人以募集资金向原始权益人购买其持有的信托受益权，实现基础资产由原始权益人向专项计划的转让，专项计划持有基础资产，享有信托受益权。

2. 消费金融类资产证券化业务实务操作的关注要点

（1）基础资产的合规性

审查入池资产中贷款的用途是否违反相关法律法规以及各类监管政策中的限制性规定。如根据《关于规范整顿“现金贷”业务的通知》（整治办函〔2017〕141号）的规定，基础资产项下的基础合同应非属于“无指定用途、无客户群体限定”的“现金贷”，且不涉及“校园贷”及“首付贷”等不符合国家政策、法规要求的情形；根据《关于防止经营用途贷款违规流入房地产领域的通知》（银保监办发〔2021〕39号）规定，禁止经营用途贷款违规流入房地产领域；2021年8月，上交所、深交所要求新挂牌的消费金融资产证券化产品的底层资产中禁止“医美分期贷款”入池等。

（2）基础资产的特定化

由于消费金融类资产证券化基础资产分散度高、单笔金额较小且底层资产数量众多，现有的尽职调查手段难以对资产的特定化、权利限制和负担等情况实现完全覆盖性的核查。但是由于消费金融类资产证券化业务多依托于互联网及大数据的方式进行，所以可适当核查原始权益人的业务系统是否具备完善的资产查询、筛选及标记等功能，以及当原始权益人将特定资产转让予某资产支持专项计划或设置其他权利负担时，能否在其业务系统内对该资产设定唯一标识以与原始权益人自有资产及原始权益人转让予其他主体的资产进行准确区分。

（3）基础资产的风险

消费贷款类企业的客户群体以中低收入群体为主，借款人偿债能力具有不确定性。同时，中低收入群体的消费需求与收入及融资能力之间存在较大差距，自身的风险承受能力和风险防范意识不强，尤其是“校园贷”产品，高校学生的偿债来源主要是父母提供的生活费用，存在发生逾期利息滚动最终背负巨额债务而无法偿付的风险的情况。若基础资产发生大规模逾期甚至违约，将影响消费贷款类资产证券化产品本息的兑付。

在消费贷款类行业中，反欺诈是风控的难点。恶意欺诈用户一般不会采用真实身份借款，身份真实性识别是反欺诈的核心；大部分欺诈用户，本身并无消费贷款意愿，而是受中介蛊惑进行骗贷，并从中获得返点收入，被催收后才意识到贷款需要偿付，一旦逾期，将记入征信记录，影响终身信誉，同时背负巨额债务。

除需核实借款人本身的还款能力与还款意愿外，也要关注与之合作的第三方消费场景主体实力，如教育分期、驾校分期一系列产品。若合作平台为实力较弱的机构，可能会出现经营不善导致业务暂停甚至破产的情况，而消费贷款平台已将贷款打入合作机构账户，用户在不能继续享有服务的情况下仍具有贷款偿付义务，在法治意识淡薄的现实中，用户选择不付款的可能性极大。因此，在消费金融类资产证券化产品中，对第三方消费场景主体实力也需要充分调研，做好分析与判断，以缓释相关风险。

（4）产品存续期间的循环购买

消费金融类贷款通常具有贷款期限相对较短、早偿率较高等特点，而原始权益人更倾向较长期限的融资，对于投资者而言，中长期资产证券化产品获得的收益率也更高。为了解决消费金融类资产证券化产品资产端与负债端的期限匹配问题，通常采用循环购买的交易结构。

循环购买类消费金融资产证券化产品的存续期包含循环购买期和摊还期（或称分配期）两个阶段。在循环购买阶段，消费金融贷款资产池产生的现金流用于支付资产支持证券的利息及相关费用，余下的全部或部分资金应当由原始权益人根据合格标准购买新的入池资产；在摊还阶段，消费金融贷款资产池产生的现金流归集后应按照约定向资产支持证券持有者偿付本金和利息。设计循环购买交易结构时，还应根据消费金融资产的信用质量、备选合格资产池的容量、贷款期限、早偿率、违约率及贷款利率等特点设置循环购买频率、购买比例、分配顺序和分配方式等。

3. 市场案例

消费金融类资产证券化项目市场案例见表 5－11：

表 5-11　消费金融类资产证券化项目市场案例

项目	内容
专项计划名称	蚂蚁借呗德邦第五期资产支持专项计划
原始权益人	重庆市蚂蚁商城小额贷款有限公司
计划管理人	德邦证券
基础资产	蚂蚁借呗消费贷款债权
分层	优先级 8.6 亿，次优先级 0.75 亿；次级 0.65 亿
评级	优先级 AAA，次优先级 AA+
产品期限	1.03 年
增信措施	优先/次级分层；现金流超额覆盖

（九）融资租赁资产证券化

1. 概述和交易结构

融资租赁资产证券化即以可产生持续稳定现金流的租赁资产为基础资产，由租赁公司作为原始权益人发行设立的资产证券化产品。由于租赁应收债权范围明确、易于特定，租赁资产在证券化产品中占据了较大的比例。租赁公司主要包含了两类：一类为商务部审批的商业融资租赁公司，另一类为银保监会监管的金融融资租赁公司。按照目前的政策，商业融资租赁公司可以在交易所市场和银行间市场发行资产证券化产品和资产支持票据产品，但是金融租赁公司仅可在银行间市场发行信贷资产证券化产品。以下主要以交易所产品进行展开讨论。

融资租赁合同是指出租人根据承租人对出卖人、租赁物的选择，向出卖人购买租赁物，提供给承租人使用，承租人支付租金的交易活动。而根据承租人与出卖人是否为同一人，租赁公司的业务主要分为直租业务和售后回租业务。对于融资租赁债权类资产证券化项目而言，即租赁公司将其依据融资租赁合同对承租人享有的租金请求权和其他权利及其附属担保权益转让给专项计划，实现融资的过程。

常见的融资租赁债权类资产证券化项目交易结构如图 5-19：

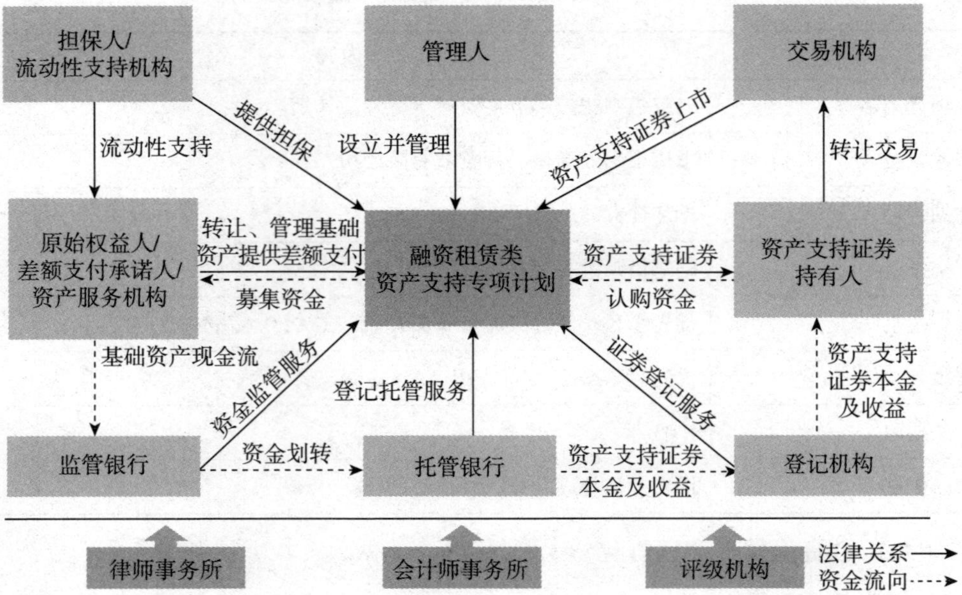

图 5-19 融资租赁类资产证券化交易结构

交易结构概述：

①设立专项计划。管理人向合格投资者募集资金设立资产支持专项计划并发行资产支持证券，投资人取得资产支持证券。

②购买基础资产。管理人以募集资金向原始权益人购买基础资产，实现基础资产由原始权益人向专项计划的转让，专项计划持有基础资产。

③提供资产服务。原始权益人转让基础资产后继续充当资产服务机构，为基础资产后续的持续运行提供服务。

④增信措施。原始权益人承担差额支付义务，并由其他主体对其差额支付义务提供担保。

2. 尽职调查核查关注要点

（1）租赁物的入池基本原则

适格的租赁物标的是认定为融资租赁关系的重要依据，是后续融资租赁债权合法有效的重要前提。根据《融资租赁管理办法》第 10 条第 1 款和第 20 条第 1 款的规定，融资租赁企业开展融资租赁业务应当以权属清晰、真实存在且能够产生收益权的租赁物为载体，不得接收以下四类财产作为融资租赁的标的物：①承租人无处分权的财产；②已经设立抵押的财产；③已经被司法机关查封扣押的财产；④所有权存在其他瑕疵的财产。

除了上述的一般原则，在选择租赁标的时还要考察其特殊性，遵循监管部门对部分特殊租赁物的监管规则。如从2021年年底各地方监管部门持续向各地以窗口或者通知的形式限制金融租赁公司的构筑物租赁业务，严禁将道路、市政管道、水利管道、桥梁、坝、堰、水道、洞，非设备类在建工程，涉嫌新增地方政府隐性债务以为被处置后可能影响公共服务正常供应的构筑物作为租赁物。虽然对于商业租赁公司目前还没有明确的相应指导，但是从监管层面可以看出监管规定对于"类信贷"业务的限制。

（2）核查基础资产是否真实、合法、有效，交易对价是否公允

审阅融资租赁合同文件［包括但不限于融资租赁合同、买卖合同、担保合同（如有）、租赁物价款支付凭证、租赁物接收证书、租金偿付表/起租通知书、租金回款凭证、承租人/担保人相关内部决议等］，进而判断融资租赁合同是否适用中国法律；合同生效要件是否均已满足；租赁物转让价款前提条件是否均已满足；出租人是否已经按照合同约定向出卖人支付了租赁物转让价款；租赁物转让价款与租赁物发票或评估报告上显示的租赁物价值是否相当；相关租赁物是否已按照合同约定交付给承租人（根据租赁物接收证书进行判断，或注意合同是否约定以占有改定为交付方式）；承租人履行其租金支付义务是否存在抗辩事由和抵销情形（保证金除外）；租金支付条件是否已满足，历史租金支付情况是否正常（根据租金回款凭证进行判断）；担保合同是否合法有效；抵押、质押等是否办理相应的登记手续；担保人内部有权机关是否出具相应的担保决议（需要核查决议是否符合公司章程的规定）等。

（3）融资租赁业务中的保证金

融资租赁通常涉及保证金，系承租人在租赁期初向出租人缴纳的、承诺在以后每个付款期按照合同约定按时付款的一定比例的现金，正常情况下承租人最后一期租赁款偿付完毕后，保证金会返还至承租人，或者直接冲抵最后未付的租赁款。而在任一还款日，承租人逾期未付租赁款时，可从保证金中扣除。在融资租赁资产证券化业务中，考虑到入池租赁应付款相关的保证金同时入池，会大幅缩减募集资金规模，因此一般不会将保证金实质入池，而是留在原始权益人账上代为保管，一旦某笔租赁资产逾期触发了权利完善事件，按照约定基础资产实质包含了"保证金项下的相关权益"，逾期资产对应的现金流会从保证金中划入专项计划。保证金在一定程度上可以缓释租赁业务的

风险。

（4）租赁物的所有权

按照沪深交易所《融资租赁挂牌指南》第5条第4项和配套的《融资租赁信披指南》的要求，租赁物所有权随基础资产转让给专项计划且租赁物权属变更依法应当登记的，应当办理变更登记手续。对于租赁物所有权不随基础资产转让或者未办理权属变更登记的，管理人应当在计划说明书中披露其原因及合理性，采取有效措施防止第三方获取租赁物所有权。在基础资产转让至专项计划阶段，实务操作中租赁物并不跟随租赁债权进行转移，租赁物所有权仍在原始权益人的名下。若承租人未及时偿付租金并经催款后无力缴纳，需要求原始权益人尽快处置租赁物进行现金流回收，并将所获款项抵偿未偿租金及相关费用入池，原始权益人对租赁物所有权的拥有仅为“代持”性质。也正因如此，为防止租赁物在原始权益人破产清算时被列入清算资产，其信用质量下滑或风险事件发生时一般会触发权利完善事件，将租赁物物权转移至专项计划。

（5）债务人的分散度

按照沪深交易所《融资租赁挂牌指南》第8条和配套的《融资租赁信披指南》的要求，基础资产应至少包括10个相互之间不存在关联关系的债务人，单个债务人入池资产金额占比不超过50%，且前5大债务人入池资产金额占比不超过70%。上述债务人之间存在关联关系的，应当合并计算。所以在实务操作中需要注意基础资产的分散性，但是上述文件对于基础资产的分散性同时进行了豁免性约定：原始权益人资信状况良好，且专项计划设置担保、差额支付等有效增信措施的，可以免于关于债务人分散度的要求，并在项目文件中披露基础资产池集中度较高的原因及合理性，充分揭示风险，设置相应的风险缓释措施。

3. 市场案例

融资租赁类资产证券化项目市场案例见表5－12：

表5－12 融资租赁类资产证券化项目市场案例

项目	内容
专项计划名称	远东四期资产支持专项计划
原始权益人	远东国际租赁有限公司、远东宏信（天津）融资租赁有限公司
计划管理人	申万宏源证券有限公司

续表

项目	内容
基础资产	基础资产系指基础资产清单所列的由原始权益人在专项计划设立日转让给计划管理人的、原始权益人依据融资租赁合同对承租人租金请求权和其他权利及其附属担保权益
分层	优先 A（85.62%）/优先 B（8.71%）/次级（5.67%）
评级	优先级 A/B 评级为 AAA
产品期限	优先 A 加权 1.62 年，优先 B 加权 3.92 年
增信措施	优先/次级分层；超额利差；内部信用触发

第三节

资产证券化业务存续期尽职调查关注事项

一、存续期管理的职责分工

存续期管理的参与部门或人员一般包括业务部门/项目组、质控部门、风险管理部及合规管理部等内控部门。大部分券商均有专职从事存续期管理工作的岗位或人员，有的还设立了专门的二级部门或独立团队，牵头负责存续期管理工作。一般来说，业务部门/项目组为投行项目的存续期管理的第一责任人，负责项目存续期管理各项工作的具体实施和执行。质控部门主要负责对存续期管理工作进行提示、监督、指导、审核，督促项目组诚实守信、勤勉尽责地开展后续管理各项工作。风险管理部负责对处于存续期管理阶段的项目进行持续风险管理，比如对于存续期项目风险实施动态监测（有的同业券商也会将日常监控的主要职责落地在项目组，由项目组通过系统监测、网络排查、现场走访等方式对发行人进行风险监测或舆情监控）、参与重大风险事件的处置、建立并维护重大风险项目关注池等。合规管理部根据需要，定期、不定期对存续期管理工作进行合规督导、检查，或参与风险项目的处置过程，对处置程序等合法合规性出具意见等。

二、合作备忘录

《内控指引》第 99 条规定：专项计划存续期间，作为专项计划管理人的证券公司应当要求项目组对专项计划情况进行持续跟踪和关注，并建立合作管理备忘录，加强项目组与存续期管理人员之间的沟通协作，明确双方的职责分工，防止存续期管理工作出现疏漏。

资产证券化业务存续期管理工作可以分为包括且不限于以下几方面：存续期过程中对项目的持续调查工作、存续期披露报送文件的编制与披露报送、存续期信用风险管理工作、违约及风险处置工作、交易所与基金业协会等相应系统 U-key 管理与文件传递等工作。除业务部门/项目组、质控部门、风险管理部及合规管理部等存续期管理参与人员之间的沟通协作外，可能还涉及投资银行业务部门与资产管理业务部门之间的沟通协作。实践中，不同券商可以开展资产证券化业务的部门存在两种模式：模式一只有投资银行业务部门可以开展资产证券化业务，模式二系投资银行业务部门、资产管理业务部门均可以开展资产证券化业务。因此具体合作备忘录中有关职责的划分不存在确定的标准，但应当做到完整无遗漏地覆盖存续期管理全过程及各环节。如果证券公司专门子公司开展资产证券化业务，则该子公司应注意与公司资产管理部门相关职责权限和协作机制进行沟通。

三、存续期信息的披露与获取

资产证券化业务存续期信息披露包括：

1. 管理人披露专项计划收益分配报告、重大事件临时报告、经审计年度资产管理报告、循环购买符合入池标准的资产规模及循环购买的实际操作情况（如有）、清算报告。

2. 托管人披露托管报告。

3. 评级机构披露定期评级报告。

上述报告的披露时间及要素要求详见《证券化信披指引》。存续期管理的一项非常重要的职责就是履行报告、公告等信息披露义务，且监管部门一般会对信息披露的及时性进行明确规定，实践中获取存续期信息的方式包括：

（1）每月给发行人发送经营情况问卷或重大事项排查表，问卷涵盖所有需要发布临时公告的情形。但这种方式也可能存在一定滞后性，比如月初发生的事项，月末才收到问卷。

（2）针对临时性事件，可以利用各种监测软件（如企查查、企业预警通、财汇大数据、DM 系统的小道消息栏目），进行日常监测。

（3）关注挂牌场所资产支持证券交易价格偏离度，设定阈值，进行监控。

（4）发生重大或异常事项的，存续期管理团队或质控部门及时通知项目组，由项目组通过专项核查、现场走访等方式进行排查。

四、基础资产及其现金流核查

基础资产及其现金流是资产证券化业务的核心，资产证券化业务存续期应持续关注基础资产的运营情况、现金流产生情况及可能存在的权属纠纷。基础资产运营情况方面可重点关注基础资产的状况、使用情况，基础资产与原始权益人、服务机构、管理人资产的隔离情况。基础资产现金流情况方面关注基础资产现金流的归集情况与时间，现金归集账户（如有）运营、现金监管账户（如有）运营是否存在现金混同；检视实际收到现金流与预测现金的符合情况，说明差异原因，修正后续期现金流预测。基础资产权属情况，主要关注基础资产权利是否发生变化，是否有人主张对基础资产的权利并通过多种渠道对可能存在的变化持续保持关注。

五、信用风险管理

信用风险管理是指在资产支持证券存续期内持续动态监测、排查、分类、预警资产支持证券信用风险，及时主动采取有效措施防范、化解风险和处置违约事件。管理人应当建立信用风险管理的规章制度，细化管理业务流程，按照规定或约定管理、运用、处分资产支持专项计划资产，向资产支持证券投资者分配收益，监测基础资产质量变化情况，持续跟踪基础资产现金流产生、归集和划转情况，检查或协同相关参与机构检查相关业务参与方经营、财务、履约等情况，督促相关参与机构履行规定或约定的职责、义务，排查资产支持证券信用风险，建立资产支持证券信用风险管理的集体决策机制，对开展资产支持证券风险监测、排查、分类、预警中的重要事项以及采取的风险化解、处置措施等作出判断和决策，并根据资产支持证券风险监测和分析结果，将专项计划按照正常类、关注类、风险类及违约类进行分类并持续动态管理，履行相应的风险排查与风险处置措施。

六、违约风险处置

1. 违约处置领导机构在发生违约的情况下，一般成立一个跨部门的违约处置领导小组，由公司主要领导（总经理、投行分管领导、首席风险官）担任组长，参与部门有风险管理部门、合规管理部门、质控内核部门和项目组、舆情管理部门等。

2. 应急方案风险管理部门或业务部门牵头制定应急方案，包括各部门的职责分工以及需要完成的各项工作时间安排，提交领导小组进行决策。

3. 各方沟通。(1) 监管沟通。应主动与发行人当地政府、发改委和证监局及承销商当地证监局以及交易所进行沟通，及时汇报违约处置工作的进展情况以及后续计划，甚至可以提出需要协助的事项。(2) 资产证券化业务相关主体沟通。项目组应安排专人对接发行人及投资者，应能够及时获得发行人的相关信息以及投资者的关注事项与诉求，并向领导小组进行汇报，以便领导小组合理安排应对措施。(3) 媒体沟通。券商应安排专人对接媒体，实时监控媒体对违约事项的报道，及时进行相应的媒体公关，降低违约事项对公司声誉的影响。